教师教育系列教材

U0749060

学前儿童家庭与社区教育
(微课版)

苑海燕　赵月娥　卢丽华　主　编

清华大学出版社
北京

内 容 简 介

学前儿童家庭与社区教育是师范院校学前教育专业的课程，也是培养未来幼儿教师基本素质的一门重要课程。这门课程以学前教育学、学前儿童发展等课程为基础，具有较强的理论性与实践性。学好这门课，不仅有助于学生从家庭与社区教育的角度了解学前儿童身心发展的特点与规律，更能提升学生的思考能力与解决学前儿童家庭与社区教育问题的能力。

本书系统地介绍了学前儿童家庭与社区教育的基本原理、原则和方法，探讨了制约家庭教育的各种因素，分析了特殊类型家庭与不同年龄段学前儿童家庭教育问题和教育对策，论述了幼儿园与家庭、社区合作共育的问题。

本书可作为高等学校学前教育专业学生的专业课教材，也可供早教机构、幼儿园教师以及广大家长参考阅读。

图书在版编目(CIP)数据

学前儿童家庭与社区教育：微课版/苑海燕，赵月娥，卢丽华主编. —北京：清华大学出版社，2023.11
教师教育系列教材
ISBN 978-7-302-64834-5

Ⅰ. ①学… Ⅱ. ①苑… ②赵… ③卢… Ⅲ. ①学前儿童—家庭教育—师资培训—教材 ②学前儿童—社区教育—师资培训—教材 Ⅳ. ①G781②G61

中国国家版本馆 CIP 数据核字(2023)第 206053 号

责任编辑：陈冬梅
封面设计：刘孝琼
责任校对：徐彩虹
责任印制：刘海龙
出版发行：清华大学出版社
      网   址：https://www.tup.com.cn, https://www.wqxuetang.com
      地   址：北京清华大学学研大厦 A 座   邮   编：100084
      社 总 机：010-83470000   邮   购：010-62786544
      投稿与读者服务：010-62776969, c-service@tup.tsinghua.edu.cn
      质量反馈：010-62772015, zhiliang@tup.tsinghua.edu.cn
      课件下载：https://www.tup.com.cn, 010-62791865
印 装 者：三河市君旺印务有限公司
经   销：全国新华书店
开   本：185mm×260mm   印   张：13.5   字   数：328 千字
版   次：2023 年 12 月第 1 版   印   次：2023 年 12 月第 1 次印刷
定   价：45.00 元

产品编号：092481-01

前　言

习近平总书记在中国共产党第二十次全国代表大会上的报告中明确指出，要办好人民满意的教育，全面贯彻党的教育方针，落实立德树人根本任务，培养德智体美劳全面发展的社会主义建设者和接班人，加快建设高质量教育体系，发展素质教育，促进教育公平。本书在编写过程中力求深刻领会党对高校教育工作的指导意见，认真执行党对高校人才培养的具体要求。

本书结合现代信息技术发展特点和大学生的认知特点，为每一章配套知识点讲解的短视频，并通过二维码的方式呈现，使教材内容更加立体化，符合学生多元认知的兴趣特点。

全书共八章内容。第一章从总体上对学前儿童家庭教育进行了概述，介绍了学前儿童家庭教育的概念、特点、目的与任务，并分析了学前儿童家庭教育的作用。第二章从三个方面分析了学前儿童家庭教育的影响因素。第三章详细介绍了学前儿童家庭教育的具体内容、原则与方法。第四章对不同年龄段学前儿童的家庭教育进行了分析与介绍。第五章对目前社会中主要存在的三种特殊家庭的学前儿童家庭教育进行了剖析，并提出了相应的解决对策。第六章对四种特殊学前儿童的家庭教育进行了梳理。第七章详细介绍了学前儿童家庭教育指导的意义、任务、原则、内容与途径。第八章系统地阐述了家庭、社区与幼儿园的共育问题。

本书由沈阳大学师范学院苑海燕统稿和最终定稿，并编写第一、四、五章的内容，沈阳大学应用与技术学院的赵月娥编写第二、三、六章，大连大学教育学院卢丽华编写第七、八章。

本书在修订过程中参阅和吸收了有关著作和论文中的研究成果，在此向相关作者深表谢意，也向清华大学出版社及广大读者表示由衷的感谢。由于编者水平和时间的限制，本书仍会存在一些缺点和不当之处，敬请广大读者批评指正。

编　者

目　录

第一章　学前儿童家庭教育概述

本章学习目标

➤ 了解家庭的概念和功能、家庭教育的概念和特点。
➤ 重点掌握学前儿童家庭教育的概念和特点。
➤ 了解学前儿童家庭教育的作用。
➤ 重点掌握学前儿童家庭教育的目的。

重点与难点

➤ 学前儿童家庭教育的概念。
➤ 学前儿童家庭教育的特点。
➤ 学前儿童家庭教育的目的。

引导案例

你永远不知道孩子有多爱你

江苏南京一家幼儿园开展地震逃生演习，一名小男孩撤离到操场上后，一直在哭，嘴里不停地念叨"妈妈"。原来，他把演习当真了，担心妈妈在家里跑不出来。后来，老师告诉他，妈妈已经安全撤离了，他才破涕为笑，一次又一次地问："妈妈真的安全了吗？"

医生给妈妈打针时，一旁的孩子哭着用小手挡住针头："不要扎我妈妈，我妈妈会疼。"

一个还没学会说话的孩子，在妈妈上班后，慢慢地爬到了妈妈的婚纱照前，轻轻地吻了上去。

孩子对父母的爱，与生俱来，赤诚且深厚。

老师出了一道题目，用"如果"造句。一个家境贫苦的孩子走上前写下："如果我变成母鸡，我就给妈妈下蛋吃。"让人笑着笑着就哭了。生活不易，总有人在默默爱着你。很多时候，这个人正是孩子。

4个月视力尚未发育成熟，更不能戴眼镜的宝宝，因为患有一种罕见的疾病，看不清东西。戴上特制眼镜后，他先是低头打量了周围，面无表情。可当他抬起头看清妈妈的脸时，立刻咧开嘴笑了。这一刻，仿佛世界都亮了。另一个出生2个月的宝宝，天生失聪。她的世界一直是静悄悄的，没有一点声音。戴上助听器后，她第一次听到妈妈的声音，激动地哭了。妈妈说，宝宝以前从未出现过这种表情。妈妈抱着她，在耳边轻轻地说："我爱你。"她好像听懂了，笑着笑着眼泪再也憋不住，涌了出来。

网上有很多父母分享孩子的趣事。有的说，女儿在幼儿园里分到了一块巧克力，她放在兜里捂了一天，回到家都化了。她看着满手黏糊糊的巧克力大哭："那是我留给妈妈吃的……"有的说，在生二胎时，大宝急得哇哇大哭："不要割我妈妈的肚子，太疼了，太危险……"旁边的爸爸妈妈和护士都笑了。我们总以为孩子小，什么都不懂，可在爱你这件事上，他比谁都懂。

在这个世界上，有一个人因你而出现，并且，永远用心爱着你。他会用弱小的力量，最简单真挚的爱包裹你、融化你，像一道微光，点亮你的生命。何其有幸，今生我们拥有彼此，无可取代。谢谢你，今生愿意做我的孩子。

看完这些故事，很多人潸然泪下。孩子对父母的爱真挚而单纯，而成人的爱，掺杂了太多的期待、要求、愿望、标准。很多时候，孩子才是爱的使者，来到父母身边，教父母学会爱。养儿方知父母恩，孩子的到来，让我们重新思考与理解自己与父母之间的关系，萌发感恩之心；孩子的到来，让我们不再懒散、说脏话、牢骚、抱怨，开始修正不良行为；孩子的到来，让我们学会表达爱、感受爱，内心更加柔软。俄国作家陀思妥耶夫斯基说："和小孩在一起，可以拯救你的灵魂。"这是不是家庭教育呢？

(资料来源：本书作者整理编写)

第一节　学前儿童家庭教育的概念及特点

一、家庭和家庭教育

家庭是人类社会发展到一定阶段的产物，是社会的基本单位，但随着社会的发展，家庭的存在形式和功能也在发生着变化。

(一)家庭的概念和功能

学前儿童家庭教育的
概念及特点

家庭是一种特殊的社会系统，是以婚姻为基础，以血缘和收养关系为纽带而组成的社会基本单位，是组成社会的最微小细胞，反映着一定历史时期的社会制度和社会文化。随着人类社会的发展，家庭由最初原始社会初期的血缘家庭到普纳路亚家庭，再由原始社会晚期的对偶家庭发展到后来的一夫一妻制家庭。在整个发展过程中家庭都凸显着自己的特点：整体性、相依存性、规则性和亲密性。

家庭的基本功能主要有以下几个方面。

1. 生育功能

家庭的生育功能是指男女两性通过婚姻这一社会关系组成家庭，在家庭生活中进行受孕、养育孩子等一系列生育行为，从而保证了人口的正常繁衍和社会的有序发展。

2. 经济功能

家庭是社会发展的基本经济动力，家庭作为一个小的生产循环系统，每时每刻都在发生着生产、分配、交换、消费等行为，为家庭成员提供用于生活的物质资料，在满足基本生存需求的基础上改善现有生活，追求物质生活和精神生活的和谐发展。

3. 教育功能

家庭的教育功能有狭义和广义之分。狭义的家庭教育功能是指由家长(父母或其他长辈)有意识地按照社会的需要，通过言传身教、家庭生活实践等对子女施加的教育影响；广义的家庭教育功能是指父母对子女、子女对父母或长辈对幼者、幼者对长辈相互施加的教育影响。家庭教育功能在儿童的早期教育中发挥了关键作用，为孩子一生的发展打下基础。

4. 娱乐功能

娱乐是人在劳作之后追求快乐、缓解生存压力的一种天性。家庭成员在家庭中都承担着自己的角色义务，如父母要工作挣钱养家、孩子要入学接受教育等，每个家庭成员在履行角色义务的过程中或多或少都有一定的压力，所以家庭就成为闲暇时间精神放松与享受的重要场所。家庭成员可以共同做游戏、一起出游、交流情感等，享受家庭生活所带来的乐趣。

(二)家庭教育的概念和特点

广义的家庭教育是指在家庭生活中家庭成员之间相互实施的一种教育和影响，例如父母对子女、长辈对幼者实施的教育和影响，子女对父母、幼者对长辈的教育和影响，以及父母长辈之间和子女之间的相互影响。狭义的家庭教育是指在家庭生活中，由父母或家庭成员中的其他长者自觉地、有意识地根据子女身心发展规律，按照社会发展的需要，通过言传身教、社会生活实践等途径，对子女施加的教育影响。

家庭教育的特点主要体现在以下四个方面。

1. 领先性

家庭是儿童第一个生活环境，父母是儿童第一任老师。家庭环境以及父母对子女的教育影响是人生发展的起点教育，同时早期的心智吸收力也是一生最关键的，人的许多基本能力都是在这个时期形成的，如动作的发展、语言的形成、情感的分化、社会交往技能的获得等。

2. 终身性

家庭教育相对于学校教育是一种更加稳定的、持久的教育，并伴随着儿童成长的整个过程。家庭教育相对于学校教育来说，在生存空间、教养的条件、家庭环境等方面具有稳定性和连续性，家庭教育的内容大多需要长期的、反复的训练，如习惯的养成、性格的形成、技能的训练等，从而决定了家庭教育从人的出生、进入学校、踏上社会直到结婚生子都会产生持续的、一贯的、终身的影响。

3. 个别性

家庭教育的个别性体现在教育对象的个体化和教育内容的针对性两个方面。家庭教育的对象是儿童个体，教育内容也是建立在家长与孩子朝夕相处的基础上，即从日常生活中观察孩子的言谈举止、处事行为等了解孩子的心理，把握孩子的个性而开展的因人、因时、因地制宜的教育，从而凸显家庭教育的针对性。

4. 随机性

学校教育是在专门机构由专业人员有目的、有计划地对受教育者施加影响。而家庭教育的目的、内容、方式方法没有固定的模式和程序，家长对子女的教育以及如何施教都是由家长自行决定的，不受时间和空间的限制，可随时随地对子女进行教育，即"遇物则诲，相机而教"。

二、学前儿童家庭教育

学前儿童家庭教育是对出生到入学前的儿童进行的早期家庭教育，与幼儿园教育和社区教育相比，具有自身的性质和特点。

(一)学前儿童家庭教育的概念

根据家庭教育的定义，学前儿童家庭教育也有广义和狭义之分。广义的学前儿童家庭教育，主要是指父母或其他长者与学前儿童之间的相互影响和教育。在家庭生活中，父母或其他年长者不仅要根据自己已有的经验教育学前儿童，同时也受到学前儿童的影响，继续接受教育和"社会化"。狭义的学前儿童家庭教育是指在家庭生活中，由家长对学前儿童自觉地、有意识地以亲子关系为中心，根据儿童身心发展的特点和社会发展的需要，从德、智、体、美、劳等方面实施全面的教育，为孩子一生的发展打下坚实的基础。

(二)学前儿童家庭教育的特点

学前儿童家庭教育的特点如下。

1. 早期性与奠基性

学前儿童家庭教育开始于受精卵，与学校教育和社会教育相比具有天然的早期优势，对一个人身体的成长、智力的发展、道德观念的形成、审美意识的养成等方面有着重要的启蒙意义，也是人生金字塔的奠基教育。

学前阶段是人身体器官成熟、认知发展及社会性和人格品质发展的关键时期。家庭的早期教育对孩子以后的成长会产生持久且深刻的影响，为其终身的发展留下难以磨灭的印记。我国儿童教育家陈鹤琴先生曾指出："幼稚期(0～7岁)，是人生最重要的一个时期，什么习惯、语言、技能、思想态度、情绪都在此时期打下基础。若基础打得不稳固，那健全的人格就不容易形成。"研究表明，家庭教育在学前期开展不当很容易使学前儿童早期认知、行为、性格发展不良；在学龄期更难以适应学校生活，从而出现认知困难、交往困难，进而导致厌学、逃学、犯罪等问题，以至于到了成年时期容易出现情绪障碍、交往障碍、品行障碍等问题。

2. 全面性与广泛性

学前儿童家庭教育的全面性和广泛性具有两层含义。

第一层含义是指教育的内容全面与广泛，即学前儿童家庭教育要关注到儿童德、智、体、美、劳的和谐发展，是一种全方位地融于家庭日常生活之中的教育，而不是单一的智力教育。凡是与人和社会有关的，并且有利于学前儿童发展的知识、技能、情感、审美等，都是学前儿童家庭教育内容的来源。例如，从出生时的吃奶到以后的抬头、爬行、走路、吃饭、穿衣、与同伴交往、知识技能的获得和性格的形成等，都属于学前儿童家庭教育所包含的内容。

第二层含义是指学前儿童家庭教育的普遍性。一个社会，只要有家庭和孩子，学前家庭教育就会存在。不论是家庭教育能力高的，还是家庭教育能力低的家长，其对子女的影响都是客观存在的。因此，家庭教育是一种最全面、最广泛的教育方式，每个孩子从受精卵开始都必然要接受家庭教育，每个学前儿童的健康成长都离不开家庭教育。

3. 自然性与随机性

家庭是学前儿童天然的学校，家长是学前儿童天然的教师，家庭教育也渗透进家庭日常生活中的点点滴滴。学前儿童通过与家庭成员的交往互动，观察家庭成员的言谈举止、待人接物、日常家务劳动等，从而获得发展必需的知识技能，形成自己的个性，实现"社会化"。在学前儿童家庭教育中，家庭成员在日常生活中自然而然显现出来的价值观念、品行、志趣、性格、生活方式等，都会对儿童自觉或不自觉地产生着潜移默化的影响，这体现了学前儿童家庭教育的自然性。

学前儿童家庭教育的自然性决定了它的随机性。家庭教育与学校教育相比，一般没有专职的人员以及明确的教育目标、教育计划和固定的教材指导下，运用严格的教育方式与方法对学前儿童施加影响，更不会对教育结果进行规定的检查和评定。家庭教育不受时间、场地、场合、条件的限制，家长可以根据儿童的实际发展水平和表现，随时随地地调整教育的内容与方式方法。通过生活实践或与孩子共同参与的活动，利用一切机会向孩子进行适当的教育，方法机动灵活，且易被孩子接受，教育效果往往比在校教育更好。

4. 亲情性与权威性

学前儿童家庭教育的实施是建立在以血缘为纽带的亲子关系基础上的，这种与生俱来的情感联系是其他任何一种教育形式都不具备的。正是这种亲情性，使家庭教育成为家长对学前儿童所担负的义不容辞的责任和义务，而且教育过程中又充满着人世间最真挚的骨肉之情。家长对子女的教育是倾尽心血、无微不至的，子女也会受到父母的关切、眷恋和无私的爱的感染与影响，两者之间的深厚感情在教育过程中往往会起到催化剂的作用，使教育行为取得事半功倍的效果。

学前儿童家庭教育的亲情性，体现在子女对家长的信赖和依恋上。在此基础上，家长通过辛勤劳作、经营家庭、服务社会等，在子女心目中逐渐树立起威信。家庭是学前儿童最主要的生活学习场所，而家长则是家庭生活的组织者与管理者。学前儿童无论是经济上、生活上，还是在感情上，都需要依赖家长，家长对幼小的孩子也有无尽的关爱，二者形成亲密的依附关系，学前儿童家庭教育就是在物质的供养和深厚的亲子情感密切地结合下实施的。在学前儿童心目中，家长的地位是至高无上的，他们敬畏家长，期许获得家长的表扬与鼓励，能够自觉地服从家长的管教，这就使得家长的教育在这一阶段往往具有强大的感染力和号召力，充分体现了学前儿童家庭教育的权威性。

5. 连续性与持久性

在我国，幼儿园教育是指对3～6岁儿童有目的、有计划地实施保教，可以按照其心理发展特点分为小班(3~4 岁)、中班(4~5 岁)、大班(5~6 岁)三个阶段，因此孩子由小班到中班、由中班到大班会更换教师、保育员(尤其是私立幼儿园)，不同的老师和保育员的教养态度、教育风格也不同，学前儿童就需要适应这种变化。家庭教育与幼儿园教育相比具有连续性，因为家长的教养态度、教育方式和方法、家庭的生活环境、家庭的文化氛围等都是相对稳定的，这种连续性教育有利于孩子良好习惯和个性的养成。

学前儿童教育是以亲子关系为核心的早期教育，早期教育和训练的效果对于人的发展起长期作用，这种作用不会因为儿童进入学校、社会而失效，而是在人的一生中都发挥着影响。

6. 差异性与继承性

学前儿童家庭教育的差异性主要体现在两个方面：一是不同时代的家庭教育会有不同的特点，家庭是社会发展的产物，家庭教育的目的、任务及内容要根据社会需求而定。二是同一个时代不同家庭的教育存在差异，每个家庭的家长素质、家庭物质条件、家庭的生活氛围及儿童发展特点等方面差别很大，而且家庭教育是各个家庭针对自己子女的特点进行的个别化教育。

继承性也可以说是承接先代的传统观，学前儿童的家长在家庭中继承了祖辈父辈对自己的教育，用从祖辈和父辈那里接受的思想观念、行为处事的习惯等，来教育自己的后代，影响自己的后代。学前儿童家庭教育的继承性主要表现在对家传、家风的继承上。

第二节　学前儿童家庭教育的作用

家庭是学前儿童生存和发展的最初的、最基本的社会生态环境。父母的养育作用和养育行为是家庭这一环境最主要和最活跃的因素。家庭环境和父母为学前儿童提供了生存和生长所需的物质条件，为学前儿童提供了适应生存和生长的感情环境和促进学前儿童智能发展的刺激环境。父母是学前儿童的抚养者、日常生活的主要照料者和主要的陪伴教育者。

学前儿童家庭教育的作用

一、家庭教育为学前儿童的终身发展奠定基础

家庭对一个人成长的影响是全方位的。家庭教育是"人之初"的教育，父母是孩子的第一任老师，家庭是孩子的第一所学校。家庭教育对一个人的智力发展、道德品质的形成、性格的培养等诸多方面具有至关重要的启蒙意义。苏联著名教育家苏霍姆林斯基曾说，"如果没有整个社会首先是家庭的高度教育素养，那么不管教师付出多大的努力，都收不到完美的效果。学校里的一切问题都会在家庭里折射地反射出来，而学校复杂的教育过程产生的一切困难的根源也都可以追溯到家长。"有充分的资料表明，家庭气氛对孩子的成长影响深远。团结、祥和、温馨的家庭气氛可以使孩子健康成长，压抑、紧张、恶劣的家庭气氛会对孩子的性格、品德、身体、智力的正常发展造成很大障碍。日本曾调查过不良少年

的家庭情况，发现少年院中有 89.3%的少年来自关系紧张和经常发生冲突的家庭。美国有一些研究人员曾对一组儿童做过追踪研究，发现他们的智力受家庭氛围的影响很大。其中部分儿童家庭环境恶劣，他们几乎都表现为注意力分散、反应迟钝、情感麻木；儿童家庭环境良好，这些儿童表现活泼、善于思考、求知欲强、学习成绩良好。美国另外几个研究者对 13 名身体发育迟缓的儿童观察分析，发现他们的发育迟缓并非因为患有某种疾病，而是与他们不良的家庭环境有关，孩子大脑皮层经常受到不同程度的刺激，引起功能失调、内脏功能障碍。家庭教育是我们接受最早、时间最长、影响最深的教育，早期我们和父母的关系，内化成我们的性格，形成了我们的命运。一个人从出生直到成人，离不开家庭的教育和影响。

二、家庭教育影响学前儿童智力潜能的发展

遗传因素是智力发展的背景，它决定了智力发展的范围；而环境因素则决定了智力将落在这一范围的哪一点上，即决定了智力发展的具体程度。对于学前儿童来说，最主要的环境因素就是家庭。

学前期(3 岁～6 岁)是儿童智力飞速发展的时期，即智力的关键期。在人的某一时期，人对外界刺激的变化特别敏感，容易接受特定影响而获得某种能力，这一时期就是能力发展的关键期，也称"敏感期""最佳期"。智力发展有关键期。不少学者探讨了人类智力发展的关键期，美国心理学家平特纳(Pintner)认为："从出生到 5 岁时，智力增加量快，5～10 岁，生长虽然没有如此之大，但仍然是固定的，并且是容易测量的。再后的 5 年，生长就逐渐减少。"瑞士儿童心理学家皮亚杰(Piaget)认为，从出生到 4 岁是人的智力发展的关键期。美国心理学家布鲁姆(Bloom)提出"5 岁前是儿童智力发展最迅速的时期"的重要假设：如果把 17 岁所达到的普通水平看作 100%的话，那么从出生到 4 岁就获得了 50%的智力，4～8 岁获得了 30%的智力，最后的 20%的智力则在 8～17 岁时获得。这就是说，儿童在学前期的智力发展几乎能达到普通智力水平的 80%，而儿童出生后的前 4 年智力发展的速度更惊人，几乎等于之后的 13 年。

抓住儿童智力的关键期实行教育，就能够大幅提高儿童的能力，相反，如果这些能力在关键期得不到发展，以后再发展会非常困难，甚至永远得不到发展。有人曾做过早期儿童隔离实验，即把儿童隔离在暗室中一段时间，不给他外界刺激，结果发现，儿童机能逐渐衰退，直至变得痴愚。科学家还发现，那些在婴幼儿时期被遗弃或被野兽哺育的儿童，在被发现后，即使给予适宜的生活环境和教养，他们的智力仍停留在很低的水平上。

因此，家长要重视早期智力教育，不失时机地给学前儿童充分发掘智力潜能的机会，这样会使他们充分抓住智力发展最宝贵的机遇，为以后智力的发展打下良好的基础。

📖 拓展阅读 1-1

家庭教育如何促进儿童的智力发展①

儿童的智力发展是遗传与环境相互作用的结果。良好的教育能够促进儿童的智力发展。

---

① 徐勤玲. 家庭教育如何促进儿童的智力发展[J]. 上海：大众心理学，2019(10).

智力发展的目标不仅是获取知识，更在于养成智慧。英国哲学家怀特海说："虽然智力教育的一个主要目的是传授知识，但智力教育还有另一个要素……古人称之为'智慧'……智慧是掌握知识的方式。它涉及知识的处理，确定有关问题时知识的选择，以及运用知识时使我们的直觉经验的发展更有价值。这种对知识的掌握便是智慧，是可以获得的最本质的自由。"

某些优秀的品质如好奇心、专注力、虚心等，对于获取知识来说是非常关键的，哲学家罗素将其称为"智力的美德"。另外，顺应孩子天赋和兴趣的教育，能使其智力获得最佳发展。因此，在家庭教育中，父母应从孩子幼年开始，根据孩子的身心特点，培养孩子的智力品质，发现并发展孩子的天赋兴趣。这样不仅能够让孩子认识世界、获取知识，也为孩子将来智力的自我发展和智慧的养成留出广阔的空间。

父母首先要培养孩子的智力品质，这些品质主要有好奇心、专注力和虚心。

好奇心是智力生活的自然基础，是智力发展的原动力。它是对未知事物表现出来的敏感和兴趣。孩子天生就有好奇心，他们对事物的敏感往往令我们成年人自愧不如。我的儿子大约一岁零九个月的时候，先生用铅笔在纸上为他画了一辆小汽车。过了一会儿，先生用橡皮擦掉了汽车轮子，并把橡皮灰掸到地下。儿子一边在地下到处寻找，一边问："汽车轮子掉到哪里去了？"也许在我们成年人看来，孩子的问题非常幼稚可笑，其实孩子提出的是一个物理学问题，只是我们麻木闭塞的心灵使我们对此已视而不见了。

对于孩子的好奇心，一方面我们要加以保护，不可忽视、轻视或漠视，而应肯定和重视。另一方面，我们要以正当的方式满足孩子的好奇心。对于我们知道的问题，我们应耐心地予以回答。对于我们不知道的问题，我们可以与孩子共同查找阅读相关的书籍资料，寻找问题的答案。这样不仅能使孩子获得知识，还能学会到求知的方法。

专注力就是专注地做一件事的能力。这种可贵的品质对于知识学习非常关键，而且只有通过教育才能获得。完美的专注力具有三个特征：牢固的、持久的、自愿的。在儿童期，父母培养孩子专注力可以从以下几个方面做起。

第一，让孩子做感兴趣的事。自发的兴趣能够让孩子自愿地、较长时间地关注一件事物。

第二，每次只专注于一件事。比如当孩子专注于绘画，或者正在全神贯注地看动画片的时候，父母要给予孩子一个安静的空间，不要用无关的事情去干扰他，更不要为其制定目标，否则就会使孩子沿着父母设定的道路前进，从而封闭了自己的心灵。其次，父母要从孩子的天赋兴趣出发，不断扩大其智力视野。

美国心理学家霍华德·加德纳提出的多元智力理论，即人们具有包括语言、数学、空间、肢体动作、音乐、人际、内省、自然八种智力。每个人都具备这些能力，只是在程度上存在差异。因此，人们会以不同的方式学习和加工信息。只有从事适宜的工作，用最强的智力类型并与工作任务相符，人们才能最有效地学习。

加德纳的多元智力理论对教育的启示是：只要教师给学生机会，使他们运用自己身体、想象和各种感觉能力，那么每个学生都能发现他们的强项。光谱项目是多元智力理论应用于教育的一个尝试——在光谱教室里，设计了12个角落，每个角落包含许多引人入胜的事物，这些事物能够激发儿童的一系列技能。如"自然"角里放置了大量生物标本，儿童可以对其进行观察、探讨和比较。这种环境条件培养了儿童的感觉能力、逻辑思维能力和自然观察能力。在"故事"角中，儿童能够用启发性的道具创造一些富有想象力的故事并且自己设计情节。这种环境条件鼓励和培养了儿童的语言、戏剧和想象的能力。

加德纳的多元智力理论同样对家庭教育富有启发意义。父母要为孩子提供一个环境，使孩子有机会接触多种多样的活动，比如音乐、绘画、手工制作、阅读、算术、运动等。通过这些活动，父母可以观察孩子感兴趣并且擅长的领域，并在这些领域给予孩子积极的引导。我的儿子小时候表现出对语言的敏感性，于是我经常给他读优美的童话故事。他不仅听得津津有味，而且能够把书中的词汇和句子恰到好处地在生活中加以应用。两三岁的时候，我读古诗给他听。一首诗听过几遍以后，他就能原封不动地背诵出来。对古诗的兴趣使儿子在那段时间不知不觉背诵了几十首古诗，无形中既锻炼了语言能力，又促进了记忆的能力。儿子对语言的敏感性还在他的另一个兴趣领域"绘画"中得到表现。有时他画完一幅复杂的组合图画后，能够清晰地用语言向我们描述出他的画所表达的故事和意境。绘画能够发展孩子的观察力、想象力和创造力，经由语言表达，这些能力能够得到进一步的体现。

美国著名教育家杜威(Dewey)说："智力的发展必须不断扩充视野，形成新的目的和新的反应。"如果父母通过教育，培养了儿童的智力品质，发展了儿童的多种能力，那么儿童的智力视野将会不断扩大。

三、家庭教育影响学前儿童心理健康

在精神分析理论中，有一个词叫强迫性重复，意思是说，人倾向于不由自主地重复一些早年的创伤性体验。一个人幼年生活中的心理创伤会驱使他不自觉地、强迫性地在心理层面退回到遭受挫折时的心理发育阶段，在现实中重复童年期痛苦的情结和关系。虽然这实际上是一种试图治愈童年创伤的本能努力，想要疗愈过去的创伤，想要"重写历史"，但当我们没有觉察、看清这一点的时候，生活就会在痛苦中循环。

家庭中，父母的心理健康状况和行为方式对儿童的心理健康有直接影响，因为他们是儿童最直接的模仿与认知对象。此外，教养态度、教育方法、家庭气氛也会影响到儿童的心理健康。过度管控、过度放纵等不良教养方式，夫妻间的冷战与争吵，都会使孩子产生胆小、孤独、懒惰、焦虑、放任等心理问题。童年早期所经历的创伤或挫折若没有及时得到解决，儿童就会感到痛苦、压抑，将负面情绪潜藏于心底。他们一旦遇到挫折，潜藏的负面情绪就会被现实激活，从而产生羞怯、任性、冷漠、自卑等心理情绪和多动、攻击性行为等。

拓展阅读 1-2
4 岁女孩因长期遭亲生父亲虐待发疯，长大后竟分裂出 2500 种人格

杰妮·海恩斯(Jeni Haynes)是一名来自澳大利亚的女子，就因为父亲在她 4 岁时就开始疯狂地虐待她，导致她人格分裂，在她成年后竟然一个人拥有 2500 种不同的人格。

据 BBC 新闻网 2019 年 9 月 6 日报道，近日名叫杰妮·海恩斯的 49 岁澳洲女子自法庭上指控自己的父亲理查德·海恩斯(Richard Haynes)曾经对她进行过长期的虐待，并最终导致她精神状态发生异常，最终分裂出了 2500 种不同的人格。

报道称，杰妮的精神分裂症源自一种名叫"解离性人格疾患"的特殊心理防御机制，因为杰妮在童年时不断地遭遇父亲的残暴虐待，她的大脑便不断地为她创造虚假的新人格来促使她在精神世界中摆脱痛苦。杰妮表示，正是因为来自父亲的虐待太过极端和漫长，她的脑海中便分裂出了 2500 种人格。

在一次庭审中，杰妮曾"召唤"出自己的其他人格来提供证词，证明她确实曾经遭受过父亲的虐待，而这可能是澳大利亚也可能是世界上第一例来自多重人格症患者非主人格叙述的证词。拥有 2500 个人格的杰妮经常自称为"我们"，在庭审中她说道："我们并不害怕，我们等了这么久才告诉大家他对我们做了些什么，现在任何人都不可能让我们闭嘴。"杰妮表示，直到 1984 年她的父母离婚，之后她跟随母亲一起搬回到英国后，她才彻底逃离了父亲的魔掌。

9 月 6 日，悉尼法庭终于做出判决，判定现年已经 74 岁的查德·海恩斯 45 年监禁，这意味着这位禽兽父亲未来的人生都要在监牢中度过了。

（资料来源：本书作者整理编写）

四、家庭教育影响儿童社会化进程

社会化是指一个人通过学习生活技能和行为规范，参与社会生活，履行一定的社会角色，由"自然人"变为"社会人"的过程。家庭是儿童社会化的第一课堂，是孩子走向社会的桥梁。对儿童来说，最初的生活经验来自家庭，他们向父母学习语言，模仿父母最简单的动作，并直接接受父母的教导。父母的拒绝、允许、奖励、惩罚，表明了父母的道德判断及对社会规范的认同状况，规范了孩子的思想认识及言行举止。父母对孩子的要求不同，约束的严厉程度不同，孩子的行为也会有所不同。家庭结构、教育方式、家庭氛围等都会影响儿童的社会性发展。

调查结果显示，核心家庭儿童亲社会行为最好。核心家庭一般来说比隔代家庭、联合家庭、单亲家庭的氛围融洽、关系和谐、态度一致。现在年轻的父母能充分理解和尊重儿童，教养方式较为民主，既能管教、鼓励儿童，又能对儿童提出适当的要求，从而为儿童亲社会行为的形成创造良好的家庭环境。有研究表明，采用温和养育的方式有利于儿童亲社会行为的形成。

家庭教育方式对青少年社会化有着重要影响，采取不同的教育方式往往会对青少年的社会化带来完全不同的后果。这种影响主要体现在青少年的自我评价、性别观、独立性以及行为示范等四个方面。其具体表现在：在青少年自我评价方面，随着父母教育方式民主化增强，青少年对自我的评价更高；在青少年性别观方面，父母教育方式民主化程度越高，青少年性别观念越现代；在青少年独立性方面，父母教育方式越民主，青少年在经济上的独立性越高；在青少年行为示范方面，父母教育方式民主化程度越高，青少年越乐于接受社会规范。

南京师范大学部分学生对青少年的家庭进行调查发现，家庭关系紧张的青少年中约 17% 的学生成绩较差，很少有人成绩优良，约有三分之一的学生品德优良，三分之一的学生品德不良。处于和谐家庭氛围的青少年中，接近五分之一的学生成绩优良，成绩差的学生比例不到十分之一，接近九成的学生品德优良，一成的学生品德不良。因此，良好的家庭环境对孩子的学习生活的社会化进程的影响可见一斑。

📑 **拓展阅读 1–3**

有利于儿童社会性发展的家庭教育措施[①]

对儿童特别是 3～6 岁的儿童进行家庭教育是非常重要的，因为儿童期是儿童性格和社会观念形成的重要阶段。儿童是发展中的人，他还没有完全成熟的身心。因此，儿童的社会认知、社会行为等方面都需要成年人的正确引导。

(一)提倡民主型家庭教育方式，培养身心健康的儿童

在儿童期，儿童的身心尚未发展成熟，家长一定要细心对待。因此，健康、快乐、安全应始终是儿童教育的基本宗旨和原则。民主型家庭教育方式会对儿童的性格产生积极的影响，能够促进儿童良好习惯的养成，让儿童愿意帮助别人。在民主型家庭教育方式下成长起来的儿童，在社会素质、情感、个性等方面都有较好的发展，在成长过程中能够主动关心和帮助他人。民主型家庭教育方式是当下倡导的家庭教育方式，因为只有当家长变得民主，变得关心儿童，用情感和行动感染儿童，家庭教育的问题才能迎刃而解，儿童的不良行为和习惯才能够得到有效预防和矫正。家长只有从儿童的角度出发，给予儿童丰富的精神上的爱，而不是盲目地给予儿童物质上的满足，才能帮助儿童成长为身心健康的人。只有身心健康的儿童，才有爱家人、爱他人、爱社会的能力，才有良好的人际交往能力和适应社会生活的能力。

(二)营造有规则、平等、相处融洽的家庭气氛

在家庭教育过程中，家长要为儿童营造一个平等、友好、温馨的氛围，同时要树立规则意识。有研究表明，在具有良好规则的家庭中，父母的情感投入程度较高，在各项家庭活动中给予儿童情感上的关怀较多，这样更有利于儿童的社会性发展。同时，要教育和帮助家长树立以人为中心的发展理念，尊重儿童，重视儿童在家庭中的地位。所以家长在家庭中要和睦相处，要学会控制自己的情绪，要相互理解，避免家庭冲突给儿童带来的恐惧。此外，家长要学会在平等的基础上与儿童交流。良好的沟通会化解家长和儿童之间的冲突，而沟通不善会加剧家长与儿童之间的不信任，导致家庭关系破裂或儿童不良性格的形成。家长必须注意观察儿童，及早发现儿童的消极情绪，采取积极的应对措施。当儿童遇到不愉快时，家长要立即和儿童交谈，且进行有效的疏导，使儿童的消极情绪得到释放。家长应该关心儿童的成长，让儿童能够敞开心扉地进行交流。在交流中，避免使用一些"真笨""没用"之类的词语，多鼓励儿童，避免伤害儿童的自尊和自信。要尊重儿童，家长在教育的过程中就不能高高在上，而应该平等地和儿童交谈，这样可以使儿童在愉快的氛围里感受家庭的温馨，使儿童愿意与家长交谈，从而形成稳定的人格。

(三)培养儿童懂得并理解规则的意识

许多家长表示不了解儿童的世界，不懂得如何教儿童了解规则。虽然家长不能直接了解儿童的内心想法，但可以根据儿童的外在行为，尽量感受儿童的需求，用同理心对待儿童，观察儿童在日常生活中的一些行为，采用机智教育方式。在放任型家庭教育方式下，

---

① 黎文艳，张莉. 家庭教育方式对儿童社会性发展的影响研究[J]. 广西：教育观察，2020(09).

儿童一般性格比较开朗，但是缺乏规则意识，家长可以根据儿童的外在行为分析其行为背后的原因。另外，家长在与儿童进行游戏时，必须遵守游戏规则，起到模范作用。家长要遵守承诺，不能为了让儿童一时听话，就欺骗他们。家长要帮助儿童了解基本行为规范，了解规则的重要性，让儿童学会自觉遵守规则。

(四)倡导适度挫折教育

提高儿童抗挫折能力的前提是让儿童有机会体验挫折，这种教育需要家长的指导。家长应向儿童解释挫折的可能性、挫折的归因，告诉儿童所有的挫折都会过去，面对挫折时应该怎么办。家长应在儿童遭受挫折时正确引导儿童，避免让儿童产生错误的认知。人生的每一个阶段都会遇到挫折，或大或小。在儿童期，如果家长没有为儿童提供适当的挫折教育，就会影响儿童意志力的发展。挫折不在大小，可以是儿童学穿衣服、学拿筷子，重点是让儿童体会到挫折的意义。

积极的家庭教育对儿童的社会性发展具有促进作用，甚至会影响儿童的一生，因此，家长要营造轻松和谐的家庭氛围，在鼓励和肯定的基础上，正确引导儿童的发展。

五、家庭教育影响儿童个性的发展

个性也称人格，是指个人的整体精神面貌，即具有一定倾向性的心理特征的总和，包括能力、气质、性格、动机或需要等。奥地利心理学家弗洛伊德(Freud)认为，一个人的人格在 5 岁前就已经基本塑造成型。个性发展与家庭教养因素的关系，一直是心理学以及心理卫生学领域所关心的课题。一系列的研究发现，长期不适当的教养方式容易使孩子形成不良的人格特征。民主型教养方式的父母尊重孩子的选择，即使孩子犯了错误，也能给予鼓励与信心，这能让孩子积极地面对困难和挫折，性格开朗、温和。专制型的父母经常采取强制手段要求孩子绝对服从，他们认为自己见识广、经验多，孩子按照自己要求的方式去做事会少走很多弯路。然而，这样成长起来的孩子常常缺少自信，缺乏独立性和创造性。可见，父母的教养方式对儿童个性的发展有直接影响。

六、家庭教育提高了儿童的审美

在学前期，家长对孩子进行审美教育非常重要，苏联教育家苏霍姆林斯基指出："儿童时代错过了的东西，到了少年时代就无法弥补，到了成年时期就更加无望了。这一规律涉及孩子精神生活的各个领域，特别是美育。"

美感是人对事物审美的体验，是根据一定的美的评价而产生的。儿童对美的体验，也有一个社会化的过程。儿童天生喜欢美好事物，在环境和教育的影响下，他们逐渐形成审美的标准。孩子对艺术的感情源于父母，一个孩子如果每天都能生活在丰富的家庭艺术环境中，那他就会心情愉快，喜欢艺术。国外有人做过一个实验：一对爱好古典音乐的年轻夫妇，在儿子出生后不久，每天都让他听几个小时的巴赫第二组曲。三个月以后，儿子开始跟着音乐的节奏手舞足蹈，随着乐曲节奏的加快，到达高潮时，儿子的动作也变得更快更活跃，而音乐一停，儿子就表示出扫兴的样子，在儿子发脾气时，只要父母一播放巴赫

学前儿童家庭与社区教育(微课版)

12

第二组曲,儿子马上就会安静下来。

儿童是天生的艺术家,但是随着年龄的增长,孩子对美的独特欣赏能力会逐渐下降,在这个时期,家长对儿童进行特殊才能引导和熏陶,可以事半功倍。莫扎特之所以在 6 岁时就能多次进行旅行演出,并轰动了当时的维也纳艺术界,最终成为奥地利的著名音乐家,不仅是由于他出生在一个音乐之家,从小受到家庭的熏陶,更重要的还在于他的父亲善于发现孩子的才华,并给予及时恰当的教育,使他 3 岁便能在琴上弹和弦,4 岁便能识谱,5 岁就能自己作曲。

第三节　学前儿童家庭教育的目的

家庭教育的目的既是教育的出发点,也是教育过程的依据和最终的归宿。家庭教育的目的制约了家庭教育的方向,决定了其总体效果,所以家庭教育的目的是家庭教育的核心,是决定家庭教育发展方向和成败的根本。一旦目的确定,具体教育的内容、方式才会随之确定。没有具体的教育目的,家庭教育的所有实践活动都是盲目的、杂乱的;而没有任务内容的具体实施,家庭教育的目的就会落空,无法实现。因此,研究明确家庭教育的目的、任务和内容,是家庭教育成功的保证。

学前儿童家庭教育的目的

一、家庭教育的目的

教育目的是教育者通过教育活动,希望受教育者达到的预期结果。家庭教育的目的就是通过家庭教育活动和家庭教育的全过程,要把受教育者(主要是孩子)培养成什么样的人。家庭教育是非正规教育,它不像学校教育那样有组织、有领导、有周密的计划、有完整的体系,但它与学校教育一样,家庭教育也有一定的目的,担负着一定的任务,有一定的教育内容。不管人们是否意识到,这些都是客观存在的,是不以人们的意志为转移的,只不过有的家长在一开始就有清晰的具体的目标,有的家长则笼统模糊,没有明确的自觉意识。

有了明确、正确的目的,家长的教育活动就会更加自觉,教育效果当然会更好。反之,教育目的不明确、不正确,教育孩子就会有极大的盲目性,效果自然不会太好。所以,家长在对子女实施教育之前,首先确定正确的教育目的是至关重要的。确定家庭教育目的依据是多方面的,主要是考虑社会发展和人的发展的需要。

首先,教育目的要受社会因素的制约。家庭是社会的细胞,任何家庭都生活在一定社会、一定时代,家长要把子女培养成什么样的人,不是根据公式生搬硬套的,也不是凭空想象出来的,它总是受到当时社会的政治、经济、文化、科学等各种因素的影响和制约,具有时代特征。只不过有的是正确地、全面地反映了社会的要求,有的则是错误地、片面地反映了社会的要求。如果是前者,就能促使家庭教育成功,子女长大后容易适应社会、立足于社会;而后者会导致家庭教育的失败,子女长大后很难适应现实社会,甚至会被社会淘汰。因此,确定具体的教育目的时,必须以社会需要为首要依据。

其次,具体到每个家庭中还要受到多重家庭因素的影响。家长的社会经历、对社会生活的体验以及在社会生活实践中形成不同的人生哲学，不管他的人生经历是否平坦，成功还是失败，家长总会有意无意地把自己的经验教训渗透到培养孩子的目的上来。例如，有的家长认为自己人生失败的根源在于没有文化。那么，他就会下决心把孩子培养成有知识、有文化的人；还有的家长认为对人要厚道诚恳，不要斤斤计较，他就会努力培养孩子具备这种品德。另外，家长的思想文化素质决定了对社会生活认识的深刻程度，如家长的不同职业、不同的社会地位及不同的社会环境，都影响着人们形成不同的价值观，直接或间接地制约着家庭教育目的的确定。

最后，教育目的的最终的实现要落实在每个儿童身上，而家庭中每个子女的个性特点和具体情况不尽相同，这是确定具体教育目的时必须考虑的重要因素。例如，孩子的数量不同，对孩子的期望值也不同，因为独生子女作为唯一的孩子，寄托了全家人的希望，家长往往对独生子女的要求更高一些，保护和照顾得也更多。子女的性别、能力、兴趣爱好、性格特点及身体条件都是家长确定家庭教育目的时必须考虑的因素。

二、学前儿童家庭教育的目的

学前儿童家庭教育的目的是指家庭对所要培养的孩子的质量规格的总设想或规定。换言之，就是人们希望通过家庭教育让学前儿童在身心诸方面得到一定的发展，或产生预期的结果。这一问题古今中外各个社会和阶级都非常重视，在全球化的今天更是如此。国际21世纪教育委员会提出，为了适应不断变动的社会，新世纪教育的宗旨是使儿童"学会认知"，有正确的学习态度，善于学习的方法；"学会做事"，具有较强的发现问题、分析问题、解决问题的能力和冒险精神；"学会共同生活"，能够了解别人，尊重别人，参与别人的活动，与别人相互依存与合作；"学会生存"，充分发挥自己的人格特征，使自己的一切潜力(包括体力、记忆力、判断推理能力)、自主性和责任感、美感和交往能力都能得到发展。联合国第44届大会提出教育儿童的目的是：①最充分地发展儿童的个性、才智和身心能力；②培养对人权和基本自由以及《联合国宪章》所载各项原则的尊重；③培养对儿童的父母、儿童自身的文化认同、语言和价值观、儿童所居住国家的民族价值观、其原国籍以及不同于其本国的文明的尊重；④培养儿童本着各国人民、族裔、民族和宗教群体以及原为土著居民的人之间谅解、和平、宽容、男女平等和友好的精神，在自由社会里过有责任感的生活；⑤培养儿童对自然环境的尊重。

2022年4月全国妇联、教育部等11个部门印发《关于指导推进家庭教育的五年规划(2021—2025年)》，把构建覆盖城乡的家庭教育指导服务体系、健全学校家庭社会协同育人机制、促进儿童健康成长确立为今后一个时期家庭教育发展的根本目标，推动"十四五"时期家庭教育高质量发展。该规划明确，到2025年，家庭教育立德树人理念更加深入人心，制度体系更加完善，各类家庭教育指导服务阵地数量明显增加，稳定规范专业的指导服务队伍基本建立，公共服务资源供给更加充分，覆盖城乡、公平优质、均衡发展的家庭教育指导服务体系逐步完善，学校家庭社会协同育人的机制更加健全，家庭教育在培养德智体美劳全面发展的社会主义建设者和接班人中发挥更重要的基础性作用。

我国各省市根据各自的具体情况，制定了符合实情、富有地方特色的学前儿童家庭教育大纲。例如，北京市制定的《北京市学前儿童家庭教育大纲(试行)(3~6岁)》规定：学前儿童教育要实行保教结合的原则，进行体、智、德、美全面发展的教育，促进孩子身心和谐发展。学前儿童家庭教育要通过家庭生活和家长的言传身教，着重于良好品德和行为习惯的培养。同时要充分考虑孩子的年龄特点与发展规律，注重科学性，有效地促进孩子身心健康成长。上海市颁发的《上海市 0—18 岁家庭教育指导内容大纲》坚持以社会主义核心价值体系为引领，加强家庭美德、职业道德、社会公德和个人品德建设，为孩子创设良好的家庭环境，使家庭教育符合孩子的身心发展特点，从而促进孩子勤奋学习、快乐生活、全面发展。家庭教育既要为孩子营造健康幸福的人生，促进和谐家庭的建设，同时也要培养社会主义事业的建设者和接班人。家长应培养和提高孩子的思想道德素质、科学文化素质、劳动技能素质、审美素质和生理/心理素质，培养孩子的创新精神和实践能力，要加强对孩子的思想品德教育，引导其养成良好的行为习惯，提高孩子的文明素养和公民意识。

基于上述认识，学前儿童家庭教育的目的可以表述为：家长充分利用家庭优势和社区资源，创设良好的家庭环境，对学前儿童施加多种教育影响，培养学前儿童良好的生活习惯和自理能力，增强体质，激发求知兴趣，提高认知能力，掌握社会规范，塑造良好个性品质，发展审美能力，促进学前儿童身心全面、和谐、健康地发展。

本章小结

本章主要对学前儿童家庭教育进行了概述，介绍了家庭教育及学前儿童家庭教育的概念与特点，重点分析了家庭教育对学前儿童发展的重要作用。在此基础上，点明了学前儿童家庭教育的目的。

思考题

1. 请选取 1～2 个学前儿童家庭教育的特点，用案例进行解释与说明。
2. 举例说明家庭教育是怎样影响学前儿童心理健康的。
3. 请分析我国的教育目的与学前儿童家庭的教育目的之间的关系。

第二章　学前儿童家庭教育的影响因素

本章学习目标

➢ 理解家长自身教养态度、教养素质和教养能力对家庭教育的影响。
➢ 理解家庭生活环境和生活方式对家庭教育的影响。
➢ 理解家庭所处社会背景对家庭教育的影响。

重点与难点

➢ 家长自身教养态度、教养素质和教养能力对家庭教育的影响。
➢ 家庭生活环境和生活方式对家庭教育的影响。

引导案例

别人家的孩子和别人家的父母

教育的初衷不是用来满足自己的成就感，而是用来帮助孩子成为更好的自己。但在日常生活中，以下场景我们是不是经常见到：隔壁邻居小明期末考试又考了第一，王大妈的孙女的钢琴过了 10 级，我爸战友的儿子会说一口流利的英语，我妈同事的女儿有深厚的舞蹈功底……望子成龙、望女成凤是所有父母的心愿，也正因为如此，许多家长喜欢拿自己的孩子和别人家的孩子比，家长之所以这样做，大抵是想让孩子通过比较看到自己的不足：能够"知耻后勇"，从而刺激孩子的竞争心和进取心。但在孩子心里，却很反感父母的这种行为。

一代又一代的父母，好像总是喜欢拿自己的孩子与别人家的孩子作比较。从前，父母喜欢比成绩、比表现；现在的父母喜欢比得更多，比成绩、比表现、比学校、比培训班……

比较，会给孩子带来哪些伤害？在父母比较孩子的过程中，孩子会进行模仿或在潜移默化的影响下，将自己的快乐建立在与别人的比较上。当自己成绩没别人好的时候，自然就形成了一种自卑的心理。

洛洛在学校是一个非常优秀的学生，常常是老师夸奖的典范、父母炫耀的资本。毕业后，他不负众望找到了一份非常好的工作，工资也非常高，但即便这样，他依旧十分苦闷。因为他把大量的时间和精力放在了与别人比较上，每天想的不是超越比自己优秀的人，就是害怕自己被比自己还优秀的人比下去了。虽然他赚了很多钱，但他一直感受不到幸福，反而一天比一天疲倦。

曾经看过这么一个故事：有个孩子非常调皮，成绩总是垫底，妈妈经常被叫到学校里去。每次妈妈都是心情沉重地从老师办公室出来，但在面对孩子时，她会假装高兴地对他说："老师今天表扬你了，说你今天比昨天进步了，你今天可以在位置上坐 10 分钟了，老师说你明天一定会做得更棒。"就这样，孩子在妈妈一次又一次善意的谎言中考上了重点大学，从一个上课坐不到几分钟的小男孩，变成为了名校里的高材生。《道德经》云：胜人者有力，自胜者强。一个可以战胜自己、超越自己的人，才是真正的强者。

所以家长不要总是拿自己家孩子跟别人家孩子作对比，应该正确地引导孩子拿今天的自己跟昨天的自己比，这才是真正激励孩子的好办法，这样才能让孩子真正进步。

苏联教育家马卡连柯也说过：尊重孩子间的差异，挖掘属于孩子自己的秘密武器，比用别人的长处攻击自己强。父母拿别人家孩子跟自己家孩子比较时，目的是激励孩子，让孩子更具挑战性和上进心，但事实是父母的攀比不但不会让孩子变好，反而会让孩子陷入自卑、焦虑、害怕的"漩涡"里。

（资料来源：本书作者整理编写）

第一节　家长自身的教养态度、教养素质和教养能力

家庭是儿童产生原始的自我感觉以及形成基本的身份、价值和信念的背景，是儿童成长的"第一所学校"。家长自身的教养态度、教养素质和教养能力直接关系到家庭教育的效果和质量，决定着家庭教育的成败。

一、教养态度

教养态度是指不论什么样的家庭，也不论什么样的子女，家长在教育子女的过程中都必须遵循的指导原则，也可以称之为实施科学的家庭教育的依据。

教养态度知识点

(一)教养态度分类

结合美国学者查尔斯·F. 博伊德(Charles F. Boyd)、日本学者奥平洋子和中国科学院心理研究所的王极盛教授对家长教养态度的研究我们将家长教养态度划分为权威性、专制型、溺爱型和忽视型四种类型。

1. 权威型家长教养态度

权威型教养是指教养人与儿童处于平等和谐的氛围中，对儿童的兴趣予以支持理解，重视儿童的心理需求，尊重儿童独自处理自身事务的意愿，同时对为儿童设定的纪律规则密切监督，表现出民主且严格的态度。持有权威型教养态度的父母认为他们在孩子的眼里具有较大的权力与威严，但愿意用肯定的态度对待孩子，这类父母对儿童需要、行为发展能够作出积极反应，在教育孩子时，采取科学、民主、平等的态度，保护并尊重孩子，但从不溺爱孩子，不随意控制孩子，也不完全放纵孩子，只是提供必要的照顾和帮助，从而促进孩子的身心发展。

这种民主且严格的权威型家长，对孩子的学习态度有着积极的影响。例如 5 岁的甜甜

按照父母的意愿开始学习书法，每天在父母的催促下，虽然书法水平略有进步，但总是没有主动学习的欲望。一段时间后，她父母也觉察到这一点，便与甜甜进行谈话，甜甜表达了自己的真实想法，甜甜的兴趣是学小提琴，父母不但没有进行责备，反而尊重了她的选择，满足了她的要求，甜甜拉小提琴主动性很高，主动学习的态度良好。权威型父母更重视孩子的学习意愿，只有合理的权威才能让孩子健康成长，绝对的权威会导致孩子的叛逆与反抗。

2. 专制型家长教养态度

专制型父母多运用专断权力和惩罚等高控制策略，设立不一定合理的高标准，强调儿童要遵守要求，绝对服从，不能反抗，也不会顾及儿童的情感需求和人际关系。当儿童对规则或事件发出质疑时，教养人会以"我就是规矩"等言辞大声回绝，表现出严格但不民主的态度。持有专制型教养态度的家长操纵儿童的一切，具有权威性和强制性的特点，这类父母经常对儿童的情绪情感体验报以冷漠、忽视的态度。在专制型教养态度的影响下，良好的亲子关系被破坏，同时使儿童产生了道德内化(儿童的道德内化是通过家长的教养态度和教导策略得以加强的)，从而降低了对内部动机的归因，使儿童对自己的所作所为作出外部归因影响儿童的认知发展，从而发展出了斗争—逃避反应系统，降低儿童的自信心和果断性。儿童往往不信任他人，觉得生活不公平，感觉被剥削并有可能学会剥削他人，经常感到压抑、无助、无能，从而产生自卑感，对他人的批评过于敏感，害怕得到别人的消极评价，而且还会经常夸大潜在的困难，因而自我评价较低，并且经常表现为胆小怕事，所以经常被别人嘲讽，儿童会更加地自卑，形成社会交往的心理障碍，不愿意参加集体活动，尽量避免那些与人交往的场合，从而缺乏基本的与人交往的能力。

3. 溺爱型家长教养态度

溺爱型教养是指家长对儿童的任何要求都尽量快速作出响应，从不会有过高的要求，为避免冲突发生，经常默许儿童自己作决策，让儿童能够随心所欲，甘愿自我奉献，对儿童过于溺爱甚至达到失控状态。这类家长较少提出要求，允许孩子自由地表达自己的感受和冲动，不会密切地监控孩子的行动，很少对孩子作出强硬的控制。在这种家长教养态度的影响下，儿童与家长的沟通和交流比较好，但他们没有把主观和客观、自我和环境有机整合起来，仍处于有我无物的阶段，容易形成以自我为中心、态度傲慢、不尊重他人的坏习惯，认为自己是众人关注的焦点。自己的要求一定要得到满足，这样的儿童只会考虑自己的意愿，不会去关注别人的看法。

在与同伴交往时，儿童自然地将一贯"霸道"的行为运用到其中来。在受到同伴的排斥后，儿童不会从自身寻找问题的根源，只会用强迫他人服从的方式来实现自己的愿望，结果只会造成恶性循环。他们不知道交往规则，不懂得以何种方式去关心他人，成为"被拒绝、被忽略"的儿童，他们经常对同伴显示出攻击、敌意的行为或者独自玩，非常离群，经常会出现徘徊、踌躇以及感情压抑等状况。这种状况会严重地阻碍儿童与同伴的交往与情感的交流，不利于儿童社会交往能力的健康发展。别人越排斥他，他就越要用强制的手段来强迫别人服从自己，因而不能与同伴友好地交往和相处，遭到大家的冷落。

案例 2-1

有个两岁多的小男孩，叫安安。每次邻居家的小米在院子玩时，他就会从家里冲出来，抢小米的玩具，或者骑着他的小单车过来撞人，即使小米的家长在现场，他也会肆意妄为。小米没办法就往家里躲。安安随之跟进屋来，然后开始抱玩具，能抱多少就抱多少，吃的也顺手带走。而他的父母和外公外婆每次看到这种情况，就只在门口大声地喊："安安回来。"没有对孩子的这种行为进行控制，事后也没有对孩子作任何教育。

(资料来源：本书作者整理编写)

案例中的安安虽然年幼，但是他的攻击性非常强，这样的孩子在同伴中不受欢迎。其实孩子们不是生来就能分清对错的，是非观念是父母可以在养育过程中教给孩子的。当第一次通过某些方式得到他想要的东西时，父母没有给予正确的引导，以后他就会用这种方式去获取，无论这种方式是对还是错，总是能得到积极的强化，那么孩子的行为方式就会被固定下来，成为孩子自身个性的一部分。

4. 忽视型家长教养态度

忽视型教养态度下的父母对儿童不关心，没有互动和期待，缺乏关爱和监管，不了解儿童的心理。只为儿童提供食宿和衣物等物质条件，对于儿童的情感需求漠不关心；忙于自己的事情，几乎不约束儿童，和儿童难以亲近。忽视型的父母大多受到客观条件限制，比如工作特别忙或者外出打工等，对孩子的成长"低要求"。几乎可以说，在这样的家庭里，孩子就像野草一样，野蛮生长。这样的父母很少参与到孩子的成长事务中去，亲子关系较为淡漠。生长在这样的家庭里，孩子就是要靠自己，这就很可能会产生两个极端，一个就是孩子非常自立；另外一个就是孩子缺乏引导、没有亲情，他们对"爱"表现出较为冷漠的态度，最终可能导致性格更加孤僻。因此，家长应注意树立正确的育儿态度，促进孩子人格的健康发展。

(二)形成积极教养态度的策略

1. 树立正确的教养意识

意识决定行为，父母应该树立科学的教养意识，了解儿童的身心发展特点，尊重儿童的身心发展规律，这样才能促使父母形成良好的教育行为。例如，如果父母明白孩子有自己的独立学习意识，能够进行独立的思考，那么他就会给孩子应有的空间，让其自由地发展。这样不仅提高了孩子独立做事的能力，也培养了孩子的自信心。相反，如果父母对儿童没有明确的认知，凡事代其作决定，长期的发展会使孩子失去学习的自信，产生一种依赖心理，久而久之孩子将成为一个什么都依赖父母的"小孩子"。所以，树立正确的意识至关重要。

2. 提倡高民主型教养作风

学前儿童家庭教育实践证明，教养过程中高民主的权威型教养方式是一种最完美、最有效的家庭教养模式。首先，高民主型教养方式的父母尊重孩子的人格，承认孩子的独立地位，接纳孩子的个性特点。能够站在引导和帮助的立场，制定合理的标准，同时尊重孩子的自主性和冒险性，让孩子热爱生活，鼓励他们坚持自己的合理要求。其次，他们懂得强化孩子的自尊心，引导孩子积极向上，鼓励孩子自我教育。在这种家庭经济环境中长大的孩子，从小就受到尊重，不缺乏父母的指导和要求。所以，民主的教育教学模式有利于儿童的身心健康发展，也是教育家所提倡的民主教育模式。

3. 塑造良好的家庭环境

家长为子女创造一个轻松愉快、民主平等、丰富多彩的生活环境是很重要的。这种环境充满了家庭成员之间的爱、和谐和温暖，有利于儿童发挥其主动性和独立性，儿童可以自由地表达自己的意见，选择自己的活动，这样有利于良好人格和心理素质的发展，也会给孩子带来安全感、归属感。所以建立一个良好的家庭环境，一方面家长要做榜样；另一方面给孩子一个爱的环境，帮助孩子完成发展历程。

4. 重视儿童个性特点

家长的育儿态度和方式要与孩子的特点和需要相适宜，对不同类型的孩子应采取不同的策略。因材施教是学校教育的基本原则，在家庭教育中同样适用。例如，在与能言善辩型孩子互动时，父母要善于倾听孩子的话，并为孩子提供行为上的榜样，帮助孩子把语言落实到行动上；在与沉默寡言型孩子互动时，父母要有耐心，不催、不逼孩子，提供充足的时间，让孩子进行思考和活动，接纳孩子的不同特点，建议更多地采用积极正面强化，不使用批评惩罚等方法。另外，家长应注意不要从自己的个性特点和主观意愿出发，漠视孩子的独特个性，强行逼迫孩子按照自己的行为模式运转，复制、克隆自己。例如，既不能因自己喜欢冒险，就对安静、被动的孩子提出过多、过高的要求；也不能因自己小心谨慎，就对活泼、好动的孩子作出过多、过分的限制。

为了矫正不良的教养态度，父母要注意建立理想的亲子关系。对孩子，既不能爱护有余，也不能过于严厉；既不能随心所欲地去支配他们，也不能完全服从他们，要为孩子提供必要的物质条件和适宜的精神环境，以促进孩子自主精神和社会适应能力的发展。

二、教养素质

素质一般是指一个人文化水平的高低，身体的健康程度，家族遗传于自己的惯性思维能力，对事物的洞察能力，管理能力，智商、情商层次高低以及与职业技能所达级别的综合体现。一个人的素质是以人的先天禀赋

教养素质

为基础，在后天环境和教育影响下形成并发展起来的内在的、相对稳定的身心综合体现。父母的教养素质主要包括家长的教育观念和具备的教育知识。

(一)家长的教育观念

家长的教育观念是指家长在教育子女的问题上所形成的比较稳定的价值标准和认识。家长的教育观念是决定家庭教育质量的核心问题，主要包括学前儿童家长的儿童观、教育观、人才观。

1. 儿童观

在家庭教育观念中，儿童观是最基本的观念，是指家长对未成年子女的权利、地位和

儿童发展规律的认识。为了形成科学的儿童观，家长要树立以下三个基本观念。

(1) 儿童是人。儿童是"人"，他们应该拥有基本的人权。不是"物"，家长应当把儿童当作"人"来对待与培养，尊重儿童的人格，重视儿童的愿望、需要，平等地与儿童沟通。

(2) 儿童是未成年人。儿童是一个正在发展中的人，故不能把他们等同于成人。儿童处在成长过程中，各方面还不成熟，其心理状态、思维方式和成年人都不一样。家长要理解儿童、允许儿童犯错误，并对错误有一个逐步认识的过程。将成年人的想法强加给儿童，代替儿童下决心，逼迫他们按照大人的意志去做，其结果往往与愿望相反，但也不能放任儿童自由地发展。

📖 案例 2-2

侄子有什么好东西总愿意和我分享，他的老爸对此"颇有微词"："什么东西都要给姑姑吃，爷爷奶奶要尝尝都不给，这孩子白疼了。"其实，侄子原来是很大方的，有好吃的也愿意和爷爷奶奶分享。但爷爷奶奶却经常逗他："好吃的也给爷爷奶奶分点啊！"孩子的手马上递了过去，他们赶紧又说："爷爷、奶奶不吃，你自己吃吧！"几次之后，孩子就不再当回事儿了。而当侄子与我分享时，我会道谢并真的与他分吃，还夸他的东西好吃，侄子也乐意与我分享。老爸甚至还责怪我说："大人怎么还吃孩子的东西！"

(资料来源：本书作者整理编写)

孩子是单纯而美好的，他们会把成人世界的每个要求都当真。作为成人，最重要的是尊重孩子，而不是为了好玩或者表示亲昵逗弄孩子。生活中很多对待孩子看似搞笑的无意之举，背后却是对孩子深深的不尊重。爱孩子，就请将他作为一个平等的人来对待。

(3) 儿童终将成为独立生活的人。儿童是独立的人，是具有主体性的人，他们拥有独立的人格和尊严，并且将独立地投身社会去创造自己的事业，这是任何人都无法替代的过程。童年生活不仅是未来生活的准备，它首先是具有独立价值的生活，成人应该尊重他们的生活。

2. 教育观

科学的家庭教育观是指家长对自己在家庭教育中的角色和职能的认识。在这个问题上，家长应当认识到以下几点。

(1) 父母是子女的第一任教师，也是终生教师。

(2) 家长应与孩子共同成长。在日益开放的成长环境里，未成年人所接受的教育是多向的，他们身上蕴藏着影响成人世界的潜能。现代社会正朝着两代人共同成长的社会迈进，成人要引导他们学会对信息价值进行判断，防止文化垃圾的腐蚀。

(3) 家庭教育首先是家长的自我教育。首先家长们应当树立新的教育思想、教育观念，掌握科学的教育方法和手段，创造民主、平等、和谐、宽松的教育氛围，不断地提高自己的思想道德修养和文化科学修养。

3. 人才观

家长的人才观，是指家长对人才价值的观念和对子女成才的价值取向。这决定着其对子女成才的价值取向，也决定着其对子女的期望。人才观主要有以下两种。

(1) 多种途径成才的人才观。实现全面发展与充分发展，是每个儿童的权利，其先天的生理遗传充分赋予了他们实现全面发展的条件，只有全面发展，才能得到充分发展。儿童的学习形式也是多种多样的，如模仿学习、交往学习、游戏学习、探索学习、操作学习、阅读学习等。成人应尊重儿童的各种学习形式，并为他们创造相应的学习条件。

(2) 人人能成才的人才观。每个人都存在着差异，有着不同的个性，因此孩子与孩子之间必然存在一定的差异，不要轻易拿自己的孩子与别人的孩子比。"天生我材必有用"，每个人都有要求进步的愿望，每个人都有丰富的潜能，每个人都有自己的优势，通过良好的教育、训练，每个人都能成才、成功。

(二)家长的教育知识

据统计，目前家长管教孩子的方式大体分为三种：第一种是传承上一辈思想，爸爸妈妈怎么教育我，作为家长的我就怎么教孩子；第二种是随机教育，从自己的角度出发；第三种是通过学习、思考，总结已有经验，对孩子进行教育。为了能够更科学地教养孩子，家长应掌握基本的教育知识，包括基本的优生知识、学前儿童心理学、学前儿童教育学、学前儿童生理卫生学以及各种文化科学知识。

拓展阅读 2-1

未成年人的父母或者其他监护人实施家庭教育，应当关注未成年人的生理、心理、智力发展状况，尊重其参与相关家庭事务和发表意见的权利，要合理地运用以下方式方法：

(一) 亲自养育，加强亲子陪伴；
(二) 共同参与，发挥父母双方的作用；
(三) 相机而教，寓教于日常生活之中；
(四) 潜移默化，言传与身教相结合；
(五) 严慈相济，关心爱护与严格要求并重；
(六) 尊重差异，根据年龄和个性特点进行科学引导；
(七) 平等交流，予以尊重、理解和鼓励；
(八) 相互促进，父母与子女共同成长；
(九) 其他有益于未成年人全面发展、健康成长的方式方法。

——选自《中华人民共和国家庭教育促进法》第十七条

三、教养能力

教养能力是指家长在科学的教育观念的指导下，运用相关知识在家庭教育的实践中处理亲子关系、分析解决家庭教育问题、促使孩子身心健康发展的能力，主要包括了解和分析儿童的能力、与儿童沟通及处理问题的能力以及父母自身的情绪控制能力等。

(1) 了解和分析儿童的能力。教育子女的前提和基础是要了解孩子的情况，因此父母对孩子行为目的的分析能力便尤为重要。家长首先要从孩子的年龄特点出发，了解孩子的各种需要，家长要给孩子提供足够多的活动机会。再次，孩子也有交往的需要，家长要为孩子的同伴交往给予支持、提供机会。最后，孩子有获得成功的需要，家长的正确做法是由衷地赞赏孩子，而不是经常拿孩子的缺点与其他孩子的优点比较。要想教育好孩子就必须认识孩子，孩子在每一个阶段都会表现出迥然不同的发展特征。

(2) 与儿童沟通及处理问题的能力。这是一种积极的、双向的沟通能力，父母掌握了这种能力，不仅有利于家庭和谐氛围的营造，而且直接影响着对孩子教育的效果。父母应当多关注儿童，对儿童的情况进行分析、概括，作出切合儿童实际的判断，明确是非，弄清事件发生的原因。要想具备较强分析问题的能力，家长必须全面了解和掌握有关情况，从实际出发，克服主观主义。

(3) 父母自身的情绪控制能力。在处理问题时要采取慎重的态度，对待子女的进步或过失，要抓好关键点。处理问题时，如果没有控制好情绪，就要积极地向孩子承认错误，挽回不良影响，千万不能将错就错。有的家长自己没有很好的情绪控制能力，会用简单、粗暴、放任自流的教育方法与态度来处理问题，这样不但会影响父母与孩子之间的关系，还不利于问题的妥善解决。

与孩子平等相处的父母，有利于孩子积极主动地健康成长。学会做一个成功的父母，不断追求新知，了解科学的教育方法，使自己成为有智慧、有能力的父母，才能够有效地承担起为人父母的职责。

第二节　家庭生活环境和生活方式

家庭是儿童产生最初的自我感觉以及形成基本的身份、价值和信念的背景，是儿童成长的"第一所学校"。良好的家庭生活环境和生活方式，会对学前儿童的教育和成长产生非常积极的影响。

一、家庭生活环境

在儿童时期，家庭生活环境对孩子的影响是最重要的。孩子对这个世界的初步认知、与人的第一次接触，都是在家庭生活环境中完成的。随着他对世界的不断认知和自身的成长，这种影响会一点一点地减弱。我们将从家庭结构、家庭经济生活状况、家庭成员之间的关系对家庭生活环境进行分析。

(一)家庭结构

家庭结构就是家庭中成员的构成及其相互作用、相互影响的状态，以及由这种状态形成的相对稳定的联系模式。不同的家庭结构由于其构成的独特性而具有了独特的人际关系，会对学前儿童的教育和成长产生非常重要的影响。随着社会的发展和改革的不断深化，我国的经济运行机制在不

家庭结构

断地变化，而这一变化影响到了社会的方方面面，也深刻地影响着家庭的结构。四世同堂、三代同居的传统家庭日益减少，核心家庭已经居于支配地位；单亲家庭、再婚家庭纷纷涌现。社会变迁使家庭结构发生了变化，家庭结构越来越简单，核心化成为主要的发展趋势。

家庭结构的改变与调整给学前儿童的家庭教育带来了巨大的挑战。

一般按照家庭成员之间的关系，可以将其分为以下几种。

1. 核心家庭

核心家庭是指由父母和未婚子女两代人所组成的家庭。核心家庭之所以被称作核心，是因为在社会中，这种家庭结构最普遍。当今中国，这样的家庭模式已成为主流。我国的核心家庭结构大约占全部家庭结构的 70%。

核心家庭的特点是人数少、结构简单，家庭内只有一个权力和活动中心，家庭成员间容易沟通、相处。在这类家庭中，父母是唯一的教育者，容易形成一致的教育观念，并予以实行；父母和儿童相处时间长，接触机会多，了解深入全面，教育措施容易奏效。

核心家庭的家庭成员之间的关系比较单纯，家庭生活中的冲突与争端也比较少；易于在家庭中建立起平等的关系、民主的氛围，家庭成员之间易于建立相互关爱、相互尊重、和谐平等的关系，能充分尊重孩子，有利于培养孩子良好的性格特点，也能激发孩子的创造力。

当然，核心家庭在学前儿童家庭教育中也有弊端。在核心家庭中，其社会互动的对象与内容相对单一，儿童扮演的角色单一，缺少多维度的人际关系，而在此背景下，儿童普遍具有强烈的"自我中心"意识。此外，由于我国大多数的核心家庭都是双职工，他们的工作占据了生活中的大部分时间，这就很容易影响到他们与孩子之间的亲子关系，从而导致他们与孩子的交流机会减少，影响到孩子的健康成长。

2. 主干家庭

主干家庭又称直系家庭，是指由两代或两代以上夫妻组成，每代最多不超过一对夫妻，且中间无断代的家庭。在我国，主干家庭曾为主要的家庭类型，但随着社会的发展，此家庭类型已不再占据主导地位。主干家庭的特点是家庭内不仅有一个主要的权力和活动中心，还有一个权力和活动的次中心存在。

有研究者认为，主干家庭和核心家庭的精神环境、其父母及儿童的个性均优于单亲家庭，主干家庭的精神环境及父亲个性优于核心家庭；良好的家庭精神环境和父母健全的人格有利于培养儿童健康的人格特征。目前，中国居于主导地位的家庭结构虽然已从主干家庭演变为核心家庭，但在县、镇与农村地区，由于传统思想浸润较深，加上经济条件所限，占主导地位的家庭结构仍然是主干家庭。

但是，由于家族内部的两个权力中心的存在，使得父母与祖辈在培养后代方面出现了许多问题，在这种家庭中，家长并非只有父辈一个人，而父母与祖辈的年龄、人生经历、价值观等方面的差异，往往会导致对子女的教育理念出现分歧，从而削弱了家庭教育的作用，影响到子女的成长和发展。

3. 联合家庭

联合家庭是指包括父母、已婚子女、未婚子女、孙子女、曾孙子女等几代人居住在一起的家庭。联合家庭的特点是人数多、结构复杂，家庭内存在一个主要的权力和活动中心，几个次要的权力和活动中心。联合家庭在物质生活方面有分有合，在精神生活方面相互补充并允许保持个性。在这类家庭中，和主干家庭类似，但由于人数更多，关系更加复杂，受到的影响更多。

联合家庭成员之间的交流和灵活的家庭生活准则可以让孩子们懂得分辨是非，学习从多个角度看待人生，同时，家庭成员之间相互关爱、尊重、和谐平等的关系，能充分尊重孩子，有利于培养孩子良好的性格特点，也能激发孩子的创造力，对孩子的性格有积极的影响。

但是联合家庭是核心家庭同代横向扩展的结果，它突出表现为人口较多，关系较复杂。由于每个基本三角形都有自己的核心，相互之间具有较大的离心力，家庭与家庭之间容易出现矛盾与摩擦，对子女个性的形成和发展也将产生深远影响。

4. 单亲家庭

我们通过总结我国学者对单亲家庭的界定或描述，得出大多数专家都支持的结论：年龄在 18 周岁以下，没有独立生活能力的子女与父亲(或母亲)一方共同生活的家庭称之为单亲家庭。

单亲家庭是一种不完整的特殊家庭，学前儿童只同父母中的一方共同生活。这种家庭对孩子的发展带来了不良影响，问题行为也较多，继而导致孩子容易出现自闭、自卑、自责、焦虑、抑郁、嫉妒、逆反等心理。

5. 重组家庭

重组家庭是指夫妇双方至少有一人已经历过一次婚姻，并可能有一个或多个前次婚姻的子女及重组夫妇的共同子女。重组家庭的特点是人数相对较多，家庭成员之间的关系比较复杂，而且也比较敏感。

6. 隔代家庭

隔代家庭是指由祖辈与孙辈组成的家庭。年轻的父母为了自身的发展或工作需要无暇顾及年幼的孩子，便把孩子送到祖辈身边，让他们照顾孩子的日常生活。目前，隔代家庭数量有增长的趋势。相关部门在全国范围内做了一项有关中国隔代教育的调查，结果显示：在北京有 70%左右的孩子接受隔代教育，在上海有 50%～60%的孩子由隔代教育，在广州接受隔代教育的儿童则占总数的 50%。也就是说，随着社会日趋老龄化，隔代家庭的现象会越来越普遍。

祖辈家长抚养、教育儿童有其一定的优势。比如，祖辈家长能有较充足的时间陪伴儿童，有丰富的经验来照顾儿童的生活起居，同时对自身保持健康的心态也大有裨益。祖辈利用退休在家的优势能随时随地关心孩子的衣食住行，有些祖辈对孩子生活上的关心照顾甚至超过孩子的父母。

但祖辈在照顾好孩子的同时，由于社会的快速发展，他们的思想意识虽然有一定的变化，但还是与社会有一定的脱节，加上和孩子年龄差距太大，在沟通上容易和孩子形成代沟。因此很难给孩子制定出符合时代发展的教育目标。

在孩子出生之前，家庭结构就已经确定了。一个家庭结构好的父母，不一定能教好孩子，而一个家庭结构差的孩子，也有可能被培养得非常优秀。在儿童早期教育中，应根据家庭结构所产生的影响，确定其教育目标，并尽可能地发挥其积极作用，减少其对儿童的干扰与负面影响，从而促进其健康成长。

(二)家庭经济生活状况

家庭经济生活状况是指家庭劳动所得报酬或其他经济收入和生活消费支出的情况，通常分为六类：极度贫穷、贫穷、温饱、小康、富有、极度富有。一般情况下，家庭经济生活状况好的孩子，会得到更多的资源。而那些经济拮据的家庭，对教育的节俭程度要远远高于经济条件好的家庭。因而，社会经济地位越高的家庭就越能利用社会资源，从而为自己的孩子创造更好的居住环境，获得更好的教育资源。家庭经济生活状况较好的父母拥有较多的可支配资源，对子女有较强的财务支援及提供较好的成长空间，因而对子女的期待较高，对子女的前途也更有信心。而家庭经济生活状况较差的家庭，往往不能为孩子提供良好的学习条件，甚至会出现不利于孩子身心发展的因素，家庭经济生活状况对儿童的影响主要表现在以下几个方面。

1. 家庭经济生活状况对儿童生活环境的影响

1) 家庭经济生活状况对学前儿童物质环境的影响

家庭经济生活状况的不同，导致了儿童可获得的资源也不同，主要表现在低收入家庭没有能力购买必需的与健康有关的商品，享受不到各种确保身体健康的医疗服务。贫穷的儿童经常生活在地板破裂、供热不足、天花板漏水的房子里，并且通常很拥挤，这些条件导致了疾病率的上升。有人把房子环境质量和儿童智力及社会健康相联系，同样把家庭的拥挤和认知、情感成长不良联系起来。即使低收入家长很重视儿童的教育，但是由于经济条件限制，他们给予儿童的教育资源会很有限。而家庭经济生活状况较好的家庭，能够为儿童提供舒适的居住环境，使儿童能够有自己的独立空间，有较大的活动场地去玩耍、学习和探索。家长有经济实力给予儿童更多的教育投入，比如买更多的玩具和图书、音像资料等，为儿童买各种手工材料让他们动手制作，带儿童去旅游、听音乐会、看画展等。

2) 家庭经济生活状况对学前儿童精神环境的影响

家庭经济生活状况影响家庭的精神环境。有些证据表明，家庭经济生活状况较差的儿童可能比家庭经济生活状况较好的儿童显示出更多精神失调的症状和不适应社会的情况。对家庭经济生活状况较差的儿童来说，预测某种特定的健康状况以及认知或情感方面的问题是非常困难的。然而预测他们经历更多的成长问题，是比较容易的。例如，如果家长的工作比较稳定，有固定的上下班时间，家长回家以后陪伴儿童的时间和机会比较多，也有较多的精力去关注儿童。如果家长工作强度比较大，体力劳动比较多，也会面临加班，回家以后很疲惫，因此对儿童的关注和交流相对较少。

2. 家庭经济生活状况对学前儿童健康的影响

家庭经济生活状况和儿童的健康关系密切。有研究表明，从出生开始，儿童的健康就和家庭经济生活状况建立起了联系。家庭经济生活状况较差的儿童更有可能出现子宫里的生长延迟和神经性行为成长不充分等问题，他们更有可能早产，而且往往体重偏轻，或容易窒息，或出生时有缺陷。生活在环境较差尤其是对胎儿有潜在危害的地方，母亲怀孕期间因为经济困难、营养不良等原因，有可能会给胎儿带来早期的健康问题。而家庭经济生活状况较好的家庭的孕妇居住在环境较好的地方，营养科学合理，能到正规的医院生产等，这些都有利于母婴的健康成长。

一般情况下，富裕的家庭会更加注意给孩子提供合理的营养搭配。而那些经济条件不佳的家庭，由于受环境和家长自身观念的制约，更多地关注孩子们能否吃得饱。这些都会对孩子的成长和健康造成一定的影响。

3. 家庭经济生活状况对学前儿童认知的影响

经济状况较好的家庭能够为儿童提供更多、更丰富的认知刺激，如玩具、图书、学习材料、活动等，这些都有利于儿童认知的发展。而经济状况不太好的家庭，一般较重视儿童知识的获取，而较少关注儿童其他方面的发展。

4. 家庭经济生活状况对学前儿童社会情感和行为的影响

尽管家庭经济生活状况与儿童社会情感和行为的关系不如它和认知的关系密切，但家庭经济生活状况的好坏对儿童的情感和行为也是有影响的。调查发现，收入较高的家长会更加关心儿童的交往情况，关注儿童良好习惯和健康情感的发展状况，他们更希望儿童在幼儿园获得快乐。因此，这类家长会更愿意通过和老师主动联系，来详细了解儿童的情况，从而采取合适的教育方法。而较低收入的家长因为忙于生计，很少有时间关注儿童的情感需求，在观念上更关注儿童的生活起居和饮食，而在一定程度上忽略了儿童的社会性情感。

家庭经济生活状况跟父母与老师所报告的儿童攻击性行为与犯罪行为也有密切联系。

(三)家庭成员之间的关系

家庭的基本构成要素是人，家庭中的每一个成员都处于特定的关系中，因此家庭内部存在各种各样的家庭关系。家庭成员之间的关系，是以血缘关系及共同生活为基础，以抚养、教养、赡养为基本内容的自然关系和社会关系的结合，通常以血缘进行划分。爷、奶、父、母、伯、叔、姑、舅、姨等亲属关系，又称家庭人际关系，是家庭成员之间根据自身的角色在共同生活中形成的人际互动联系。不同代际的人由于所处的社会环境、经历不同，年龄、身体差异等原因，导致他们对事物的判断、处理问题的方式会有很大的区别。因此，家庭中的代际层次越多，家庭成员之间的关系则越复杂。家庭成员之间的关系，在很大程度上会影响儿童的成长发育。儿童在牙牙学语之前就能感受到周围的情绪与氛围，哪怕当时他还不能用语言来表达，因此可以想象，一个充满了敌意甚至暴力的家庭，会对儿童成长造成多么大的伤害。家庭成员的关系可以分为以下几种类型。

1. 融洽型

家庭成员之间能够互相帮助，彼此感情好，没有隔阂和抵触，这种家庭成员之间的关系最有利于儿童的成长教育。

2. 平淡型

家庭成员仅仅因为血缘关系居住在一起，相互之间没有帮助，也没有矛盾，对儿童成长教育没有帮助，也没有阻碍。

3. 隔阂型

家庭成员之间感情沟通有障碍，思想有距离，双方因为种种原因居住在一起，经常彼此间纠纷不断，互相争执，甚至倾轧。这种类型的家庭关系会影响到孩子的健康成长，同时也会让他们的个人性格在家庭环境中受到以下影响。

1) 造成心理阴影

孩子小的时候没有形成一个具体的是非观和价值观，这时候如果家庭成员经常因为一些小事大打出手甚至争吵，就很容易让孩子蒙上心理阴影。长期生活在这样的家庭中，孩子会变得缺乏安全感，对周遭的任何人都不会产生绝对的信任，甚至还会在性格上形成一些孤僻自卑的心理。有的孩子长期生活在这样的家庭中，连带着为人处世的观念也会产生很大扭曲，甚至会因为这样的行为影响到自身的发展。

2) 恐惧家庭

家庭是孩子温馨的港湾，家庭能够让孩子感受到一定程度的温暖，但是当家庭关系不和睦，经常发生争吵，就会让孩子变得恐惧和反感。长期这样下去会让他们的成长过程出现一些逆反心理，对家长和家庭都感觉到恐惧，不愿意回家甚至想要在外面有自己的世界。

3) 影响孩子的处事方式

家长给孩子的带头作用是非常重要的，家庭关系的不和睦会给他们的性格造成一定的缺陷。孩子今后也可能会因为自身的孤僻而交不到朋友，这样他们在成长的过程中就会经历很多坎坷，甚至在以后的工作上会变得畏惧交往而不愿意与人交流。

家庭成员之间的关系是以婚姻血缘为纽带的，父母无法选择子女，子女也无法选择父母。从母亲孕育一个新生命开始，家庭成员之间的关系就存在了。它的维系更主要的是依赖爱、共同的情感、道德、心理因素等，这是家庭关系最主要的特点。家庭成员有着天然的血浓于水的情感，家庭成员之间这种特殊的关系使得家庭关系最密切，相互影响也最深刻。家庭成员之间不仅有情感上的关系，还有经济上的共同利益、事业上的相互帮助等，是最持久、稳定的一种人际关系，这是其他社会关系不能比拟的。相互融洽的家庭氛围，是学前儿童成长的一大动力。

二、家庭生活方式

(一)家庭生活方式的含义

家庭生活方式是家庭成员在长期的共同生活中逐步形成的较为稳定的生活模式，也就是人们常说的"家风"或"门风"。作为一种生活模式，在日常的家庭生活中，会经常出现、反复出现，成为家庭成员生活的环境。孩子生活在一定的家庭环境中，会受到潜移默化的影响。正如法国教育家卢梭(Rouuseau)所说："家庭生活方式本身就是一种教育。"

(二)家庭生活方式中对孩子身心发展的影响

1. 家庭饮食营养习惯

家庭对儿童的影响不言而喻。父母作为儿童的主要抚养人，对儿童健康饮食习惯有很大影响。而且，有关研究显示，儿童的年龄越小，父母对其饮食行为产生的影响就越大。在长期的共同生活中，家人对食物的需要，已经形成了一种共同的习惯。有些家庭过于偏爱高营养的食物，有些家庭注重鱼肉、蔬菜、细粮和粗粮的合理搭配。不良的饮食和营养习惯对家庭成员，尤其是儿童的生理发育有很大的影响。现在一些孩子偏食、厌食，肥胖的孩子越来越多，都是由于饮食和营养方面的原因。而家长们更倾向于用"吃"来解决孩子的"健康问题",结果却是吃胖了孩子,也吃坏了孩子。生活中经常会有这样的例子,孩子已经吃饱了,家长们还会对他说:"多吃点,多吃点才能长身体"。其实,当孩子说吃饱了,就不要再让他多吃了,这也是对孩子的尊重。

2. 家庭生活起居习惯

家庭生活起居有规律地运转,能按时起床、洗脸、吃饭、工作、学习、休息,既有利于家长的身心健康和事业的发展,又有利于孩子的成长。家庭生活起居程序化、制度化,能帮助孩子逐步养成有规律的生活习惯,增强孩子的计划性、安全感和自信心,有利于保持孩子的身心健康,培养孩子的责任感,促进家庭的和谐团结。

案例 2-3

家庭教育是孩子成长中最重要的一个环节。在家庭教育中,家庭气氛带来的效果能对孩子产生潜移默化的影响,尤其是父母的不良行为会对孩子的心理健康产生很不好的影响。有的父母懒散、贪睡、不讲卫生,这些坏习惯都被孩子看在眼里,记在心里,甚至会学到身上。有位小学教师发现一个有趣又发人深思的现象:班级里那些个人卫生差的学生,其家庭卫生往往也较差。可以说,孩子的不良习惯主要来自家庭。

俗话说,言传不如身教。根据调查显示,父母双方或一方吸烟者比父母都不吸烟者的孩子,沾染上吸烟的多 3~5 倍;"酒鬼"的子女一般也比同龄人更早地沾染上酗酒的恶习;赌博的危害更甚,孩子不但容易从父母那里沾染上赌博的恶习,而且在一个彻夜打牌或打麻将的家庭里,孩子自然也不可能有安静的学习环境,学习、品德同样也会不可避免地受到影响。另外,还有的父母喜欢吹牛、撒谎、自私、爱占小便宜等,这些行为都躲不过孩子的眼睛和耳朵。

父母的一言一行都会深深地在孩子的脑海里扎根生长,这些行为将直接影响孩子的身心发育和成长。因此,要想孩子保持身心健康,父母需要尽量注意自己的言行举止,给孩子树立良好的榜样。

(资料来源: 本书作者整理编写)

3. 家庭消费方式

家庭消费方式是指在家庭日常生活中,为了满足家庭成员在物质上和精神文化上的需要,消耗各种消费资料和劳务的活动方式。消费方式包括消费意识、消费能力、消费结构、消费习惯和消费性质等。消费方式(特别是消费意识、消费结构、消费习惯等)对孩子有很大的影响。比如,赶时髦的消费动机、重物质轻精神消费的消费理念、奢侈浪费等消费方式会给孩子造成很不好的影响。科学地、有计划地进行家庭消费,就会给孩子作出良好的榜样,使他们学会如何生活。

家长不正确的消费方式会对儿童的身心发展造成许多不良影响,具体内容如下。

1) 花钱大手大脚

从一个人的消费观念中可以看出一个人的生活状态和价值观念,一部分家长消费没有节制,当看到喜欢的商品就会毫不犹豫地买回来,尽管那些商品并没有实用价值。而家长这样的消费观念很容易影响到孩子,导致孩子缺乏正确的消费理念,未来花钱可能会大手大脚,没有节制。

2）对金钱的欲望增加

一部分家长把金钱当作激励孩子日常生活和学习的动力，这样的观念可以偶尔使用一两次，但不建议家长长时间使用。如果家长总是用金钱当作激励，孩子会误认为学到的所有知识和本领都可以用金钱来换取，久而久之便会助长孩子的"欲望"，孩子会处处与家长讨价还价，一旦家长不再用金钱作为激励的手段，孩子就会"原地踏步"，不愿意学习更多的知识和本领。

4. 家庭闲暇利用方式

家庭闲暇利用方式是指一个家庭如何利用闲暇时间组织活动，这些利用方式的过程对孩子的身心发展有很大的影响。家庭闲暇生活多样化，家庭成员兴趣多样化，这些都可以培养孩子的多种兴趣，发展多种特长。家庭闲暇生活文明化，生活内容健康，情趣高雅，不仅可以使孩子得到休息和娱乐，还可以使他们受到教育。家庭闲暇生活内容庸俗、情趣低级，对子女而言就是一种毒害。

在闲暇时间的利用过程，许多家长做得不尽如人意：要么让孩子自由活动，想看电视就看电视，想玩游戏就玩游戏，这种闲暇时间的利用是无序的；要么是主导者，强迫孩子和自己一起逛街购物，或者参与其他趋向于成人的活动；要么盲目地为孩子安排很多兴趣班活动，使闲暇时间成为一种学习活动的延续。

5. 家庭人际交往方式

家长和孩子的交往，经常运用的方式方法分两种：一是非语言交流，如拥抱、亲吻、抚摸、目光接触、面部表情、手势等；二是语言交流，包括口头语言和书面语言交流。语言交流和非语言交流往往是并用的。非语言交流有利于增进感情亲密程度；语言交流可以发展孩子的表达能力，增强相互的理解。交流分单向交流和双向交流两种，双向交流使孩子感到平等民主。父母在与孩子交往中，应该做到以下几点：尊重、爱护、关心孩子，既教育孩子，也要听孩子的意见；对孩子多说理，少呵斥；多鼓励表扬，少批评。

家庭人际交往方式分为以下几种类型。

(1) 多元型：这种类型的交往既彼此陪伴，又分开有各自的活动空间(如分开的书房和浴室)。

(2) 一致型：一般这种家庭的父母都是非常传统的，他们相信"夫唱妇随""保持忠贞"，互相依赖和陪伴，而且认为自己的婚内交流是用心经营的。这种家庭的孩子要么循规蹈矩，要么就是逃进自己的幻想里。

(3) 保护型：这种家庭一般会形成遵守家规、听从家长的氛围，不允许孩子质疑长辈。在这样的家庭中成长的孩子很容易受到影响或被权威说服。塑造这种氛围的家长三观也相对传统，他们重视自己胜过亲密关系，互相陪伴和分享都很少。

(4) 放任型：家庭成员之间不太有什么交流，也缺乏家庭凝聚力，大多数家庭成员都在情绪上和家庭成员很疏远。这类家庭养育出的孩子更会被外面的社会组织影响。这种家庭模式的家长对婚姻无法达成一致，他们对自我观念、互相依赖和婚内交流的预期理解都不同，所以很难让家庭有凝聚力。

(5) 指责埋怨型：指责埋怨型沟通往往使家庭中形成"家庭相互指责黑三角"，在这样一个"黑三角"中，每个人都有可能有一个较为固定的指责对象，家庭问题往往在相互指责和埋怨中不了了之、不欢而散，问题最终成为一个未了结事件被遗留下来。这是一种很具破坏功能的家庭沟通模式，被指责者要不逆来顺受，要不一味逆反、攻击性强，这对子女人格的成长极为不利。

(6) 迁就讨好型：这种家庭表面一团和气，但缺乏一种家庭成员之间真挚的爱，而且会养成一个人依赖而又固执、软弱而又任性等不良人格特点。另外，这种类型的人际交往方式是通过回避问题来"解决"问题的，也是一种缺乏建设性功能的沟通。孩子在这种模式中，更容易形成的是任性，只有父母迁就自己，自己却很少迁就父母。这种沟通所造成的孩子的任性主要表现为眼前的、家庭内部的，孩子在家庭以外往往是一个迁就型的人；孩子成人后，很可能又不自觉地组建起一个迁就讨好型的小家庭。

第三节　家庭所处的社会背景

家庭是社会的组成部分，家庭教育必然受到所处社会环境的影响。制约家庭教育的社会背景包括家庭背景、教育背景、职业背景、文化背景以及地理背景等。本文将从家庭所处的历史时代、家庭所处的社会区域、家庭所处的国家来进行分析。

一、家庭所处的历史时代

家庭所处的历史时代是制约家庭教育的社会大背景，也是社会生产力发展水平对家庭功能的影响。纵观家庭发展历史，家庭的每一次变革都与当时的社会生产力状况有直接关系，家庭功能的变化也是社会生产力发展的必然结果。社会生产力发展对学前儿童家庭教育起决定性作用，为学前儿童家庭教育发展提供了物质基础，它也决定着家庭教育的目标和内容。在以手工劳动为主的农业时代，一个家庭就是一个生产单位，对青少年进行生活和职业技能教育是家庭教育的主要内容，采取的主要形式是长辈手把手地把手艺传给后代。随着社会生产力的发展，现代转变为促进儿童德、智、体、美、劳的全面发展。

自古以来，我国就非常重视家庭教育。这对推动我国古代社会家庭的巩固与发展，促进古代各类学校的产生与进步，形成民族文化传统和家庭道德观念，乃至对于国家政治、社会稳定、生产生活等各方面，都有着深刻而久远的影响。

有关我国古代对家庭教育重要性的认识，在两个历史时期表现得比较突出，具体如下。

第一个时期是战国至秦汉年间，以《礼记·大学》为思想大纲："古之欲明明德于天下者，先治其国；欲治其国者，先齐其家；欲齐其家者，先修其身……身修而后家齐，家齐而后国治，国治而后天下平。"在我国古代的传统社会中，齐家既是修身的目标，又是治国的基础，是古代家庭教育的根本追求。因此，确立了中国古代家庭教育与封建社会阶级统治相辅相成、不可分割的关系。

第二个时期是魏晋南北朝时期，这一时期社会上涌现了大批家庭教育著作，如诸葛亮的《诫子书》、嵇康的《家诫》、颜之推的《颜氏家训》、向朗的《遗言戒子》等。其中，颜之推的《颜氏家训》堪称我国历史上第一部内容丰富、体系宏大的家训。颜之推在论述儿童教育的方法中对家庭教育的重要性提出了较为系统的意见。他以本身从小受到严格的家庭教育而成才，以及社会上家庭教育正反两方面的案例，对家庭教育的重要性进一步予以阐明。

📖 **拓展阅读 2-2**

《颜氏家训》是我国历史上第一部内容丰富、体系宏大的家训，也是一部学术著作。阐述立身治家的方法，其内容涉及许多领域，强调教育体系应以儒学为核心，尤其注重对孩子的早期教育，并在儒学、文学、佛学、历史、文字、民俗、社会、伦理等方面提出了自己独到的见解，内容翔实，语言流畅，具有一种独特的朴实风格，对后世的影响颇为深远。

作为中国传统社会的典范教材，《颜氏家训》直接开后世"家训"之先河，是我国古代家庭教育理论宝库中的一份珍贵遗产。颜之推本人并无赫赫有名，也未列显官之位，却因一部《颜氏家训》而享千秋盛名，由此可见其家训的影响深远。《颜氏家训》被宋代藏书大家陈振孙誉为"古今家训之祖"，是中国文化史上的一部重要典籍，这不仅表现在该书"质而明，详而要，平而不诡"的文章风格，以及"兼论字画音训，并考正典故，品第文艺"的内容风格，而且还表现在该书"述立身治家之法，辩证时俗之谬"的现世精神上。因此，历代学者对该书推崇备至，视之为垂训子孙以及家庭教育的典范。

（资料来源：本书作者整理编写）

二、家庭所处的社会区域

学前儿童家庭教育的职能之一就是传承文明，也就是从儿童幼年起，就将人类和民族所创造的文化和精神传递给他们，使其成为儿童认识周围社会和自然环境的工具，并将人类和民族的文化和精神发展下去。没有人类和民族的文化和精神，学前儿童家庭教育也就没有了传授的内容，在这一过程中，学前儿童家庭教育就不可避免地受到家庭所处的社会区域的影响。

社会区域简称"社区"，是指社会若干群体（家庭、民族、单位）形成相对独立的、具有共同生活要求和利害关系的居住区域。而家庭所处的社会区域，是指由家庭居住地所形成的一定范围内的社会环境。

家庭教育是家庭的一种功能，它会随着家庭和社会的变迁而变迁。美国社会学家 T. 帕森斯（Talcott Parsons）考查 20 世纪 50 年代美国中产阶级家庭的变迁后指出，家庭作为一种经济、政治和福利机构的重要性正日益下降，而作为一种社会化和抚养子女以及为成年人提供心理支持设施的重要性在不断上升。他认为，现代家庭恰好是与工业经济相适应的，工业经济促进了劳动的流动和儿童的社会化，并且家庭还给在竞争激烈、不稳定和没有个人情感的社会中的成年人提供了一个情感依托的根源。历史唯物主义认为，在人类社会发展的过程中，最根本的动力就是生产力与生产关系的矛盾运动和经济基础与上层建筑的矛盾运动。家庭是社会的最小细胞，家庭生活和家庭教育最终受到经济、政治、文化、科技等社会因素的支配，社会变革必然会影响家庭和家庭教育的变革。

由于家长在家庭教育观念、家庭教育知识和家庭教育方法上存在着很大不足，致使许多家长在孩子的教育方面出现了很多问题，需要外界的支持。因此，幼儿园、社区、志愿者组织、政府部门等正式的社会支持主体在家庭教育中都发挥着不可忽视的作用。

📎 拓展阅读 2-3

"家风"与"家业"

"家风""家业"实际上体现了家庭教育继承性这一特点。家风的好坏往往要延续几代人，甚至于十几代、几十代人，而且这种家风往往与家庭成员从事的职业有关，如"杏林世家""梨园世家""教育世家""子承父业""弟承兄业"等。同时家风又反映了一个家庭的学风，学风的好坏也往往延续几代人、十几代人、几十代人，如在中国近代，无锡人严功增补清末《国朝馆选录》，统计自清顺治三年丙戌科至光绪三十年甲辰科，状元共 114 人，其中父子兄弟叔侄累世科第不绝者，如苏州缪、吴、潘三姓，常熟翁、蒋两姓，浙江海宁陈、查两姓。由此可见，家庭教育的继承性往往对人才群体的崛起有着重要影响，这种情况在古、近代表现得比较突出。

(资料来源：本书作者整理编写)

三、家庭所处的国度

政府权力机关及职能部门对教育的重视与领导，是发展学前儿童家庭教育的决定条件，它决定着家庭教育的方向和最终目的。

(一)美国的家庭教育

美国家庭教育的目标是要培养孩子富有开拓精神和竞争能力，使其能够成为一个自食其力的人。美国的家庭教育主要表现出以下特点。

1. 注重培养独立能力

在美国家庭中，父母一般很尊重孩子，非常注意发展孩子的主观能动性，儿童时期开始就大胆放手让他们养成独立自主的生活习惯。孩子从婴儿襁褓时期就跟妈妈分床睡觉，两三岁时就住自己的房间了。父母只管孩子的安全和其他生活上的事，游玩、学习都由孩子自理、自主、自我选择。例如，自己收拾房间，整理、布置属于自己的"小天地"，父母绝不替孩子做什么事，最多从旁提醒、参谋。

2. 崇尚民主

美国的家庭教育崇尚民主，父母和孩子共同制定能维护各方面权益的规范。孩子在制定家规时享有与父母均等的权利。父母常能宽容孩子们的顽皮、淘气，不太注意小节，他们的教育方式是开放的。美国孩子在家里的确是小主人，不但参与家庭的各种活动，还参与家庭大事的决策。比如购买什么样的汽车、家电、电脑，怎样布置房间，怎样利用和美化庭院等，父母都会倾听孩子的意见。许多孩子跟父母一起干些力所能及的家务，如收拾院子、种植花草树木、擦洗汽车、做室内外卫生、购买东西等。

美国家庭教育的民主气氛造就了一代代独立性极强的美国青年。但有时极端的民主也使美国不少家庭的教育过于放任，造成不少孩子以自我为中心，盛气凌人，行为顽劣。

3. 在和谐气氛中了解孩子

在美国，许多家庭都有吃饭时及饭后随便聊天的习惯，饭桌上的气氛和谐、幽默、民主，谁也不打断谁的话，谁都能把心里话倒个一干二净。还有许多细心的妈妈总在孩子睡觉前跟孩子谈谈，例如"今天过得怎么样？""什么事使你最开心？""今天你向老师提了哪些问题？"等等。父母跟孩子说话很客气、和蔼，父母总是对孩子说"谢谢""对不起""请原谅"等，用商量的口吻对话。

4. 不强制管束

对于孩子的游玩和兴趣活动，通常家长不会强制孩子去做什么，而是尊重孩子自己的意愿，让孩子独立地支配自己的课余时间。孩子选择学练什么乐器或其他兴趣技能，家长总是给予支持、鼓励和指导，或帮助请家庭教师，或支持孩子去上技能培训班。

美国家庭教育给人印象最深的一点是：从小就尊重孩子，重视给孩子个人自主权，让孩子学会在社会允许的条件下自己作决定，独立地解决自己所遇到的各种问题。

(二)英国的家庭教育

英国是一个注重教育的国家，正因为如此，英国才拥有世界上最早的大学，并为世人贡献了一大批教育家和思想家。英国的家庭教育是其整体教育的缩影。在英国的家庭中，父母对于孩子成长的要求是十分全面的，既要有理性和高尚的德行，又要有很高的学识。英国的家庭教育表现出如下特点。

1. 严格要求

在英国，家长们往往在尊重孩子独立人格的前提下，对孩子进行严格的管束，让他们明白，他们的行为不是没有边际的，不可以为所欲为。英国的法律明确规定了允许家长体罚孩子，至今许多学校仍保留着体罚学生的规矩。

2. 重视餐桌教育

英国的孩子都要系统地学习用餐礼仪。在英国，从孩子上餐桌的第一天起，家长就开始对其进行"进餐教育"，目的是帮助孩子养成良好的用餐习惯，学会良好的进餐礼仪，具备种种值得称道的素质或性格。绝大多数英国家长认为，孩子想自己进食，标志着一种对"人格独立"的向往，应给予积极鼓励。

英国父母很重视让孩子帮忙做事，在餐前摆好餐具、餐后收拾餐具等常常不是保姆的工作，而是由孩子完成。这一方面可以减轻家长的负担，另一方面也让孩子有一种参与感。此外，他们还很重视环保教育，在进餐时家长会告诉孩子哪些是经再生制造的"环保餐具"，哪些塑料袋可能成为污染环境的"永久垃圾"。外出郊游前，他们会尽量少买易拉罐并注意节约。

3. 注重自信心的培养

我们常常在文艺作品中读到这样的话，"孩子，你能行!"这是鼓励孩子要自信。英国家庭教育的重点之一，就是保护并培养孩子的自信心。英国的父母不娇纵孩子，不主动替孩子做事，其目的之一就是要培养孩子的自信，从而增强他们独立做事的能力。在日常生活中，父母总是想让孩子明白，你无须做一个完美无缺的人，每个人都有不足，这一次没有做好还有更多的机会，只要肯下功夫，努力尝试，你就会感到其乐无穷。

4. 注重培养孩子的勇气

勇气，是一个人主动进取的动力。在英国家庭教育中有这样的价值观：勇敢和坚忍是受人尊重的，懦弱和胆小是被人瞧不起的。英国人锻炼孩子勇气的重要办法是鼓励孩子参加探险活动。

5. 重视培养孩子的友爱和责任心

英国家庭注重培养孩子的爱心，父母往往通过饲养小动物来教育孩子热爱生命、热爱生活。伴随着爱心的成长，也培养了孩子的责任心。英国的父母认为，多听孩子的想法，了解他们对某些事情的看法和观点，这样孩子会感受到了应有的尊重，会主动承担他自己的那一份工作，进而可以培养孩子对公众事业和社会的责任心，为今后担当的社会角色打下基础。

6. 重视独立意识的培养

英国人认为娇宠孩子对其发展极为不利，所以非常注重对孩子独立意识的培养。只要有条件，就会让孩子从小就一个人在房间里睡觉，经常组织登山、野炊等活动，也都是为了让孩子学会独立处理问题。

(三)澳大利亚的家庭教育

在子女的家庭教育上，澳大利亚人的方法堪称独特，其标新立异的教育理念值得探讨。

1. 名誉高于一切

澳大利亚的父母们非常看重对孩子的名誉教育。他们认为：再顽劣的孩子都有名誉心，尽可能地激发孩子们的名誉心，有利于他们健康成长。因此，澳大利亚人把名誉教育作为教育子女向善而行的根本。孩子无论做什么事，父母都提醒孩子要树立责任意识和主人翁意识，让孩子为自己的名声负责。

澳大利亚的父母还有一个习惯，就是善于从孩子的日常言行中发现其优点，然后写成"格言"和"好行为"栏板，贴挂在家中最醒目的地方：一方面可以提升孩子的声望，另一方面还能增强孩子的荣誉感。久而久之，孩子就会对自己的言行看重起来，时时刻刻严格要求自己。

2. 残忍是另一种爱

澳大利亚的父母极其注重孩子独立性的培养和健康体魄的形成。在澳大利亚，多数孩子都受过看似冷酷无情的"残忍教育"，如"接受寒冷考验""承受日晒考验""接纳海浴的考验"等。

3. 接受才能快乐

澳大利亚的父母们认为，让孩子快乐地接受教育是最高层次的教育，也是最成功的教育。只有让孩子"乐从"，才能收到事半功倍、立竿见影的效果。对于孩子们的兴趣爱好，澳大利亚的父母们大多遵循一条原则：喜欢至上。孩子喜欢什么，就让他学什么。在父母眼中，孩子喜欢画画和痴迷厨艺，本质上没有什么区别，更没有高低贵贱之分。父母不会刻意地阻止或引导孩子的兴趣爱好，"兴趣是最好的老师"，早已成为他们的共识。

知识链接

美国家庭教育的 12 条法则

归属法则：保证孩子在健康的家庭环境中成长。

希望法则：永远让孩子看到希望。

力量法则：永远不要与孩子斗强。

管理法则：在孩子未成年以前，管束是父母的责任。

声音法则：尽管孩子在家里没有决定权，但是一定要倾听他们的声音。

榜样法则：言传身教对孩子的影响是巨大的。

求同存异法则：尊重孩子对世界的看法，并尽量理解他们。

惩罚法则：惩罚容易使孩子产生逆反和报复心理，慎用！

后果法则：让孩子了解其行为在现实世界中可能产生的后果。

结构法则：教孩子从小了解道德和法律的界限。

"20 码"法则：培养孩子的独立意识，父母与其至少保持 20 码的距离。

"4W"法则：任何情况下都要了解孩子跟何人(who)在一起、在何地方(where)、在干何事(what)以及何时回家(when)。

从这 12 条法则中可以看出，美国人的家庭教育几乎与读书、学习、成绩、升学无关，而是注重"做人"，注重品德、修养的培养。

本章小结

本章主要介绍了学前儿童家庭教育的影响因素，首先从家长的教养态度、教育素质与能力等方面着重说明了家长自身对儿童成长的影响，其次从家庭的生活环境和生活方式等方面阐述了家庭教育对儿童的消费习惯、生活习惯等方面的影响，最后从家庭所处的历史时期、社会区域以及不同的国家等方面论述了家庭所处的社会背景对家庭教育的影响。

思考题

1. 结合实例谈谈教养态度对儿童成长的影响。
2. 分析不同国家家庭教育的特点，说说我们如何学习先进的育儿理念。
3. 谈谈目前我国的社区制度对学前儿童家庭教育的影响。

第三章 学前儿童家庭教育的具体内容、原则与方法

本章学习目标

➤ 初步掌握学前儿童家庭教育的具体内容。
➤ 理解和掌握学前儿童家庭教育原则的含义及基本要求。
➤ 掌握学前儿童家庭教育的方法。

重点与难点

➤ 掌握学前儿童家庭教育的具体内容。
➤ 掌握学前儿童家庭教育原则的含义及基本要求。
➤ 能够运用学前儿童家庭教育的方法。

引导案例

动物的课堂

一天，小动物们想办一所学校，就在森林里聚会。野兔坚持要把跑步列入教学计划，小鸟坚持要开飞翔课，小鱼坚持要把游泳作为必修课，松鼠坚持要把垂直爬树列入学校教学课程。经过讨论，动物们决定这些学科都要开设，并写了课程指导书。野兔的跑步成绩是 A，但垂直爬树对它来说的确是一个难题，它总是爬两步就掉了下来。不久，它连跑步都跑不快了，跑步成绩由 A 降到了 C。当然，它的垂直爬树的成绩总是得 F。小鸟的飞翔美极了，但是当它来到地上打洞时，就不行了。它的嘴和羽毛都坏了。不久，它的飞行成绩也下降了，而打地洞的成绩当然还是 F，对于垂直爬树它也是力不从心的。

从上述寓言故事中我们可以领悟到：发扬优点，克服缺点，才能获得更好的发展。如果一味地追求所谓的"全面"，而不顾现实情况，就可能导致故事中出现的结果：野兔擅长跑步，却让它垂直爬树，以至于跑步跑不快、爬树爬不上去；小鸟善于飞翔，却让它在地上打洞，导致了飞翔受影响、身体受损伤。这样做不仅没有使动物们实现全面发展，而且破坏了原来的优势与特长。

（资料来源：本书作者整理编写）

在家庭教育中，家长应该以全面发展着眼，从因材施教着手。首先，了解孩子的兴趣、爱好，因势利导，保持其优势；其次，在认识到孩子发展的差异之后，不能够忽视、回避

这种差异，而应该结合孩子的现实去分析，使其优势得以充分发挥，使其劣势得以最大限度的改善，并在以后的发展中注重改善，使其逐步达到全面发展的标准和要求。

第一节　学前儿童家庭教育的具体内容

家庭作为子女的第一所"学校"，其内容是多方面的。如中国古代奴隶社会家庭教育的内容主要有礼、乐、射、御、书、数等方面，西欧封建贵族家庭的教育是"骑士七艺"训练，现代儿童教育家陈鹤琴把健康教育、待人接物教育、良好习惯的培养、智力教育、情绪教育等列为家庭教育的内容。为了实现儿童全面和谐发展的培养目标，家庭教育应着眼于儿童发展的各个领域。学前儿童家庭教育的内容主要包括健康教育、认知教育、艺术教育、品德教育和情商教育。

一、学前儿童家庭健康教育

对于学前儿童家庭健康教育关系着学前儿童的健康成长和发展。

(一)概念

学前儿童家庭健康教育是根据学前儿童身心发展的特点，培养学前儿童健康意识和自我保健能力、促进身心健康所采用的一系列措施。具体来说，就是以实现学前儿童身心健康为目标，为提高学前儿童对健康教育的认识水平，改善学前儿童健康态度，培养学前儿童的健康行为和习惯所实施的教育。

(二)具体内容

学前儿童家庭教育的具体内容主要包括以下几点。

1. 身体健康

身体健康教育是学前儿童家庭教育的首要任务，主要包括认识身体、均衡饮食、充足的睡眠和重视体育锻炼等四个方面的内容。

(1) 认识身体。教会学前儿童认识自己，包括：自己长什么样、各部位的名称和主要功能及养护；自己能学会很多本领，走、跑、跳、投、钻、爬、攀、平衡是最基础的运动能力；还需要提高学前儿童基本身体素质，培养体育兴趣，养成爱活动的好习惯，形成匀称的体形和优美的姿态，愿意主动与小伙伴做游戏。

(2) 均衡饮食。均衡合理的营养与膳食是学前儿童健康成长的重要条件。6岁前是身心发育最迅速的时期，此时儿童生长发育迅速，新陈代谢旺盛，因而，每天必须从膳食中摄取足够的营养物质，才能满足机体生长发育和活动的需要。如果孩子获取的营养物质缺乏，会阻碍其身体的发育，导致其出现体重过低、抵抗力下降、生长发育停滞等现象，甚至会影响其智力的发展。因此，家长必须了解儿童的营养需要，为孩子提供科学、合理的膳食，以促进他们正常生长发育和身心健康。

(3) 充足的睡眠。睡眠是人体的自我保护，它能使大脑得到休息，使其不过度疲劳。在睡眠时，人体的大部分器官都在休息，只有充分休息，才能在整个白天有更好的精神状态和健康身体去工作和学习。对儿童来说，睡眠与儿童生长发育密切相关，婴幼儿在出生后相当长的时间内，大脑会持续发育，这个过程离不开睡眠；且儿童在睡眠状态下生长速度增快，因此保证儿童充足的睡眠，可以保证其正常的生长发育。年龄越小的儿童，需要睡眠的时间越长。

(4) 重视体育锻炼。生命在于运动。经常进行体育锻炼，不仅可以改善人体的血液循环，增强身体对营养物质的吸收，提高骨细胞的生长能力，还可以宣泄消极情绪，减轻心理压力，舒缓紧张神经，让积极情绪得到延续。体育运动能锻炼儿童吃苦耐劳的品质，培养其坚持不懈的毅力，使小朋友学会承受挫折，强化孩子的规则意识，帮助他们处理人际关系，增进社会化进程。从智力上讲，适合儿童身心特点的体育活动，虽然是以身体运动为主，但通过走、跑、跳、钻、爬、攀等活动方式，能够极大地促进儿童思维和视觉、听觉、触觉等协调动作的发展，是开发学前儿童智力、促进其心理健康发展的有效手段。

2. 心理健康

对学前儿童实施的心理健康教育所涉及的范围甚广，主要是通过培养儿童健全的个性，促使孩子养成良好的心理卫生习惯，以及帮助孩子消除心理紧张等方法得以实现的。学前儿童心理健康教育旨在帮助每一个儿童发展积极的自我概念，以及增强鉴别和表达自己情绪情感的能力。

心理健康主要包括：让学前儿童学习适当地表达情绪情感和思想的技能和方法；培养学前儿童对自己和他人的积极情感；帮助学前儿童改善与人交往的技能；增强学前儿童自知和自我接受的意识；帮助学前儿童发展自尊、自信、自主和自我控制；让学前儿童初步养成良好的行为习惯，以及培养对心理健康问题的决策能力，自觉抵制有损于心理健康的行为，从而培养学前儿童良好的心理品质，增强学前儿童自身的心理强度，提高学前儿童对品德生活的适应能力。

3. 生活卫生

生活卫生习惯直接影响着孩子的身体健康和文明素质。良好的习惯必须从小养成，儿童期的孩子是独立意识形成的重要时期，这时培养孩子良好的生活习惯和独立性会使孩子终身受益。生活卫生主要目的是帮助学前儿童获得日常生活中必需的、基本的生活知识和卫生知识，培养学前儿童养成良好的生活习惯、卫生习惯，使其具备初步的生活能力，逐步增强学前儿童自我保健意识和能力，使学前儿童逐步掌握健康的方式来生活，具体包括以下几个方面。

(1) 个人卫生。个人卫生主要包括生活自理、清洁卫生习惯、学习卫生习惯等。如：学会自己洗脸、洗手、穿鞋袜、吃饭、整理玩具等；使用自己专用的手帕、面巾和浴巾或使用一次性纸巾，不随地吐痰、不吃手，以及不挖鼻孔、不抠耳朵，勤洗澡和勤换衣、勤剪指甲等，养成清洁卫生的习惯；培养学前儿童保持正确的学习坐姿、站姿，注意用眼卫生，并保持书籍、文具和玩具的清洁等。同时父母还可以结合讲故事、看画册的方式来灌输这方面的知识。

(2) 营养与饮食卫生。关于这方面的教育，应特别注意以下几个方面：首先，使学前儿童初步了解人体所需的各种营养素及它们的来源与价值，让儿童知道在饮食中要多吃富含粗纤维的蔬菜等食物。其次，要培养学前儿童均衡饮食、合理膳食的积极态度，能自觉自愿地食用各种食物，不偏食、不挑食、不过食，进食时保持良好的情绪。最后，要培养学前儿童良好的饮食卫生习惯，如饭前洗手、进食定时定量、不乱吃零食和过多饮用冷饮，进餐时细嚼慢咽、不边吃边说笑等。做到不吃没有洗烫消毒的生食品，不吃霉变、腐坏的食品，不吃被农药、重金属等污染过的食品。

(3) 环境卫生。环境是人类赖以生存的基本条件，一般情况下，人与环境会形成一种动态平衡，如果环境发生剧变，或者由于人为的原因使其构成或者状态发生变化，就会造成环境污染，甚至扰乱和破坏生态平衡，严重影响人类的健康与生活。应教导儿童不要乱丢垃圾、学会垃圾分类等，促使其形成保护环境的意识，知道环境保护的重要性。对学前儿童实施的环境卫生教育，旨在让儿童初步懂得保持环境卫生的重要性，并逐渐产生和形成保护环境卫生的责任感，培养儿童保护环境卫生的行为和习惯。

(4) 消费卫生。在商品经济的社会中，广告等传播方式刺激学前儿童的消费欲望，以及建立需要的态度方面会产生难以抵御的影响，各种商品为儿童在吃、穿、用、住、玩等方面提供了众多的选择机会。对学前儿童进行消费卫生教育，让他们对各种消费物品和消费服务对健康的影响作用具有初步的识别能力，能抵制来自社会各个方面的消极的消费观念和行为，逐渐增强自我保健的意识，为形成稳固、健康的消费行为和习惯打下基础。早期建立起的对商品和服务的态度、选择和使用模式，会对孩子的一生的身心健康产生重要影响。

(5) 疾病预防与控制。疾病预防和控制的教育旨在让学前儿童懂得健康的行为和习惯有益于儿童疾病的预防，从而初步形成个体在疾病预防中的责任感，并在日常生活中能初步形成有益于健康的行为和习惯，较为自觉地执行各项防病措施。

4. 生活安全

在日常生活中，家长应注重对学前儿童进行生活安全基本常识的教育和应对突发事件技能的培养，主要是帮助学前儿童逐步懂得爱护自己和他人，不断增强学前儿童的自我保护意识和能力。例如：教学前儿童认识常用工具、家电，让其知道水、电、火、气的危害；告诉学前儿童家中水、电开关的位置，告诫他们哪些开关是禁止使用的，避免受到伤害；教育学前儿童不要轻信陌生人，并教给他们简单的防护方法；教育学前儿童玩耍时要注意安全，教会他们各种游乐设施的正确使用方法；教会学前儿童掌握基本的交通安全知识和安全标志，保证他们安全过马路等。

二、学前儿童家庭认知教育

学前儿童家庭认知教育对儿童智力的发展、促进儿童社会性以及培养儿童审美能力等具有重要作用，它是学前儿童发展的基础，能够为学前儿童健康成长提供充足的保障。

(一)概念

学前儿童家庭认知教育即激发学前儿童的认知兴趣，丰富学前儿童的知识经验，通过培养学前儿童动手、动口和动脑的能力和习惯，提高学前儿童的感知能力、观察力、记忆力、思维能力和想象能力的发展的教育过程。

(二)具体内容

学前儿童家庭认知教育的具体内容主要包括以下几点。

1. 激发学前儿童的认知兴趣

兴趣是学前儿童对客观事物积极的认识倾向，也是学前儿童发展智力获得知识的先决条件。如果一个人的认知兴趣不足，那么他就不会获得多少知识，智力也不可能高度发展。学前儿童活泼好动、注意力容易转移，所以家长要努力激发儿童的认知兴趣和求知欲望，积极鼓励和支持孩子依据自己的兴趣和爱好，多动手、多操作，通过多种感官来探索大千世界，使儿童在学习时注意听、仔细看、认真思考、积极提问题并能克服困难，对学习表现出主动性和积极性，才能最大程度地提高学前儿童的认识发展。

2. 拓展学前儿童的知识储备

学前儿童的知识主要来源于幼儿园接触到的周围环境。学前儿童对事物的认识具有直觉行动性和具体形象性的特点，在大量直接经验的基础上，抽象概括的认识能力才能有所发展。所以，这一时期的学习主要是使学前儿童学习丰富的感性知识，积累丰富的感性经验。这些感性经验不仅是学前儿童独立生活所必需的，也是发展思维、语言，形成学前儿童知识的基础，并为其进入小学学习系统的文化知识做准备。家长应尽可能地创造条件，开拓学前儿童的眼界，丰富学前儿童的生活经历，发展学前儿童的听觉、视觉、触觉，以及分析问题和解决问题的能力，拓展学前儿童的知识储备。同时还要重视学前儿童的性教育，让学前儿童逐步学习各种有关性的知识，逐步确立正确的性态度，培养学前儿童具有正确的性别自我认同和性角色意识。

3. 养成学前儿童的学习习惯

良好的学习习惯是学前儿童获得知识、技能，发展智力以及今后取得成功的重要条件。学前儿童良好的学习习惯包括在学习知识时能注意听、仔细看、认真思考、积极提问题，能克服困难，对学习表现出主动性和积极性。要想培养学前儿童良好的学习习惯，首先，父母要以身作则，爱学习的父母是孩子最好的榜样。如尽量多读书、看报，不要在学前儿童做作业时看电视或玩手机。其次，设定相对固定的学习时间，帮助学前儿童养成合理安排时间的好习惯。如每天吃完晚饭是家长看报、孩子看书写作业的时间，不能随意更改。再次，营造安静整洁的环境。如家里物品要摆放整齐，每件物品都要有固定的位置；每当看到孩子专注地学习、玩耍时，不要打扰他们，而是事后赞赏他、鼓励他保持这种好的行为。最后，还要训练学前儿童正确的握笔和书写姿势，让他们懂得珍惜书本，学会物品分类、不乱扔物品等。

三、学前儿童家庭艺术教育

学前儿童家庭艺术教育的提出是为了提高儿童对世界的审美能力和创造力。

学前儿童家庭艺术教育

(一)概念

《3～6 岁儿童学习与发展指南》指出，艺术是人类感受美、表现美和创造美的重要形式，也是表达自己对周围世界的认识和情绪态度的特有方式。学前儿童家庭艺术教育，又称学前儿童家庭美育或审美教育，是指在家庭情境或家庭活动中，用具体的、生动的、美的形象来熏陶和感染学前儿童的情绪、情感和思想行为，通过训练和强化学前儿童的感知、想象、情感、理解等心理能力，健全学前儿童的审美心理结构，提高学前儿童的审美知觉能力和创造力的过程。

(二)具体内容

学前儿童家庭教育的具体内容主要包括以下几点。

1. 学会欣赏自然美

大自然是美感教育取之不尽、用之不竭的源泉。对于学前儿童来说，自然界的一切事物都是有生命的，高耸的山峰、曲折的江河、波涛汹涌的大海、四季的更迭无不包含着美的形态和生命的活力。家长应引导学前儿童去感受、体验，让学前儿童在与自然环境的交流中获得美的陶冶和教育。可带着孩子踏青、郊游，去公园、动物园、植物园，或者到野外远足，听听风声、雨声、鸟鸣，看看蓝天和白云，感受树叶飘落、花开花谢，告诉儿童是这些美丽的事物妆点了祖国的美丽山河，让他们从美好的自然现象中受到启迪，让美好的事物不知不觉地熏陶孩子幼小的心灵，从中学会对大自然的尊重和爱护。

2. 学会欣赏生活美

要使儿童学会欣赏生活美，家长除了要创设一个优美的生活环境，让他们潜移默化地受到熏陶，还要在日常生活的美好事物和情景中，让儿童感知美、欣赏美。日常生活的美是学前儿童最熟悉、最接近、最易于感知的。干净平整的衣服是美的，整齐的家居布局是美的，和谐融洽的邻里关系是美的，遵守秩序等车排队的人们是美的……家长可以选择其中能被孩子理解的事物加以引导，让孩子懂得享受现代文明成果，促进他们对周围生活的理解和认同，使他们懂得学习、创造的重要意义并更加热爱生活。

3. 学会欣赏艺术美

艺术兴趣和艺术才能的培养，有助于提高一个人的文明修养和思想境界。不论学前儿童将来能否成为一个艺术家，做家长的都应该让他从小具有一定的艺术兴趣和艺术才能，使他们学会欣赏艺术美。家长在教给学前儿童一些简单的艺术活动技能之外，还应着重发展学前儿童的艺术创造力，不能一味地让他们进行机械模仿，使他们的想象力和创造能力受到束缚。

首先，那些具有典型审美属性和情趣性的艺术作品都可以成为儿童欣赏的对象。艺术作品是审美意识的结晶，是反映社会生活、表达思想感情的审美的社会意识形态。家长可以根据实际情况为儿童创设相应的环境。例如：为儿童提供足够宽敞的涂鸦区域，让他们在地上或墙上随心涂画等。其次，在音乐方面，家长可创设情境，让他们在无意识中得到艺术的熏陶。例如：在儿童玩玩具、绘画时播放一些经典音乐作为背景音乐，也可以引导儿童专注地听一些他们喜欢的儿童歌曲和节奏轻快、明晰的音乐等，让孩子欣赏音乐，领略音乐的无穷奥妙，从而提高他们的音乐素养。

四、学前儿童家庭品德教育

学前儿童家庭品德教育是为了培养学前儿童正向的价值观，遵守规范意识和自我意识。

(一)概念

学前儿童家庭品德教育是指以发展学前儿童的品德为目标，以增进学前儿童的品德认知、激发学前儿童的品德情感、引导学前儿童的品德行为为主要内容的教育。中国传统的教育要求人们"修身、养性、齐家、治国、平天下"。所以，学前儿童家庭品德教育是构建一个人品德结构不可忽视的环节之一。

(二)具体内容

学前儿童家庭品德教育的具体内容包括以下几点。

1. 激发学前儿童对祖国的热爱

对学前儿童的品德教育应该从激发学前儿童对祖国的爱和对长辈的爱与尊重开始。一方面，家长应该培养学前儿童对祖国的爱。对祖国的爱是人类的美德，是中华民族的光荣传统和宝贵的精神遗产，同时也是成才的巨大推动力。家长可通过带领学前儿童游览、旅行，使孩子感受祖国的美丽风光，告诉学前儿童祖国领土的辽阔、物产的丰富和悠久的历史，对儿童进行熏陶，萌发他们对祖国的爱。另一方面，家长要教育学前儿童尊重长辈、爱长辈。苏霍姆林斯基曾说："如果一个孩子连他妈妈也不爱，他还会爱别人、爱家乡、爱祖国吗？"因此，家长要教育学前儿童关心和尊敬自己的长辈和家人，学会体贴长辈，懂道理，不对长辈乱发脾气。

2. 培养学前儿童优良品质

在家庭教育中，培养儿童良好品德是核心内容，尤其对儿童优良品质的培养，家庭教育起着决定性的作用，儿童的优良品质主要体现在以下几个方面。

(1) 文明礼貌。文明礼貌不仅能给他人、给社会带来愉快和谐，也能创造充满爱心的环境，给自己带来快乐、带来温馨。在现代社会生活中，文明礼貌是一个人心灵程度的反映，也是社会文明进步的一种标志。家长要让学前儿童养成讲文明、懂礼貌的好习惯，首先要做好榜样，当好孩子的第一任老师，父母对他人的态度和所作所为，会影响孩子今后对他人的态度和行为举止。如在生活中，当有客人来访或到别人家做客时，家长就可以起到表率作用，利用这种绝好的机会培养孩子的礼仪习惯。其次要求儿童不要骂人，不讲脏话，待人和气、热情、有礼貌，别人讲话不插话，不打断别人说话；要尊老爱幼；在别人家做客时，不乱翻东西，吃饭要守规矩等。

(2) 诚实守信。"诚信"是中华民族的传统美德，是中国人为人处世的基本之道。要教会学前儿童不论拾到什么东西都要交公，不隐瞒自己的过错，勇于改过等。如果对孩子的过错一味指责，是很难培养学前儿童这一品质的。学前儿童的诚信教育光凭老师的说教是难以有成效的，最主要的是家长教育的态度，特别是学前儿童难以理解的抽象道理。诚信教育的内容应该渗透于学前儿童的生活与活动中，形成一种具有辐射力和感染力的环境，让学前儿童浸润其中，通过真实的体验、领悟和提升，逐渐成为一个诚实守信的学前儿童。若家长发现学前儿童说谎或把幼儿园、别人的东西拿回家时，成人的态度一定要沉着冷静，找寻原因，有针对性地解决，不能把学前儿童的偶然过失和犯罪相提并论，不分青红皂白就批评学前儿童，这样不仅解决不了问题，还会委屈了孩子。要培养一个诚实的学前儿童，家长首先要作孩子的表率，许下的诺言一定要兑现，教给学前儿童诚实的价值观，就是给了学前儿童一份宝贵的财富。

(3) 勤劳俭朴。学前儿童勤劳俭朴的品质是通过劳动来培养的，学前儿童劳动主要从以下几个方面着手：一是自我服务的劳动，做到自己的事自己做。如自己穿衣、洗脸、刷牙、吃饭、收拾玩具等。自我服务的劳动能培养学前儿童生活的条理性和独立生活的能力，并为学前儿童参加家务劳动和社会公益劳动打下良好的基础。二是家务劳动。如让学前儿童洗碗筷、打扫居室卫生、择菜、买小物品等。通过家务劳动，能增强学前儿童的参与意识和劳动观念，培养学前儿童爱惜劳动成果、热爱劳动和节省俭朴的好品质。三是家长还应要求学前儿童不浪费水、电、食品，不与别人攀比衣着、玩具和用品等。让学前儿童能够懂得吃苦耐劳、勤俭节约，同时也能使学前儿童与父母的关系更加亲密。

(4) 坚强勇敢。坚强勇敢的品质是激励人们自强不息、实现理想的内部动力，是成人和成家立业必备的良好心理素质和健康的个性品质。要想培养学前儿童坚强勇敢的品质，首先，父母要以身作则，为学前儿童树立一个可供模仿的榜样。另外，父母要正确对待学前儿童所害怕的事物，应该坦率地承认自己也曾害怕过某些东西，但现在已经不再害怕它们了，这样学前儿童就会明白他并不是唯一害怕这些事物的人。其次，提高学前儿童对事物的认知。可以利用他熟悉的故事、卡通人物等作为素材，让学前儿童慢慢理解养成坚强勇敢品质对自己的好处。再次，让学前儿童多进行户外活动，鼓励学前儿童参加体育活动，如爬高、跳跃、走平衡木等，在活动中有意地加入一些轻微的碰撞性活动，鼓励学前儿童依靠自己的力量解决问题，使学前儿童在活动中既学会保护自己，又能争取胜利。最后，家长要及时强化学前儿童的勇敢行为，让学前儿童知道父母很喜欢勇敢的孩子。

(5) 有爱心、懂感恩。首先，父母要做一个有爱心的人，孝顺长辈、夫妻和睦、关心亲朋好友等，言传身教的力量是无穷的，也是最有效的。例如：对小动物、街上的乞丐有爱心，以及逢年过节，给长辈买些礼物，经常主动帮助社区中一些有困难的人等。让学前儿童渐渐懂得人与人之间应该建立感情联系，并学会如何去爱别人。其次，学会与人分享。作为父母在培养学前儿童与人分享的同时，自己首先要学会坦然地与学前儿童分享，要成为与学前儿童分享的伙伴，不能与学前儿童只是象征性地分享。最后，让学前儿童心存感激之情。父母不应该刻意地去掩盖生活的艰辛，要根据学前儿童的发展水平，让学前儿童分担一些自己的喜、怒、哀、乐，这也是培养学前儿童爱心的一种途径，哪怕只是让学前儿童适当了解，这样也会促使他们学会懂得珍惜现在的生活，学会关心别人。

3. 培养学前儿童良好性格

学前儿童良好的性格，除了先天遗传影响之外，主要是由后天的教育环境所影响，尤其是家庭教育环境。

(1) 创造温馨氛围。家庭情感氛围是学前儿童成长的重要心理环境，对学前儿童情绪、情感及性格的发展有着重大影响。如果家庭成员之间互敬、互爱、和睦相处，善于处理自己的情绪，经常表现得愉快、幽默、乐观向上，会使学前儿童感到轻松、快乐，并为孩子的学习、理解和处理情绪提供良好榜样和潜移默化的影响；反之将使学前儿童压抑、焦虑，不利于其良好性格的发展。除此之外，父母在处理亲子关系的过程中，首先应对学前儿童充满关爱，同时，父母还要在爱子女的过程中教会学前儿童去体验、理解父母的爱，并学着去爱父母、爱他人。其次要尊重学前儿童的情感，以平等的身份与学前儿童交流，不能凡事都独断专行，要求学前儿童完全服从自己的意志而不顾学前儿童的感受，但同时也不能对学前儿童百依百顺、毫无原则。

(2) 学会调节情绪。父母要采取积极的教育手段对学前儿童进行教育和引导，帮助其形成良好的情绪调控能力。首先，当学前儿童出现各种情绪时，父母应当正视和承认这种情绪，而不是回避。其次，父母还应当帮助学前儿童，学会恰当地表达和合理地宣泄自己的情绪与情感。最后，父母还应当为学前儿童设定一定的规范，让学前儿童明白自己情绪情感的宣泄不能没有限度，不能妨碍到其他人，使其从小养成良好的行为习惯。总之，情绪调节教育对学前儿童的性格形成及健康成长的意义重大，父母在教育中起着不可替代的作用，父母应对此给予足够的重视，并采用恰当的方法，对学前儿童进行教育、引导，促进他们健康成长。

(3) 与他人友好相处。性格是在日常交往过程中逐渐形成的，要培养学前儿童大方不自私的品格，与人友好相处十分重要。家长要通过多种活动让学前儿童与其他学前儿童友好相处，教会学前儿童主动与人交往的技巧，告诉学前儿童在人际交往的过程中，要遵循平等互利、坦诚相待、真诚守信、豁达大度、心胸宽阔的原则，要求学前儿童事事处处不能只顾自己，要和小朋友一起玩，共同分享食品和玩具，并能遵守游戏规则、收拾玩具等。

五、学前儿童家庭情商教育

学前儿童家庭情商教育是为了培养学前儿童有积极的情绪态度、适应性、自控力以及有效的沟通能力。

(一)概念

学前儿童家庭情商教育，就是通过家长的教育提高学前儿童对自我以及他人情绪的认知和管理能力，培养学前儿童人际交往管理技能，帮助学前儿童在家庭和社会的实际情境中练习使用这些技巧，形成乐观豁达的心态、积极向上的性格和健康完善的人格的教育活动。

(二)具体内容

学前儿童家庭情商教育的具体内容主要包括以下几个方面。

1. 能够对人、对事、对己负责

今天的学前儿童长期生活在家人的呵护和无微不至的照料中，很少意识到自己对他人、对家庭、对社会的责任。责任感也是学前儿童顺利开展学习活动、参加实践活动以及家庭生活所必需的，它对学前儿童以后的成长也起到至关重要的作用。学前阶段是情感教育的黄金期，帮助学前儿童形成对自己的情绪负责的观念，也是学前儿童责任教育的重要内容。在交往中，家长应指导学前儿童学会沟通和交流、谦让和礼仪、体察别人的情感、了解别人的需求、正确处理与他人的关系、接受别人奉献自己以及做人的准则，逐渐规范自己的言行。

2. 善于表达自己，开朗自信

给学前儿童更多表达自己的机会，有助于学前儿童形成独立的世界观。长期接受家长的想法而无机会表达自己想法的学前儿童，不具备自己独立思考的能力，更无法独立解决问题。因此，父母要学会让学前儿童学会独立地解决问题，或者参与解决问题的过程，帮助学前儿童树立正确的自我形象，教会学前儿童懂得欣赏自己、欣赏他人，善于表达自己的想法，愿意表现自己。只有建立起自信，学前儿童才更容易适应社会，并以更好的心态迎接竞争。

3. 能够自省、自律、自控

诱惑是无处不在的。学前儿童在诱惑面前思想不集中、做事虎头蛇尾、管不住自己是正常的，主要表现为无节制地吃零食、想玩玩具、想看电视、想玩游戏等。培养学前儿童抵制诱惑的能力是一个长期的过程，父母可以通过生活中的事例让学前儿童明白，一个人要想实现自己的愿望，就必须经过不懈的努力去克服种种困难，否则是不可能轻而易举取得成功的；要让学前儿童知道不抵制诱惑就可能受到伤害，如被拐卖等，还要让学前儿童知道应该抵制哪些诱惑，因为这并不完全取决于智商，还取决于情商。

4. 学会解决纠纷，不卑不亢

学前儿童之间的纠纷是学前儿童交往过程中的常见现象，家长对于学前儿童之间的纷争采取的态度是十分重要的。任何的包办都无助于学前儿童的成长，学前儿童只有在自己亲自处理纠纷的过程中，才能真正学会人际交往的本领。如果学前儿童对纷争的处理很公正，家长应及时给予肯定。但如果处理不公，家长应该借助这个机会帮助学前儿童辨清是非，让学前儿童明白不能纵容野蛮攻击别人的行为。同时，也要帮助性格懦弱、一味退缩的学前儿童形成勇敢、坚强的品格。

第二节　学前儿童家庭教育的原则

学前儿童家庭教育的原则是以学前儿童身心特点为依据，建立在成功的家庭教育经验基础之上，家长在对学前儿童进行教育的过程中所必须遵守的基本要求和准则。家庭教育不能单凭父母的热情与愿望、经验与判断，它需要遵循科学的家庭教育的原则。根据学前儿童的年龄特点，现阶段学前儿童家庭教育的原则主要包括以下几点。

一、因材施教原则

在家庭教育中，家长应从学前儿童的具体特点与实际情况出发，提供

因材施教原则

充分的条件与支持，从而促进学前儿童更好地全面发展。就像自然界上没有两片完全相同的叶子一样，人类社会也没有两个完全相同的孩子。每个孩子都是独一无二的，都有他们自身的特点。家长应该认真研究自己的孩子，发现他与其他孩子之间的差异，根据孩子的年龄特征、个体差异及身心发展水平确定教育的内容与要求。

(一)着眼于学前儿童的实际，因势利导

着眼于学前儿童的实际，是指从学前儿童的性格特点、兴趣能力等实际情况出发，遵从学前儿童发展的倾向性。由于每个学前儿童受遗传因素和不同环境的影响，他们的能力、个性发育程度各不相同，其生理和心理特征就有所不同，身心发展水平也存在差异。可有些父母总喜欢拿自己的孩子与别人的孩子比，当自己的孩子比别人强时，就沾沾自喜，反之就不停地数落、讽刺、挖苦孩子，这样很容易使孩子形成错误的价值观或消沉、迷惘。因此，作为父母要做到根据儿童的实际情况，因势利导。

🌏 案例 3-1

有一次，孔子讲完课，回到自己的书房，学生公西华给他端上一杯水。这时，子路匆匆走过来，大声向老师讨教："先生，如果我听到一种正确的主张，可以立刻去做吗？"孔子看了子路一眼，慢条斯理地说："总要问一下父亲和兄长吧，怎么能听到就去做呢。"子路刚出去，另一个学生冉有悄悄地走到孔子面前，恭敬地问："先生，我要是听到正确的主张，应该立刻去做吗？"孔子马上回答："对，应该立刻去做。"冉有走后，公西华奇怪地问："一样的问题，您的回答怎么相反呢？"孔子笑了笑说："冉有性格谦逊，办事犹豫不决，所以我鼓励他临事果断；但子路逞强好胜，办事不周全，所以我就劝他遇事多听取别人意见，三思而行。"

(资料来源：本书作者整理编写)

从上述案例中可以看出，孔子近乎完美地实行了"因材施教"，其基础就是对学生的充分了解，充分了解学生之"材"，才能因其"材"而施教。如果缺乏了这个必要前提，何谈因材施教呢？所以，作为家长也要做到充分了解孩子，以此为基础，采用合适的方式来教育，顺应儿童发展的趋势加以引导。

(二)扬长补短，全面发展

有的家长在学前儿童很小的时候就开始注意儿童某方面技能的发展，要么练琴，要么画画，要么识字计数，儿童除此之外的素质培养却被忽视了。因此，家长在满足儿童需要、促进儿童特长发展的同时，还要注重儿童其他方面的发展。儿童的发展是全方位的，任何限制在某一方面发展的做法，都有害于儿童的前途。

在相同的环境中，一棵树上没有完全相同的两片树叶，每一片树叶都是唯一的。我们不能否认学生的个体差异，比如让鱼儿学会飞翔，鸟儿学游戏。在家庭教育中，家长应该从全面发展着眼，从因材施教着手，首先了解孩子的兴趣、爱好，因势利导，保持其优势。其次，在认识到孩子发展的差异之后，不能够忽视、回避这种差异，而应该结合孩子的实际情况去分析，每个学生的成长发展也不尽相同。全面发展不等于平均发展。学前儿童全面发展教育应注重德、智、体、美、劳诸方面的教育相互渗透，注重学前儿童各方面发展

的和谐与协调，不可各自孤立地发展。使其优势得以充分发挥，使其劣势得以最大限度地改善，并在以后的发展中注重改善的状况，使其逐步达到全面发展的标准和要求。

二、尊重平等原则

尊重和平等是营造良好家庭氛围、保障家庭和谐发展的基础，是营造和谐的亲子关系的保障。从儿童脱离母体那一刻起，他们就成为独立的个体，他们有自己的思想、喜好、权利和存在的方式。在家庭中，家长对学前儿童的尊重表现在平等对话、用心倾听。陈鹤琴说，父母对子女也应该有礼貌，像对待朋友一样对待子女，通过商量询问的方式征求子女的意见与看法，而非命令式的通知。

(一)放低身姿，用心倾听

家长对学前儿童的尊重与平等相待，首先是建立在了解儿童身心发展特点的基础上的。学前儿童有其独特的思维特点，家长不能按照成人的思维去解释学前儿童的行为。例如：一名学前儿童趁父母不注意，往花盆里浇热水，导致妈妈辛辛苦苦养的花被烫死了，妈妈很生气，但还是耐心地询问孩子，为什么要给花浇热水呢？孩子说："因为妈妈说多喝热水对身体好，我想让花也长得好好的，然后就给花浇了热水。"如果家长不站在孩子的角度考虑问题，那么就会有截然不同的解读，有可能会说他不懂得爱护植物，有的甚至会对孩子打骂一顿。

不仅如此，对家长们孩子还要做到平等相待，如对孩子说话，首先要认真倾听，尽可能蹲下来，与孩子平视，用商量的口气，使孩子感受到家长的尊重，不会有"低人一等"的感觉。作为家长也不应过多地干涉孩子的活动，要尊重他们亲自动手尝试的想法，尝试是孩子学着独立的开始。父母要多示范，多加鼓励，才能帮助他们走向成功。

(二)尊重学前儿童的感受和意愿

在家庭中，父母应尊重学前儿童的意愿、感受和自尊心，不能忽视学前儿童的地位，不能轻视、压制学前儿童的正确意愿，更不能侮辱、体罚学前儿童，而应该把学前儿童作为家庭中的一员，并且与其探讨家里的各种琐事，对的就采纳，错的则加以引导，使学前儿童乐于发表自己的见解。例如：学前儿童经常会因为食物的形态、颜色等外在特征，来选择吃或不吃，此时家长可以根据学前儿童的表现进行适当的引导，让他们品尝食物的味道，再讲讲这种食物的营养价值及益处，这样在尊重学前儿童意愿的同时，也会让学前儿童养成不挑食的好习惯。在日常生活中，给学前儿童买衣物、报名兴趣班等都可以征求孩子们的意愿。对学前儿童的尊重与平等相待还表现为在外人面前不批评学前儿童，家长做错事也应向学前儿童道歉，学前儿童犯错误不要大声斥责，要心平气和地和学前儿童讲道理等。只有保持家庭成员的人格平等，彼此之间才不会产生心理隔阂。

三、循序渐进原则

循序渐进原则是指在家庭教育中，家长应该根据学前儿童的身心实际发展水平及特点，由易到难、由浅入深、由少到多，逐步提高对学前儿童的要求，让学前儿童不断地体验成功的快乐，最终达到身心健康发展的目标。这里的"循"即遵守、依照，"序"包含两层意思：一是学前儿童的年龄特征和实际水平，二是知识本身的发展顺序。

(一)要求应该具体明确，适当合理

要想使教育获得成功，首先要全面了解学前儿童身心发展的实际水平，遵循学前儿童生理和心理的发展规律，以此考虑教什么、怎么教。在进行早期教育时，既要有一定的难度，又要让学前儿童经过努力学习可以达到要求，所谓"跳一跳，摘苹果"就是这个道理。要激励学前儿童学习某种知识，当这种知识与学前儿童已有的知识水平相差不大时，他才愿意学，才有能力学，而且这样也容易引发学前儿童的学习兴趣。但有的家长不善于循序渐进地向学前儿童传授知识或不了解知识这一逻辑规律，而是望子成龙、望女成凤心切，只从主观愿望出发，急于求成，让学前儿童长时间地学习、识字、看书，设置的要求远远超过学前儿童的实际发展水平，这不仅不利于学前儿童的身心健康发展，还容易对学习产生抵触情绪。其次，家长提出的要求还要具体明了、能够量化、便于执行、循序渐进，因为学前儿童的兴趣和成就感来自一点一滴的成功。

(二)知识传授应该螺旋上升

学前儿童身心发展有一定的规律及阶段性，而且教育也不是一蹴而就的，知识本身是由浅到深、由易到难，有系统、有规律、有逻辑顺序，前面的知识为后面的知识打基础，后面的知识是在已有知识经验的基础上获得的，先后顺序不能打乱，所以教育要循序渐进。家长在向学前儿童传授知识的时候，要注意新旧知识的联系，增强知识的系统性，既要巩固学前儿童已学过的知识，又要启发学前儿童学习新的知识，进行独立思考，逐步培养学前儿童系统思考问题的能力。尤其要注意观察、了解学前儿童掌握知识的情况，当学前儿童对所学知识尚未理解时，不要急于教新的内容，要按照循序渐进的原则向学前儿童传授知识。对于学前儿童的生活经验，我们也要通过各种形式，循序渐进地让学前儿童知道，自己已经长大了，生活、学习不能完全依靠父母，要慢慢地学会自己的事情自己做。学前儿童的独立意识是在实践中逐步培养起来的，随着他们身体的发育、大小肌肉群的逐渐成熟、心理能力的不断提高，从不会做到逐渐学会做，从做得不像样到做得井井有条，这是必然的规律，也是必经的过程，在这个过程中学前儿童会获得自身的发展。

🕮 案例 3-2

我的宝贝女儿王晓红，3 岁半进了幼儿园，她在小床上自己不能入睡，需要老师抱着，甚至走路都要让人拉着手。通过学习我了解到 3 岁后儿童自我意识开始萌芽，言语和动作的发展迅速，对周围世界的认知范围扩大。所以我逐渐开始培养她的独立意识。我尽可能地让她尝试做她力所能及的事情，平时很注意培养她独立自主、勇敢坚强的品质。她经常爱说"我要""我想""我来"等，喜欢到处看和摸，已经能表达自己的意愿，对成人要她干的事，往往回答"不"。对自己要干的事又说："我会，我自己来。"显得很逆反，好像不听话。这时我们看了一些有关书籍，也咨询了一些有经验的人，知道这个时候的她开始形成"自我中心"了，希望我们大人把她当成很厉害的人，于是我们顺水推舟，开始

"刺激"她："好，长大就要有长大的模样，要自己睡觉，自己学着穿衣、脱鞋，而且要帮助我们做点事情。"结果她还真行，比一般孩子独立自主！

（资料来源：本书作者整理编写）

四、一致性原则

一致性原则是指学前儿童的家庭教育应当有目的、有计划，家庭成员互相配合、协调一致，把对孩子的要求加以统一，前后连贯地对学前儿童实施教育，以确保学前儿童的健康成长。教育一致性是树立家长权威不可缺少的保证，也是强化教育效果的重要手段之一，只有家庭教育力量协调一致才能够取得最佳的教育效果。

(一)家长要共同教育、观念要前后一致

共同教育要求家庭成员要心往一处想，劲往一处使，形成一股强大的教育合力，强化对孩子的教育，提高教育的效益。例如：一位学前儿童看到喜欢的玩具就想买，当听到父母说家里有好多类似的玩具，不给买的时候，儿童就会号啕大哭或者拽着父母不让走，为了纠正他的坏习惯，每次他想要，任他哭闹，父母都不为所动，经过几次这种过程，最终改掉了孩子这个不良习惯。观念一致是指学前儿童家庭教育理念的一致性，家庭成员内部教育理念要一致。教育学前儿童就是在共同完成一项事业，有一致的目标才能形成合力。家庭教育是一个长期的、连续的过程，家长对子女的教育应当始终保持积极负责的态度，不能在某一个阶段严格要求，坚持正确的原则，而过了一段时间又采取放任自流的态度，放弃正确的原则。

(二)家长对待学前儿童的态度要一致

家长的态度一定要一致，不能一个制止儿童的行为，另一个顺从儿童的行为，这样很容易导致儿童是非观念模糊、学会说谎，使儿童形成两面性格，同时也会影响父母的权威。例如：孩子做错事，爸爸妈妈会进行批评，可当爷爷奶奶看到时，则会护着孩子说爸爸妈妈的不对，这就削弱了父母的教育权威，也容易导致孩子成为"两面派"。所以，一个唱白脸，一个唱红脸，这种教养态度是不正确的，正确的教养态度应该是有严有慈，既严厉又温和，二者兼而有之。"严"会使家长在孩子心中更有威望，说话更有分量。这样孩子才会服从家长的管教，形成良好的习惯。"慈"会使孩子感到亲切、信赖，使孩子愿意接近家长，有心里话想跟家长讲，愿意跟家长讲，敢跟家长讲。这样家长才会更深入地了解孩子，教育才有针对性，才会收到好的教育效果。当然家长要做到这一点，并不是一件容易的事，需要切实加强自身的修养，家庭成员事先要有统一的认识，有一致的态度，双方达成教育孩子的共识，相互支持，相互配合，共同担负起教育孩子的重任。

(三)家庭、幼儿园对学前儿童的要求要前后一致

学前儿童上了幼儿园以后，家庭教育也要和幼儿园保持一致，给学前儿童提出一致的要求，和幼儿园教育工作相互配合。例如：今天儿童在幼儿园能够主动吃饭、做事情，回家之后家长却因学前儿童做不好而全都代办，由于家庭、幼儿园的要求不一致，使得幼儿

园的教育效果大打折扣。因此，学前儿童家庭教育要与幼儿园教育并肩前行，掌握一些正确的、先进的学前儿童教育理念及方法，树立科学的学前儿童家庭的教育理念，家长要尽量和幼儿园的教师多沟通，家园合作共同教育孩子，相互配合，这样不仅可以增长自身的学前儿童教育知识，提高学前儿童各方面的能力，还能保持家庭、幼儿园之间对学前儿童教育的一致性和连贯性。

五、科学性原则

家庭教育作为人类教育实践的特殊形式，理应体现科学的精神。学前儿童家庭教育的科学性原则，主要是指在家庭教育中，家长要用正确的价值观、科学的养育观对学前儿童施加影响，使孩子能够朝着社会所期望的目标成长。教育要有科学的理论和依据以及科学的策划，并且安排得当，要注重实效性，不能感情用事。

(一)以科学规律为指导

按科学规律教育儿童应是家庭教育的根本。教育实践不同于其他，它的结果可能是无法挽回的，正如英国哲学家洛克(Locke)所说："教育的错误比别的错误更不可轻犯。教育上的错误和错配了药一样，第一次弄错了，绝不能错第二次、第三次去补救，它们的影响是终身洗刷不掉的。"因此，家长在教育时必须以科学的规律为指导，使孩子健康成长。科学的规律包括教育规律、儿童的发展规律等。例如：学前期的儿童家长不应急于求成，提前教儿童学习算数、写字，使学前儿童教育小学化；还有许多家长认为"棍棒下出孝子"，迷信体罚，但体罚会严重伤害孩子的人格和自尊心，造成其心理上的创伤。所以这些不遵循教育规律、儿童发展规律的方法是不可取的。在家庭教育中，父母一定要全面了解孩子身心发展水平和所学知识的实际水平，在此基础上选择科学且合适的教育内容及方法，才能达到理想的效果。

(二)树立正确的价值观

学前儿童活泼好动，具有纯真的天性，他们对于世界，怀有一颗直观、创造、真诚和博爱的心。童心是真诚的，毫无伪装与隐藏，他们以敏锐的感官感知世界，以纯真的心灵感受世界，以率真的态度表现自己，这种天性使他们对所有的人或事总怀有热情、同情和爱。例如：活泼好动的他们能为了让小花猫静静地熟睡而控制住自己叽叽喳喳的小嘴，为了不吵醒爸爸妈妈而安静地自己玩耍时，儿童的真诚和爱心得到了充分展现。

家庭环境是儿童首先接触到的"社会"，其对学前儿童早期价值观具有决定性作用。所以，首先，父母要做到言传身教，父母的一言一行，都是孩子认识社会的开始，因为学前儿童是爱模仿的。其次，要培养学前儿童的责任意识，让孩子了解军人的责任是保家卫国，医生的责任是救死扶伤，每个人都有对应的责任，要有担当意识。如：可以教会学前儿童帮助同伴，做错事勇于承认错误等，这都是一种担当。再次，培养学前儿童的价值观念，可以通过讲述绘本故事、现场教学等方式引导孩子发现自身的优点、不攀比，树立正确的价值观。最后，培养学前儿童的诚信意识，父母首先要言出必行，不在学前儿童面前说谎，不轻易许诺做不到的事情，来正确引导学前儿童做一个诚实守信的人。

(三)为学前儿童构建理想的学习环境

家长首先应为学前儿童准备一个固定的学习地点，安排一个独立的小房间，配置小书桌、书架、书柜等，桌子上不可堆放乱七八糟的东西，如玩具、零食等，可适当地买一些学前儿童感兴趣的课外书，保持环境安静，家长可与学前儿童共同学习，以营造一个良好的学习环境和氛围，使学前儿童形成专心学习的心理定势，一进入这个环境，就进入了学习状态。其次，调整好学前儿童的作息时间，拥有一个良好的生活习惯很重要。家长应在学前儿童入学前这段时间，慢慢地调整学前儿童的作息时间，参照上学的作息时间，引导学前儿童早睡早起，同时家长要以身作则，帮助学前儿童养成良好的生活习惯。最后，家长还可带学前儿童去熟悉一下学校的外围环境、固定上学路线，并教育学前儿童注意遵守交通规则，如注意红绿灯、走斑马线等。

第三节　学前儿童家庭教育的方法

学前儿童家庭教育方法是指家长在对学前儿童进行教育时所选择和运用的具体策略及措施。能否恰当地选择和创造性地运用家庭教育方法，直接关系到家庭教育的成功与失败。法国教育家爱尔维修(Helvetius)认为，即使是普通的孩子，只要教育得法，也会成为不平凡的人。家长能否根据学前儿童的年龄特点、个性特征，选择恰当科学的教育方法，创造性地加以综合运用，这将关系到家庭教育能否顺利进行，并直接影响家庭教育的效果。

一、榜样示范法

榜样示范法是指在家庭教育中，学前儿童家长根据教育的目的、受教育者的身心发展的特点，以自己的或他人的好思想、好品质、好行为来为儿童树立榜样，以此来形象生动地教育和影响孩子，使其形成优良品德的

榜样示范法

一种方法。我国古代教育家孔子认为：其身正，不令而行；其身不正，虽令不从。以身作则，身教重于言教，既是家庭教育的优良传统，也是家庭教育的重要方法。所以，对于天性爱模仿且以具体形象思维为主的学前儿童，这一方法则更为重要。

(一)父母要以身作则、言传身教

有人说父母是孩子的镜子，孩子是父母的影子，从孩子的身上多少能看出家长的德行。孩子来到人间以后，接触的第一个对象就是父母，父母是孩子最直接、最经常的模仿对象，家长在日常生活中的言行、精神境界、文化修养、心理素质等都烙在了孩子的眼里、心里，对孩子产生潜移默化的影响。例如：家长在家爱说脏话，那么孩子就会好奇模仿，也会说起脏话来，当家长发现时就会训斥学前儿童，但却不能意识到自己的错误。因此，平时家长要发挥自身榜样示范的作用，严格要求自己，注意自己的言行举止，要求孩子做到的自己首先要做到。例如：家长希望儿童诚实守信，自己首先要做到诚实守信；家长希望儿童爱看书，自己也要博览群书；家长希望儿童讲文明、懂礼貌，自己就要谈吐文雅，见到熟人主动打招呼。言传是要用语言表达出来的，而且要转换成儿童能够听懂的语言，否则不

仅达不到教育效果，而且还会引起儿童的厌烦情绪。诚然，人非圣贤，孰能无过。即使家长有不足之处，难免犯这样那样的错误，但知错就改，敢于给孩子道歉，这本身就是一种优秀品质，就是为孩子树立榜样。

(二)利用同龄人之间的示范作用

孩子与伙伴的年龄、经历、特点、兴趣等都较为相似，同伴的榜样对孩子有较强的吸引力和感染力，易于被孩子接受和模仿，每个孩子都有与同年龄的小伙伴相同的特点，所以家长可以把优秀小伙伴的例子讲给自己的孩子听，巧妙利用同龄人之间的示范作用，定能达到事半功倍的效果，反之则事与愿违。例如：女儿胆量比较小，在儿童公园里，看到一些小朋友在玩滑梯，自己想玩，但又不敢上去玩。这时，妈妈对女儿说，你看那些小朋友玩得多开心呀，他们真勇敢！我想你也会像他们一样勇敢，从上面滑下来的。这样就能对孩子产生积极的影响，引导孩子效仿同伴的勇敢行为。相反，如果妈妈对女儿说，你看人家小朋友多厉害呀，你再看看你自己，一点出息也没有，连滑梯都不敢玩！这样不仅会对孩子产生消极的影响，还会使孩子更加胆小，并且会讨厌那些小伙伴。因此，家长要拿优秀、积极的例子来教育孩子，切忌用消极的例子来教育，更不能借表扬其他小朋友来教训自己的孩子，经常把"别人家的孩子"挂在嘴边，这样会使孩子的自尊心受挫，失去自信心，从而产生消极的影响。

(三)借助文学作品的榜样作用

文学作品是指以通过对生活、社会、自然和人性的思考，以语言为工具，以文字为形式，形象地反映生活，表达作者对人生、社会的认识和情感，以唤起人的美感，给人以艺术享受的著作。文学作品不同于一般的科学、技术、学术、历史等专项性著作，主要分为小说、散文、诗歌、戏剧四类。可以是历史故事中的人物，也可以是电影、电视、文艺作品中的艺术形象。家长不能忽视文学作品的力量，许多优秀的儿童文学作品都蕴藏着教育孩子的巨大资源，家长应适时地加以开发，利用正面典型形象，让孩子对榜样有足够的认识的同时，感化孩子的思想，引导孩子的行为。例如：让儿童明白饭前便后要洗手，生吃瓜果要洗净，家长就可以结合《漱口歌》《穿衣歌》《洗手歌》《叠衣歌》等儿歌，《没牙的老虎》《不露小肚皮》《我能行》等故事，以及《小椅子》《走路》等歌曲来教导孩子，不断地纠正儿童的日常行为。通过这些儿童喜欢的文学作品，如朗朗上口的儿歌、节奏鲜明的故事，引导儿童将生活习惯的要求转化为内在的自觉的活动，逐渐形成良好的习惯。这样，孩子从知到行，获得直接经验与积极的行为，就会产生一个质的飞跃，就会像榜样那样学习与生活，甚至"青出于蓝而胜于蓝"。

二、奖惩激励法

奖惩激励法是指在学前儿童家庭教育中，家长激励孩子发挥其积极性，使孩子明确并发扬自己的优点、长处，认识并克服自己的缺点与不足，从而主动地按正确的行为准则去行动的一种方法。学前儿童的心理和认识水平还处于较低的发展阶段，他们常常会通过别人的评价来调整自己的行为。因此，家长要善于科学地运用奖惩激励法来实施正、负强化，以促进孩子亲社会行为的养成。

(一)奖惩要有理有据、把握好时机

家长在实施奖惩时，要向孩子讲明奖励的是什么、惩罚的是什么、为什么奖励、为什么惩罚，这样才能真正使孩子明确哪些言行是值得肯定的，哪些言行是需要改正的，这样会产生事半功倍的效果。同时奖励表扬和惩罚批评孩子一定要注意时效性。初期当孩子达到了奖惩的目标时，父母要及时给予奖惩，否则时间一长，孩子忘记了奖惩的原因，忘记了该表扬的行为是什么，该改正的行为有哪些，表扬和奖惩的作用就会大打折扣。因此，要在事情发生时及时给予孩子反馈，使孩子印象深刻。但是当孩子渐渐懂事以后，应该得到奖励时，不要立即兑现，而是延迟几天、几周或几个月(事先要约定好)再兑现奖励。其好处在于：一方面能调动孩子的积极性；另一方面可以发展孩子自主进步的能力，让孩子知道进步不仅是为了奖励，而且是自己的需要，如奖励制度。

(二)注意控制奖惩的使用比例

在教育孩子方面，奖励比惩罚的功效大。一般情况下，奖惩的使用比例要依"三七开"的原则，三分惩罚，七分奖励。奖励和表扬是对孩子良好言行的肯定性评价，可使孩子产生愉悦的心理体验，有助于孩子建立起独立性、自觉性、自信心等好的个性品质。但如果表扬和奖励过多，则会使孩子产生自满、自负、自觉性与自律性差、抗挫折能力弱等不良品质。批评和惩罚是对孩子不良言行的否定性评价，可使孩子产生负疚的心理体验，从而促使其改正错误。批评和惩罚有助于孩子明辨是非，但批评和惩罚使用过度则会使孩子自卑、遇事懦弱退缩。因此，家长务必把握好奖惩的尺度。

(三)奖惩要以精神奖惩为主，物质奖惩为辅

对于孩子来说，物质生活的保证都是由家长来提供的，他们没有创造物质财富的艰难经历，所以物质需要的满足常常会让他们觉得是轻而易举的事情，故而不以为然。因此并不能激励其后续行为。物质奖励过多，极易助长孩子贪图物质享受的欲望，或容易对孩子造成错误引导。表扬和鼓励是一种强化良好行为表现的方法，我们常常通过表扬使某个人习得我们希望他具有的行为，增加良好行为的出现频率。批评指责是一种否定的"强化"，可以用摇头、不高兴的态度、否定的口吻、斥责的眼光等表示对某种行为的反对，态度要严肃，使孩子感到羞愧、不安，知道自己错了，并迅速改正。许多心理学家认为，精神奖惩对儿童来说持久性比较长。所以，奖惩孩子应以精神奖惩为主，物质奖惩为辅。

案例 3-3

一天，孩子放学后，在客厅里玩篮球，打落了书架上的一个花瓶，瓶口掉了一大块。这个瓶子是祖上传下来的古董。孩子慌忙用胶水把碎片粘起来，胆战心惊地放回原位。当天晚上，母亲发现花瓶有些异样，她问孩子："是不是你打碎了花瓶？"孩子灵机一动说："一只野猫从窗外跳进来，怎么也赶不走，它在客厅里上蹿下跳，最后碰倒了架子上的花瓶。"母亲很清楚，孩子在撒谎，因为每天上班前，她都会把窗户一扇扇地关好，下班回来再打开。母亲不动声色地说："是我疏忽了，没有关好窗户。"就寝前，孩子在床头发现一张便条，母亲让他马上到书房去。看到孩子忐忑不安地推门进来，母亲从抽屉里拿出

一个盒子，把其中一块巧克力递给孩子，说："这块巧克力奖给你。因为你运用神奇的想象力，杜撰出一只会开窗户的猫，以后你一定可以写出好看的侦探小说。"接着，她又在孩子手里放了一块巧克力，说："这块巧克力奖给你。因为你有杰出的修复能力，虽然用的是胶水，但是黏合得几乎完美。不过，这种胶水是用来修复纸质物品的，修复花瓶不仅需要黏度更大的胶水，而且需要更专业的技术。明天我们把花瓶拿到修复师那里，看看他们是怎样使一件工艺品完好如初的。"母亲又拿起第三块巧克力，说："最后一块巧克力，代表我对你深深的歉意，作为母亲，我不应该把花瓶放在容易摔落的地方，尤其是家里有一个酷爱体育的男孩子。希望你没有被砸到或者吓到。"从此以后，孩子再也没有撒过一次谎，每当他想撒谎时，三块巧克力就会浮现在他眼前。

（资料来源：本书作者整理编写）

三、启发引导法

启发引导法是指按照学前儿童的思想变化的规律，针对特定情境、特定问题，所采取的启蒙思想，脱离盲目、逐步提高思想认识的一种教育方法。由孔子的"不愤不启，不悱不发"而得。采用启发引导法，有助于激发儿童思维的主动性，培养儿童积极思考的习惯，提高儿童的逻辑思维能力，培养儿童独立思考的心理品质，从而促进儿童健康成长。

(一)巧设"不愤不启，不悱不发"的情景

引导儿童在实践中观察，在实践中探索，为他们创造有利的条件和机会。学前儿童的思维特点是直觉行动性和具体形象性，他们通过自身的行动获得关于事物的认识。家长在日常生活中，要激发孩子的好奇心与求知欲望，引导儿童主动探索。例如：下雪天可以和孩子一起打雪仗、堆雪人，也可以让孩子观察飘落的一片片雪花，认识雪花的颜色、形状，让孩子感知雪是固体形态，然后带着孩子把雪球拿到房间里，观察雪的变化。雪慢慢地融化成了水，这时孩子会很奇怪，会问雪球去哪里了，雪球怎么变成了一摊脏水，从而让孩子开动脑筋，主动思考，还可以再把雪水放到户外，第二天让儿童观察现象，水变成了冰，逐渐激发儿童的好奇心与探索欲望。

(二)以图画书为载体，鼓励学前儿童积极思考，主动提出问题

阅读图画书不仅可以丰富儿童的间接经验，而且能够训练儿童的观察、理解、猜测、推断等能力。通过引导儿童观察图画书中的富有表现力的画面，激发学前儿童积极思考，主动提出问题。例如，图画书《不要哭，清楚地说》的封面，兔妈妈端着一碗热腾腾的食物，而小兔却在饭桌前号啕大哭，孩子看到后，不禁会问，小兔为什么要哭呢，是兔妈妈做的食物不好吃么？又如《我爸爸》这本图画书的内容，爸爸可以赶走大野狼，爸爸吃得像马一样多等，根据画面，不禁会让孩子想起自己的爸爸，感受父亲的厉害与伟大。同时对于孩子的疑问，家长千万不能敷衍了事，成人习以为常的姿态和不以为然的态度，会逐渐扼杀儿童的求知欲。因此，父母如果能够有意识地引导孩子的兴趣，保护孩子的好奇心，鼓励孩子积极思考，关注孩子的提问，与孩子一起思考、一起寻求未知的答案，孩子提出问题的欲望和探求的兴趣就会不断增强。

(三)了解学前儿童兴趣点，进行因材施教

孩子天生对自己的身体和周围的世界都充满了好奇和兴奋，有的孩子好奇心强，有的孩子好动。孩子的爱好是多种多样的，家长应多和孩子一起活动，用心观察，善于发现他们的兴趣和天赋，因势利导、因材施教，使孩子的兴趣沿着积极、健康的方向发展。例如：通过玩亲子游戏，父母就能了解到孩子喜欢的是体育游戏还是结构游戏；通过和孩子进行艺术活动，父母就能知晓孩子是否喜欢画画或唱歌等。但若孩子的问题长期得不到答案，他们就会逐渐放弃求知的冲动，所以家长应该根据儿童的兴趣特点，引导孩子，满足孩子们的好奇心，鼓励他们积极思考，积极努力地回答他们的问题，陪着孩子一起思考，寻找答案。

四、环境熏陶法

环境熏陶法是指在家庭教育中，家长自身拥有良好的习惯，并有意识地营造一个良好、和谐的家庭生活环境，使孩子通过家庭环境的各种教育因素，耳濡目染、潜移默化地受到熏陶，以培养孩子良好行为习惯和道德品质的一种方法。这种教育方法主要是为了培养儿童良好的行为习惯，使儿童形成高尚的道德情操。因此，在家庭环境中，家长应注重物质环境和精神环境的建设，用好的物质和精神环境熏陶儿童的心灵。

(一)建立融洽的家庭关系

家庭对于家庭成员而言，不仅是一个生活场所和文化实体，而且是情感的归宿。每个家庭成员在情感上都会对家庭产生不同程度的依赖，而且这种依赖很有可能是终身的。良好的人际关系有着陶冶性情的作用，家庭成员之间应该和睦相处、互相关心、互相爱护，营造和谐的夫妻和亲子关系，形成团结、平等、民主的家庭氛围，用良好的家风影响孩子。尤其是父母之间要相敬如宾、相亲相爱，父母之间的关系是否融洽是教育孩子的最重要的精神力量。孩子正处于情感发展的关键时期，有着强烈的情感需求。家庭成员之间和睦相处、互相尊重的和谐气氛是儿童形成利他行为、良好性格的基础，同时也会让孩子们体会到幸福和温暖，产生快乐、满足的情绪，这有利于形成开朗、自信、合作的性格。相反，假如儿童处在一个充满争吵、紧张的家庭氛围中，极易使他们产生焦虑、不安、恐惧的情绪，性格上容易怯弱、自卑、封闭，让孩子背负着沉重的精神负担成长，必然会影响他们的心理健康。

联合国《儿童权利公约》指出，为了充分而和谐地发展个性，应让儿童在家庭环境里，在幸福、亲爱和谅解的气氛中成长。父母要注重亲子沟通的态度和行为方式，通过和孩子一起游戏、学习，以自身健康向上的个性品质、积极热情的思想感情感染孩子，使孩子受到良好影响。其次对孩子要民主，要尊重理解孩子，遇事可以和孩子商量，主动倾听他们的意见，并给孩子一定的自主权来决定和选择一些事情。总之，和谐温暖的家庭能使孩子、大人的情绪得到调节，体会到天伦之乐，提高家庭的内聚力。孩子生活在这样的氛围里受到积极健康的精神影响，心情是愉快的，精神是饱满的，行为习惯自然受到良好熏陶。因此，为了使孩子健康聪明，要营造父母相亲相爱的环境，以此来影响孩子，为孩子创造出良好的发展空间。

(二)美化家庭生活环境

这里的家庭生活环境主要是指物质环境。家长可以为儿童创设一个适合儿童特点的生活空间。首先从房间的布局家具的设计、摆设的陈列到色彩的搭配等，必须充分考虑和体现儿童的年龄特点、性别、性格和爱好等，以展示科学、艺术、人文、运动类内容为佳，涉及面要广一些。其次，可以鼓励孩子参与环境的创设，儿童可以在布置自己的房间的过程中充分表现自己的思想和性格，发挥自己的想象力和创造力，可以在参与的过程中体验到父母的尊重与承认，可以在创造的过程中培养对家庭的热爱和美好生活的追求。再次，可以充分发挥物质生活空间的作用。儿童天性活泼好动，家长要允许孩子对家庭物件的看、摸、摆弄，如有放置玩具的地方、有做手工的废旧材料、有供孩子涂鸦的小黑板、有小书架及小书桌，还可以饲养小动物，给孩子更多自由活动的时间和空间，让孩子在平等、自主、宽松的环境中，根据自己的兴趣选择活动内容，主动愉快地学习，使其获得对事物更具体更清晰的认识，使儿童自然而然地受到美与秩序的熏陶。

因此，尽管儿童的生活空间是以物质为基础的，而创造这个空间的过程却充满亲情，是他们精神生活的重要组成部分。这些为孩子特别创造的、与儿童年龄特点和个性特点相适应的物质环境，有助于孩子的健康发展，更具有教育的价值。

(三)提高孩子对不良环境的免疫力

古代"孟母三迁"，曾是家教的典范。而当今社会是多元价值观的时代，社会上充斥着各种消极因素，靠迁居是不可能解决问题的。其实，只要注重是非观念的教育，"污染源"也并不一定那么可怕。当孩子接触到消极因素时，家长如能主动引导，孩子自然会对假、恶、丑的事物产生厌恶感。当孩子具备辨别能力时，消极的因素则会变成反面教材，这样，坏事反而有可能变成好事。

五、说服教育法

说服教育法是指通过摆事实、讲道理，使学前儿童提高认识、明辨是非、善恶，从而形成正确品行的一种方法。这种方法强调从正面进行教育，以理服人，启发自觉，调动内在的积极因素，引导子女不断进步。这是家长教育子女时最常用的基本方法之一，但也最容易出错，家长苦口婆心，教育效果却令人很不满意。

(一)说服教育要有针对性和启发性

说服教育要有针对性和启发性，这是提高说服教育实效性的前提和条件。针对性和启发性是指从学前儿童的思想、年龄特点、个性差异及心理状态的实际出发，有的放矢地进行说服教育。因此要事先了解学前儿童的情况，根据对象特点确定说理的具体内容、组织结构、时机、场合和方式。同时，家长的语言要具体形象、准确生动、通俗易懂，富有感染力，具有吸引力、说服力和启发性，要让孩子听得懂。对孩子讲解行为准则时，不但要让他知道怎样做，还要让他知道为什么要这样做。另外，家长还需要有耐心，孩子在兴奋和激动的时候，往往是听不进道理的，应该等他冷静下来后，再用亲切的口吻说明道理。除了单纯的讲解，家长若能巧妙地借鉴一些故事、笑话、生活实例等来说明道理，那就再好不过了。

(二)说服教育要讲究科学性和艺术性

说服教育中的科学性是指所阐述的道理必须符合客观真理、符合实际;艺术性是指要灵活运用说理的方法和方式。讲的道理要符合客观实际,所举的事例是真实的、贴近儿童日常生活的,而不是杜撰或歪曲的。同时,也要注意营造相宜的环境和气氛,注意选择合适的方式和方法,加强语言修养,讲究言辞和方式。特别重要的是,在对学前儿童进行说服教育时要使用"爱的语言",讲究说理的艺术性。

(三)说服教育讨论时要民主平等

讨论是家长就某个问题和孩子交换意见,使孩子明白一个道理,掌握一个行为标准。说理不是说教,要循循善诱,以理服人,不能以势压人。家长在与孩子讨论时,态度要温和,要以平等的身份与孩子交谈,要正面告诉孩子应该做什么,而不是不该做什么,不能以居高临下的姿态,板着面孔训人,更不能威胁恐吓。同时还要做到以心换心,家长既要站在孩子的角度想问题,也要让孩子站在别人的角度,设身处地地体验别人的感受,长篇大论的道理,年幼的孩子不一定听得懂,但角色互换,孩子就容易明白。讨论中家长要放下架子,以真诚、民主、平等的姿态,让孩子充分发表意见,孩子讲话时家长应认真倾听,哪怕是错误的意见,也要让孩子把话说完,然后再加以引导。家长千万不要总想以自己的认识下结论,并强迫孩子接受,更不要一听到不同意见,就摆起架子,压制、训斥孩子。

本章小结

本章主要从健康教育、认知教育、艺术教育、品德教育和情商教育等方面具体阐述了学前儿童家庭教育的具体内容;主要介绍了因材施教、尊重平等、循序渐进、一致性和科学性等学前儿童家庭教育原则;重点介绍了榜样示范法、奖惩激励法、启发引导法、环境熏陶法和说服教育法等方法的使用策略和原则。

思考题

1. 学前儿童家庭教育的原则有哪些?结合具体事例谈谈如何遵循这些原则。
2. 学前儿童家庭教育的主要内容有哪些?结合具体事例谈谈你的理解。
3. 学前儿童家庭教育的方法有哪些?选择一种方法,具体阐述一下该方法的使用原则。

第四章 不同年龄学前儿童的家庭教育

本章学习目标

- 了解胎教的概念和对胎教正确的认识。
- 重点掌握促进胎儿健康发展的胎教方法。
- 了解0～1岁婴儿的身心发展特点。
- 重点掌握0～1岁婴儿家庭养育的目标、内容与方法。
- 了解1～3岁儿童的身心发展特点。
- 重点掌握1～3岁儿童家庭教育的目标、内容与方法。
- 重点掌握3岁左右入园期儿童的家庭教育内容。
- 了解4～6岁儿童的发展特点。
- 重点掌握4～6岁儿童家庭教育的策略。
- 了解幼小衔接阶段儿童的特点和存在的问题。
- 重点掌握幼小衔接阶段儿童的家庭教育策略。

重点与难点

- 促进胎儿健康发展的胎教方法。
- 0～1岁婴儿家庭养育的目标、内容与方法。
- 1～3岁儿童家庭教育的目标、内容与方法。
- 3岁左右入园期儿童的家庭教育内容。
- 4～6岁儿童家庭教育的策略。
- 幼小衔接阶段儿童的家庭教育策略。

引导案例

"神奇的"胎儿耳机不神奇[①]

几年前,我在一家玩具店转悠的时候无意发现了一则广告,宣传一种专门为婴幼儿设计的 DVD 产品,名叫"神童宝贝"。宣传单上是这么写的:"您是否知道如何促进孩子的智力发育呢?对大脑发育来说,孩子出生后的头 30 个月是最重要的,因为许多关键阶段都是在这一时期完成……我们能够帮助您把孩子变成下一个神童宝贝!"简直是一派胡言。我

---

① 约翰·梅迪纳. 让孩子的大脑自由[M]. 王佳艺, 译. 杭州: 浙江人民出版社, 2018.

用力地把宣传单揉成团，扔进了垃圾桶里。

所谓的"神奇"产品，历史非常悠久，20世纪70年代末就出现过一套名为"胎儿大学"的课程。这套课程声称能够让宝宝集中注意力的时间变得更长，让他们变得更聪明，掌握更多词汇，而且所有这一切都是在娘胎里完成的。胎儿出生后甚至会得到一张写着"优生宝宝"的毕业证书。到20世纪80年代，胎儿耳机诞生了。这套被吹得神乎其神的系统通过紧贴孕妇腹部的耳机将母亲的声音、古典音乐和其他据说能够促进智力发育的声音传入子宫。此后，这类胎教产品层出不穷，打出的广告语都很抢眼，比如，"让宝宝在娘胎里学会拼写""多听古典音乐能够提高胎儿的数学能力"等。在这些风潮中，莫扎特的音乐特别受欢迎，甚至有"莫扎特效应"这一说法。20世纪90年代，胎教产业进一步扩张。一些胎教书籍列出了各种活动，据说这些活动能让孩子的智商提高27～30分，并将注意力时间延长10～45分钟。

现在走进任何一家玩具店都会看到大量类似的产品，而生产商根本就没有对这些产品的效果进行过检验，我们也找不到能够证明这些产品有效性的独立检测报告。

全是瞎折腾，信不信由你。到目前为止，没有任何证据能证实这些产品对提高胎儿的大脑发育有丝毫帮助，而且也找不到任何相关效果检测的双盲随机实验；更没有任何有力的证据能说明胎教课程可以持久地提高孩子的智力水平，并让效果延续到高中阶段。由此可见，胎儿大学和莫扎特效应都没有通过科学的严格检验。遗憾的是，父母们依然被各种广告所蛊惑。即便是现在，各种胎教产品依然像一张无形的大网，将毫无戒心的父母网罗其中，为虚幻的愿景乖乖掏钱。

对我们这些搞研究的人来说，胎教产业的飞速扩张是一件非常可怕的事情，因为这些产品会误导父母，而一些真正有意义的科学发现却得不到应有的关注。科学家们目前的确也发现了一些能够提高胎儿认知发育水平的活动，其效果已通过科学方法的检验。为了更好地理解这些成果的价值，我们需要对婴儿大脑发育的过程作一些阐述，之后你就会发现，所谓的胎教产品都是骗人的。

第一节　胎　　教

胎教

在人人都重视优生优育的今天，每一对夫妇都想生一个身心皆优、智力超群的孩子，于是"胎教"逐渐深入人心，介绍胎教的文章、书籍、短视频等层出不穷，新式胎教方法不断推出，各类"胎教学校"也应运而生。那么，胎教到底有没有科学依据呢？怎样的胎教才是科学有效的，这是值得我们探讨的问题。

一、胎教的概念

国内外大量的胎教观察和实验研究已经证实胎儿对胎外的刺激具有胎动现象，这就为孕妇对胎儿进行胎教提供了有力的科学依据。因此，越来越多的准备做父母的年轻人从受孕初期就开始进行各种有计划的准备工作，并试图通过为胎儿创造各种有利条件来促进胎儿的健康成长。那到底什么是胎教呢？这也是我们首先需要学习的一个重要概念。

(一)胎教概念的由来

胎教思想最早源于我国古代。胎教作为一门历史悠久的学说，千百年来一直受到包括医学、教育学、哲学、文学等众多领域研究者的关注。"胎教"一词最早出现在西周时期，古人认为，胎儿在母体中容易被孕妇情绪、言行同化，所以胎教的基本含义是孕妇必须遵守的道德、行为规范，给胎儿以良好的影响。其理论基础是"外象内感"，中医的"外象内感""因感而变"是指孕妇的精神状况会直接影响胎儿的智力发育，所以胎教的实质是让孕妇保持良好的精神状态和健康的体魄以外感而内应。

隋朝的巢元方在《诸病源候论》中说："欲子美好，数视璧玉；欲子贤良，端坐清虚，是谓外象而内感者也。"意思是：若想子女美好，则多看上等美玉；若想子女贤良，则要坐得端端正正，内心清净，不要有太多欲望。这都是借外物的形象，使胎儿在母体内受到感应而向美好的方向变化。中医的这些观点与现代医学理论基本吻合。据史籍《列女传》记载，早在 3600 年前，周文王的母亲在妊娠期间，坚持做到"目不视恶色，耳不听淫声，口不出敖言，能以胎教"。

(二)胎教的概念

胎教可分为广义胎教与现代胎教，具体内容如下所述。

1) 广义胎教的概念

广义胎教是指为了促进胎儿生理上和心理上的健康发育与成长，同时确保孕妇能够顺利地度过孕期所采取的精神、饮食、环境、劳逸等各方面的保健措施。

在现代科学发现胎儿对外界声音、光刺激、动觉刺激已经有一定的感受能力之后，用各种方法施与胎儿的教育，可称为新式直接胎教。

2) 现代胎教的概念

现代胎教是指有目的、有计划地创设和控制母体内外环境，依据胎儿的身心特点，对胎儿实施各种有益的刺激，以促进胎儿身心健康发展的科学理论和方法。目前流行的胎教方法有音乐胎教法、语言胎教法和抚触胎教法。胎儿在孕期 16 周之后就有了听力，支持音乐胎教者的观点认为音乐教育是通过对胎儿不断地施以适当的音乐刺激，促使其神经元的轴突、树突及突触的发育，为促进其智力及发展音乐天赋而实施的教育方法。通俗地说，直接胎教的做法就是在胎儿四个月之后，有计划、有目的地让胎儿听胎教音乐、与胎儿说话、抚摸孕妇的肚子与胎儿互动。

(三)对新式直接胎教的质疑及原因

从概念上我们便能看出这两种胎教的区别，广义胎教更多针对的是孕妇。直接胎教的倡导者认为，直接胎教的实施，不仅可以提高胎儿的身体素质，还能开发胎儿的智力潜能，促进胎儿智力的发育。但这种直接胎教真的科学吗？越来越多的学者对此提出了质疑，在生活中也有胎儿在直接胎教中受到伤害的例子。

中华儿童保健学会副主任委员丁宗一认为：直接胎教，它没有任何自然科学基础，是一个似是而非的概念，也没有任何证据，它不是一门学科，也不是科学的。究其原因有以下几个方面。

1. 不符合胎儿心理

提倡新式直接胎教的人认为，根据国外的研究，胎儿已经有了令人吃惊的听觉、记忆与理解能力，出现了讨厌、喜欢、恐怖等情绪，已具有了与儿童、成人只有量的差别而无质的差别的心理，因此可以适当地接受智力教育。因而，这也成了对胎儿进行智力教育的第一个依据。

但这种看法十分肤浅。首先，胎儿虽然有了感觉，但只有简单的感觉，连知觉都没有，更不要说思维。儿童要到 1 周岁左右才能说出最简单的词，才有真正的语言，胎儿没有语言，当然既不会讲，也不会听，更不用说传授科学文化知识。因此，孕妇读的诗文、讲的故事，对他们而言都只不过是一些毫无意义的物理刺激。其次，胎儿虽然有了喜欢、恐惧等情绪，但这种情绪只是动物性的，心理学把感情分为情绪与情感，将喜欢、恐惧之类的内心体验称为情绪，这是人与动物共有的，而与人的社会性需要相联系的道德感、审美感等体验则称为情感，这是人所特有的。人与动物在情感上这种质的差别是因为人有思维。胎儿由于没有思维，不仅没有情感，甚至不能说有真正的人的情绪，他们的喜欢、恐惧只能说是"脑组织中固定了的先天预成的情绪潜势"。提倡新式直接胎教的人，将这种潜势等同于儿童和成人的情感，并据此判定胎儿心理已相当成熟，可以施行智力教育，这是对胎儿心理极大的误解和过分的拔高。

2. 不符合胎儿大脑发展的事实

提倡新式直接胎教的人所持的第二个依据是胎儿脑可塑性大，因而可以通过智力教育活动加大刺激量来促进大脑的发展，增加脑细胞的数量和脑细胞之间树突与突触的联系，以提高胎儿智力。

这种看法也是缺乏科学依据的。首先，胎儿脑结构状态是由受精卵中核酸上的碱基对排列顺序决定的，而这种排列又是在卵细胞受精的当时经过染色体的融合、同化、重组完成的。以后整个孕期，受精卵在分裂增殖中就只有核酸的不改型的"半保留复制"，而再无基因的重组。因此，指望在核酸上的碱基对已经排定之后再通过胎教去改变其顺序，或者径直用胎教去影响核酸的自我复制以改变其遗传信息，进而改变胎儿脑结构，提高胎儿智力都是不可能的，至少目前尚无法做到这一点。其次，通过胎教增加脑细胞数目是多余的。据脑科学研究，在个体神经系统早期形成的过程中，会有多达 50%的脑细胞死去。这是由于脑细胞互相竞争靶细胞的结果。按照"神经营养性假设"，神经元能否存活取决于是否得到足够的神经营养因子(NGF)，而神经营养因子又是由靶细胞所合成，这样，由于"存优汰劣"规律的作用，脑细胞中的一部分若能在生存竞争中先期同靶细胞建立联系，就能获得 NGF 而存活下去，另一部分则被淘汰。因此，在生命早期阶段，大脑产生的细胞的数量总要多过实际存活的数量需要数。由此可知：①脑在营养合理的情况下，不仅有能力产生实际所需的细胞数，而且还能产生过量的供选择用的细胞，不必用胎教去增加；②从大量脑细胞在发育过程中生而复死的事实来看，胎儿出生前应有多少脑细胞是由遗传程序决定的。背离这一程序用胎教去增殖，多余者也会像那些被淘汰的脑细胞一样，归于死亡。再次，借助胎教促使胎儿脑中的突触大量增加也是徒劳的。

3. 不符合胎儿身心发展的规律

首先，新式胎教背离了儿童心理与大脑发展的"关键期"的规律。关键期是指个体一些行为在发育的某一时期才出现，提前或滞后于这一时期，学习就很难产生效果，行为将难以形成。现在儿童一些主要学习内容的关键期已经明朗化，但却未发现有一项学习能力的关键期是在胎儿期。这是因为某项能力的关键期实质上是儿童相应脑组织结构与功能模式的基本成型期。而胎儿脑发育不完善，结构较简单，功能极其原始，远远未达到成型水平，所以任何关键期都不会出现在胎儿期。新式直接胎教硬要将智力教育提前到子宫里，只能是无功之举。其次，新式胎教不符合胎儿的记忆规律。尽管新式胎教宣传者利用各种夸张的宣传口号告诉人们，胎儿有惊人的记忆力，接受过胎教的孩子能将在子宫里学到的曲谱、词汇终生记住，出生两周就会喊"爸爸"，4岁就能讲两门外语，智商普遍高达160，因此应当进行子宫内学习。但科学事实是胎儿由于主控长时记忆的大脑额叶不够成熟，尚不能对信息进行语义编码，还不具备长时记忆能力，充其量只有"转瞬即逝"的短时记忆，而一切智力学习又都离不开长时记忆，因此各种关于胎儿学习的神话显然都是无稽之谈。再次，心理学研究表明，幼小有机体的一个主要特征是睡眠，新生儿有70%～80%时间用于睡眠，胎儿则更长。这是因为睡眠对胎儿来说，并不是消极休眠，而是一种实现大脑、身体和心理发育的积极过程。新式直接胎教忽略了这一点，要求孕妇整天同胎儿谈话、唱歌、做"踢肚游戏"。这种改变种族进化中形成的胎儿生长发育规律的做法，其效果可能是正的，但更有可能是负的(媒体已多次报道过这类不幸事件)。不管怎样，它至少打乱了胎儿正常生长发育的规律，因此不值得提倡。

二、对胎教正确的认识

我们要客观理性地看待胎教，不要将其神化，我们可以从下面两个方面正确认识胎教。

1. 胎儿发展的决定因素是遗传而不是胎教

对胎儿发展起决定作用的不是胎教，是什么因素决定胎儿的智力水平呢？其实是遗传基础决定的，人类的DNA基因密码在受精卵形成那一刻就已经决定好了，一个人的智力水平在很大程度上取决于遗传的物质基础，让胎儿听听音乐、跟胎儿说说话讲讲故事是不可能从根本上改变胎儿的智力状况的。试想一下，我们能够通过胎教把一个唐氏儿童变成正常儿童吗？那是不可能的！

2. 良好的胎教在一定程度上对胎儿的发展能起到促进作用

应该说这里的胎教更多的是指传统胎教，因为直接胎教对胎儿的影响还有待考证，但是传统胎教可以说有益无害。国内外不少研究都指出，胎教并非直接作用于胎儿，而是通过对孕妇的情绪与精神状态的改变，影响体内激素与有关神经介质的分泌，从而间接地影响到胎儿的大脑发育。所以，胎教有作用的真正原因是：妈妈开心了，宝宝也就长得更好了。而从这个出发点来说，过度胎教是不可取的。

三、能促进胎儿健康发展的胎教方法

刚才我们对直接胎教法进行了质疑，那是不是胎教一点好处都没有，我们压根就不用胎教了呢？其实也不是这样的，我们完全可以进行传统胎教，这对孕妇和胎儿都是有利而无害的。

(一)情绪胎教法

1. 概念

情绪胎教法是指通过对孕妇的情绪进行调节，使之忘掉烦恼和忧虑，创造轻松的氛围及和谐的心境，通过妈妈的神经递质作用，促使胎儿的大脑得到良好的发育。

2. 作用

孕妇的情绪状态对胎儿的发育具有重要作用。孕妇情绪稳定、心情舒畅，有利于胎儿出生后良好性情的形成。而孕妇如果长期精神紧张，大喜大悲，情绪不定，母体内的激素分泌异常，从而造成对胎儿大脑发育的危害。因此，孕妇要格外注意精神卫生，保持精神愉快。1976 年唐山大地震发生后的 10 年内，人们对震灾时的胎儿有无远期影响进行了考察，发现震灾时出生的孩子平均智商为 81.7，大大低于对照组的 93.1。这说明母亲在怀孕期间的身心健康和心理状态确实可以影响胎儿的智力发育。

3. 具体的做法

(1) 孕妇应心胸怀宽广，乐观向上，多想想孩子远大的前途和美好的未来，避免烦恼、惊恐和忧虑。

(2) 孕妇常做一些让自己心情愉悦的事情。不看恐怖、紧张、色情、斗殴之类的电视、电影、录像和小说。

(3) 在胎教过程中，丈夫应加倍关爱妻子，让妻子多体会家庭的温暖，避免妻子产生愤怒、惊吓、恐惧、忧伤、焦虑等不良情绪，保持心情愉快、精力充沛。此外，丈夫应积极支持妻子为胎教作出的种种努力，主动参与胎教过程。

🌀 案例 4-1

避免过度压力

如果孕妇 1998 年 1 月 4 日生活在加拿大魁北克，那她的日子可不太好过。那段时间加拿大东部连下了 80 多个小时的冻雨，此后地表温度急剧下降，恶劣的天气把那里变成了一个冰封的地狱。由于不堪冰块的重压，1000 多座电缆高塔像多米诺骨牌一样接连倒塌，还有隧道崩塌，30 人不幸遇难。加拿大政府很快就宣布国家进入紧急状态，军队也开赴灾区实施救援。即便如此，数千名居民还是断电达数周之久，房子就像冰窖，无比寒冷。孕妇无法去医院接受例行孕检，甚至必须在家里分娩，这不仅让她们承受着巨大的压力，连肚子里的宝宝也受到了不良影响。即便是许多年后，我们还能从这些孩子身上发现那次恶劣天气留下的痕迹。

我们是怎么知道那场灾难留下了严重的后遗症呢？当时有一群研究人员决定调查这场自然灾害对胎儿造成的影响，在那群孩子出生后，他们进行了跟踪调查，其结果让人不寒而栗。这些孩子长到 5 岁大的时候，他们的行为与正常孩子相比出现了显著的差异：即便剔除了父母的学历、职业和收入这些影响因素以后，这些孩子的智商水平依然较低，语言发展迟滞。这些孩子的母亲当年所承受的压力是导致这一恶果的罪魁祸首吗？答案是肯定的。

孕妇感受到的精神压力的确会对胎儿的发育产生负面影响。虽然我们以前并不相信，有一段时间甚至不能肯定孕妇的压力激素是否会进入胎儿体内，但这些激素确实会影响胎儿发育，特别是当孕妇长期或在孕晚期的几个月里承受着巨大压力时。那么，后果到底有哪些呢？如果母亲在怀孕的时候压力重重，可能会出现以下状况。

① 会影响孩子的性格。宝宝出生后会变得暴躁易怒，难以安抚。

② 孩子的智力会下降。如果在宝宝一岁前用特定的智力和运动量表对他们进行测试，其智商平均值会下降 8 分。根据韦氏智力量表的标准来判断，这个差值就是较高智商与平均智商的区别。

③ 孩子未来的运动技能、注意力集中能力以及时长都会受到不利影响，甚至到孩子 6 岁大的时候，这种影响依然可以被观察到。此外，孩子的压力反应系统也会受到损伤。

④ 孩子的脑容量会因孕妇的压力过大而减小。

有研究者对 100 项在经济发展水平不同的国家所做的相关科学实验进行了综合分析，结果发现，孕妇压力对胎儿发育造成的不良影响都得到了证实。戴维·拉普兰特(David Laplante)是加拿大冻雨影响研究的负责人，他审慎地说："我们怀疑，高度精神压力或许改变了胎儿的神经发育过程，进而改变了婴幼儿的神经行为能力。"

上述信息是否让你倍感焦虑呢？幸运的是，并非所有的压力都会产生负面影响，少量适度的压力对胎儿发育是有利的。子宫的结构很稳固，无论是它本身还是里面的胎儿，都为应对孕期的各种压力做好了准备，只是别忘了它们承受不了持续猛烈的攻击。

(资料来源：本书作者整理编写)

(二)营养胎教法

1. 概念

营养胎教法是指根据妊早、中、晚三期胎儿发育的特点，合理地指导孕妇摄取食品中的七种营养素，即蛋白质、脂肪、碳水化合物(糖)、矿物质、维生素、水、纤维素，以食补食疗的方法来防治孕期特有的疾病。

2. 作用

人的生命从受精卵开始，一直到发育成婴儿，这个发育成长的过程全依赖于母体供应营养。孕妇摄入适宜而平衡的营养对胎儿的健康发育是重要的，且人的智力发育与胎儿期的营养因素息息相关。

3. 具体做法

营养胎教法的具体做法如下所述。

1) 培养良好的饮食习惯，做到规律饮食

经常表现出没有胃口、不喜欢吃东西、吐奶、消化吸收不良，或在宝宝稍大一点开始进食辅食时，即出现明显偏食的现象，追溯既往，则发现其母亲在怀孕时的饮食状况往往也是胃口不好、偏食，或是吃饭的过程紧张匆忙，常常被外界干扰打断，或者是常常有一餐没一餐的。由此可见，母亲的不良饮食习惯对胎儿的影响是很大的，所以为了以后少为宝宝的饮食问题操心，应该培养自己良好的饮食习惯，即三餐定时、定量、定点。最理想的吃饭时间为早餐 7~8 点、午餐 12 点、晚餐 6~7 点，吃饭时间最好控制在 30~60 分钟。进食的过程要从容，心情要愉快。三餐都不宜被忽略或合并。尤其是早餐，而且分量要足够，每餐各占一天所需热量的 1/3，或呈倒金字塔形——早餐丰富、午餐适中、晚餐量少。吃饭的时候最好固定在一个气氛和谐温馨的地点，且尽量不被外界干扰而影响或打断用餐。

2) 营养要均衡多变

身体所需的营养尽量从食物中获取。不同的食物所含的营养素是不一样的，目前仍有许多营养素尚未被发现。所以建议孕妇多改变食物的种类，每天可吃 2~5 种不同的食物，营养才能充足。补充营养要科学、合理，不要认为多多益善，一味地补充营养，这样会造成孕妇发胖，不利于分娩。

3) 减少食用精细加工的食物

没有加工的食物中的营养素不容易丢失，有利于为胎儿提供全面的营养。母亲在怀孕时尽量多吃原始食物，如五谷、青菜、新鲜水果。烹调时以保留食物原味的方式为主，少用调味料，少吃垃圾食品，让宝宝还在肚子里时就习惯此类饮食模式，加上日后用心培养，就不会为孩子"不爱吃青菜、正餐，喜欢吃饼干、糖果、汉堡、可乐"而烦恼了。

4) 注意铁的摄入

铁的摄取是不可缺少的，因为铁是生产血红蛋白的重要原料，而血红蛋白把氧运送给细胞，人体需摄取少量铁，贮存在组织中，胎儿就从这个"仓库"中吸取铁，以满足自己的需要。

到了妊娠中后期，孕妇的血容量增加，使红细胞相对不足。另外，母体除了本身对铁的需求之外，还要供给日益成长的胎儿对铁的需要。母亲贫血容易出现水肿、妊娠中毒症，还会使胎儿发育不良、体重偏低、早产甚至死亡。

因此，此时孕妇应该多吃一些含铁丰富的食物，如奶类、蛋类、瘦肉、豆制品、动物肝脏等，还需要多吃西红柿、绿色蔬菜、红枣、柑橘等富含铁质的水果等。如果血红蛋白低于 100g/L，应遵医嘱补充各种铁剂药物及维生素，直到血红蛋白恢复正常为止。

5) 其他注意事项

孕妇下腹部突出是因为体内热量过高或体力不足，加上胃肠功能也弱，所以要将少量营养价值高的食物，制成易消化的状态食用，不要吃生冷和酸味的食物。

最好采取少食多餐的方式，一天分 4~5 次进餐，可达到收敛效果。如果孕妇腰部突出，是因为过去吃了过量的食物，此时应避免过量的饮食，并减少热量高的食物。

最好不要吃有刺激性、有兴奋作用以及会破坏神经平衡的食物。

饭后，一定要先躺下来休息 10~30 分钟，然后对耳朵做指压，并让眼睛得到充分休息。另外，不要让肚子太饿，也不要暴饮暴食。

妇女在怀孕第 6 个月时，由于胎儿较大，更应该补充足够的维生素。而只有养分均衡的饮食，才能保证维生素的摄入。

(三)环境胎教法

1. 概念

环境胎教，是指年轻夫妇在准备受孕前 6 个月，就开始学习环境安全卫生知识，以利于优化环境，安心养胎。环境胎教包括外环境与内环境两方面，尤其应该注重内环境的养护、营养平衡，这样有利于胎儿的健康生长。

2. 意义与作用

多接触外界的色彩、音响和声乐，乃至无限美好的大自然的景色等，这样不仅会使孕妇置身于舒适优美的环境中，而且，孕妇也能从中得到美与欢快的感受，心情轻松愉快，进而影响她腹中的胎儿，真正达到"气类潜通，造化密移"。总之，胎儿的身心、智能的健康发育，不仅需要良好的内环境，同时与胎儿生长发育有关的外环境也是密不可分的。因此，年轻的父母们在工作之余，也要常常带着你的"小婴儿"去感受、享受大自然的美。

3. 具体做法

1) 美化居室环境

居室环境对于孕妇是非常重要的，最基本的要求是要使居室整洁雅观。可以在居室的墙壁上悬挂一些活泼可爱的婴幼儿画片或照片，他们可爱的形象会使孕妇产生许多美好的遐想，进而形成良好的心理状态。

悬挂一些景象壮观的油画也是有益的，它不仅能增加居室的自然色彩，而且能使人的视野开阔。可以在居室悬挂一些俊秀的书法作品，时时欣赏，以陶冶性情，书法作品的内容常常是令人深思的名句，从中不仅能欣赏字体的美，还能感到有一种使人健康向上、给人以鼓舞和力量的作用在时时激励着自己。

可以对居室进行绿化装饰，而且应以轻松、温柔的格调为主，无论是一盆花还是插花装饰，均以小型为佳，不宜大红大紫，花香也不宜太浓，孕妇处在被花朵装饰得温柔雅致的房屋里，一定会有舒适轻松的感觉，这有利于消除孕妇的疲劳，增添情趣。

在优美的居室里，孕妇可以培养自己更广泛的兴趣，如自己种一些花草，喂养一些漂亮的小鱼等，这些都能够陶冶孕妇的情操。

2) 感受室外的美丽风光

孕妇如果一味地在屋里闷着，对自身的身心和胎儿的生长都是不利的。所以，孕妇要经常到空气清新、风景秀丽的地方游览，多看看美丽的花草，以陶冶情趣，这样可使孕妇心情舒畅，体内各系统功能处于最佳，使胎儿处于最佳的生长环境。

(四)给胎儿柔和的声音与触觉的刺激

虽然没有明确的研究证明，柔和的声音与触觉的刺激会对胎儿有极大的促进作用，但这么做起码能够增进父母与胎儿的亲近感。因为轻柔地做这些事情，即使胎儿在睡觉，也不会打扰到他，就像婴儿在熟睡的时候，妈妈轻轻地摸摸他或拍拍他，婴儿反而会睡得更踏实，所以轻柔的抚摸或是柔和的声音的刺激，对胎儿是只有利没有害的。

但要注意的是，不能直接把耳机放在肚子上给胎儿听。更严重的是，高分贝的噪声可损害胎儿的听觉器官。如让胎儿听了不合格的胎教音乐，尤其是音频高达 4000～5000Hz 的胎教音乐，那就相当于乐声变噪声，对胎儿无疑是一种恶性刺激。尤其是孕妇直接将心形或哑铃形的传声器放在腹壁上，声波便可长驱直入进入母体宫腔内，由于胎儿的耳蜗正处于发育阶段，内耳基底膜上面的短纤维极娇嫩，当受到高频声音的刺激后，很容易遭到损伤：轻者，孩子出生后可能听到说话声，但却听不见高频的声音；重者，将会给母腹中的胎儿造成一生无法挽回的听力损害，出生后因丧失了听力，永久性地陷入无声世界，遗憾终生。因此，专家不主张将传声器紧贴在孕妇的腹部，尤其是不合格的胎教音乐，对胎儿而言有害无益。

第二节　0～1 岁婴儿的家庭养育

0～1 岁婴儿的
家庭养育

一、0～1 岁婴儿身心发展特点

(一)新生儿期

从娩出到诞生后 28 天的婴儿，叫作新生儿，这段时间则被称为新生儿期。新生儿期时间跨度不大，却是儿童发育的第一个重要阶段。新生儿出生时的平均身长为 50cm，男婴、女婴有 0.2～0.5cm 的差别，满月时增长 4cm。正常新生儿之间的身长也略有差异，但差异很小。新生儿出生时平均体重为 3～4kg，满月时增重 0.8～0.9kg。具体来说，新生儿有如下一些健康标准(见表 4-1)。

表 4-1　新生儿的健康标准

特征	标准
啼哭	新生儿出生时大声啼哭，说明已经开始用肺呼吸了。前两周每分钟呼吸 40～50 次
脉搏	新生儿的脉搏以每分钟 120～140 次为正常
体重	新生儿的正常体重为 3000～4000g，低于 2500g 属于未成熟儿
胎便	新生儿头两天大便呈黑绿色黏稠状，无气味，喂奶后逐渐转为黄色(金黄色或浅黄色)
排尿	新生儿出生后 24 小时内开始排尿
体温	新生儿体温在 37℃～37.5℃之间为正常，若不注意保暖，体温会降低到 36℃以下
肤色	新生儿的皮肤呈粉红色，大多数新生儿出生后第 2～3 天皮肤轻微发黄，若在出生后 2～3 周黄疸不退或加深则为病态
先天反射	新生儿出生后有觅食、吸吮、伸舌、眨眼、拥抱、抓握、踏步、游泳等反射
视觉	给新生儿照射光可引起眼的反射。自第二个月起视线会追随活动的玩具
听觉	出生后 3～7 天新生儿的听觉逐渐增强，听见响声可引起眨眼等动作

新生儿出生后，不少骨骼还是软骨，例如八块腕骨就全是软骨，上、下肢的长骨也没有完全钙化。脊柱的四个生理弯曲除了骶曲已经固定以外，颈曲、胸曲、腰曲还没有形成，所以抱起时要注意托住新生儿的头部、颈部和腰部。由于新生儿四肢屈肌力量大于伸肌力

量，四肢常呈屈曲状态，所以不要强行将其伸直，也不要把襁褓打成蜡烛包，以免造成新生儿关节脱臼等损伤。

新生儿的胃呈水平位，容量较小，为 30～60ml，入口(贲门)至出口(幽门)较近，而且贲门肌肉松弛，易漾奶，所以喂奶后要拍嗝，排出吃奶过程中吃进的空气以免吐奶，同时，新生儿睡眠时宜右侧卧位，可预防睡眠时溢奶而致窒息。正确拍嗝的方式有三种：直立式、端坐式、侧趴式，具体内容如下所述。

(1) 直立式。抱起婴儿，使婴儿的头部位于妈妈的肩膀上，将四指和拇指并拢成杯状，对于小婴儿两到三指并拢，用适当的频率和力度，由下向上有节奏地拍打震动婴儿背部。

(2) 端坐式。让婴儿坐在成人的大腿上面，一只手托着上半身，使婴儿坐好，头直立，另一只手轻拍婴儿背部，促进其打嗝。

(3) 侧趴式。让婴儿侧趴在成人的大腿上，一只手托着婴儿，另一只手轻轻拍打婴儿后背，促进其打嗝。

不管采用哪种方式拍嗝，都不要将新生儿立刻放到床上，而是应该将新生儿的头靠在成人肩上竖抱一会儿后再放到床上。

新生儿的皮肤很薄很嫩，保护功能差，容易被擦伤、淹红和感染。新生儿皮肤被尿或汗浸湿引起的皱褶红烂俗称淹红，常见的有淹脖子、淹大腿根部等，所以要给新生儿勤洗澡，勤换尿布，并做好皮肤、臀部及身体皱褶处的护理。

新生儿在生活中听到的各种声音、看到的人或物、受到的触摸等都是刺激源，这些刺激源通过感官通道作用于新生儿的大脑，从而使新生儿作出反应，逐步建立起复杂的神经网络结构，积累认知经验。新生儿的早期教育是指为新生儿身心发展提供丰富的、良好的环境刺激，这些早期刺激有助于新生儿的健康成长。

(二)满月至 1 周岁

这一时期的婴儿体格发育迅速。1 周岁时，婴儿身长是出生时的 1.5 倍，体重是出生时的 3 倍。身长、体重的增长，反映了婴儿身体各组织、器官系统的变化和功能的成熟。同时，这也是婴儿心理迅速发展的时期。动作发展对心理发展具有重要意义，是心理发展的源泉。感知觉是最早成熟的心理过程，随着动作、感知觉的发展，婴儿的记忆、思维、言语也逐渐得到了发展。

1. 动作发展

婴儿的动作发展始于新生儿的无条件反射和继而发展起来的条件反射活动。婴儿动作发展非常迅速，动作发展受生物成熟度的制约，也受环境的影响。婴儿动作的发展遵循从整体到分化、从上部到下部、从大肌肉到小肌肉的规律，先有整体动作，后有分化动作。例如，小婴儿哭闹时全身手脚乱动，之后才逐渐分化为脸部的局部动作。

先有上部动作，后有下部动作。1 个月左右的小婴儿便会控制眼球的运动，2 个月时能抬头，7 个月时会抓握物体，10 个月时可控制躯干，1 岁左右能控制腿和脚，同时会站立行走。

先有大肌肉动作，后有小肌肉动作。婴儿先会做头部、双臂、腿部等大肌肉动作，之后才有灵巧的手部小肌肉的精细动作。

手部动作的发展，是婴儿期动作发展的重要特点。3个月时出现无意识的抚摸动作，5个月时会伸手抓摸，半岁以后可学会抓握动作，并且还能使手眼协调起来。在这之后，婴儿手指的动作便日趋灵活。

2. 感知觉是婴儿认知的开端

可以通过环境布置刺激婴儿的视觉，经常让婴儿观看身边的景物，看会动的玩具，向婴儿介绍看到的风景、物品的名称、特点等，刺激婴儿的视觉。播放柔和悦耳的音乐、儿歌、故事等，刺激婴儿的听觉。生活中的声音，如家庭成员的说笑声、做饭炒菜的声音、手机铃声等，都能促进婴儿听觉的发展。及时添加辅食并尽量保持食物的原汁原味，能够刺激婴儿味觉的发展。

触觉包括皮肤触觉、口腔触觉和手的触觉。婴儿喜欢吃手，是口腔触觉发展的敏感期，婴儿通过小手、嘴唇和舌头的接触开始认识物品。皮肤是婴儿最大的感觉器官，婴儿喜欢摸东西，通过触摸形成对事物软硬、冷暖、大小等多方面的感知。同时，婴儿更喜欢被人拥抱和抚摸。给婴儿做抚触、为婴儿沐浴、让婴儿游泳、允许婴儿吮吸和抓握不同的物品等，都能很好地发展婴儿的触觉。

二、0～1岁婴儿家庭养育的目标

新生儿从剪断脐带的那一刻起就脱离了母体，各个器官和系统开始独立行使各自的功能，因此这段时间特别需要家长的精心呵护与科学照料。此阶段应重视对婴儿的科学喂养、日常照护，促进婴儿的感知觉发展、社会性发展、动作发展和认知发展等，做到养中有育、育中有养、养育结合，让孩子的人生有一个良好的开端。

(一)科学喂养，保证婴儿健康发展与成长的营养需求

母乳或配方奶粉是婴儿的主要食物。根据婴儿的情况，一般在6个月时要及时添加辅食。添加辅食应遵循一定的原则，注意保护婴儿的味觉和进食的兴趣，培养婴儿良好的进食习惯，预防偏食、挑食等情况的发生。

(二)对婴儿进行细致周到的日常照护，及时满足婴儿各种基本需求

婴儿的身心十分娇嫩，各方面都需要家长的精心呵护。大小便的照料、皮肤护理、生活用品的准备、良好环境的创设等都与婴儿的健康息息相关，需要家长提前做足功课，端正理念并不断实践。

(三)用科学的方法与手段促进婴儿的身心健康发展

婴儿的身心发展包括感知觉发展、社会性发展、动作发展和认知发展。出生不到1周的新生儿已经具备颜色视觉能力，凡是活动的东西、色彩鲜艳的东西，以及人脸等刺激都可能引起婴儿片刻的注视。两三周的婴儿已能安静地听一些响声，并作出不同的反应，如听到妈妈的声音会作出微笑转头或者寻找等积极的情绪反应。所以，在此阶段，家长应注意多与婴儿进行一些感官游戏，利用一些玩具促进婴儿在视觉、听觉、触觉等方面的发展。

婴儿最初的人际交往是从与母亲的互动开始的，由于母亲不断地满足婴儿的进食需要、安全需要，婴儿对母亲的表情、动作和语言会作出积极愉快的反应，发出相应的声音，这也是人类交往需要的最早表现。6 个月以后的婴儿会表现出对亲人的依依不舍和对陌生人的拒绝，这表示婴儿已经能区别熟人和陌生人，具有一定的社会认知能力。在此阶段，家长要积极回应婴儿的生理和心理需求，培养婴儿良好的安全依恋，为婴儿未来社交能力的发展奠定基础。

儿童动作的发展包括身体的协调和手眼动作协调两方面。第一年，婴儿身体动作发展迅速，最先学会抬头，然后是俯撑、翻身和爬。手眼动作协调是根据眼睛的视线去抓住所见物体的眼手配合动作。手的抓握动作能极大地帮助婴儿去认识事物、认识世界，对其心理发展有重大意义。所以在此阶段，家长应利用亲子游戏活动促进婴儿动作能力的发展。婴儿经过一定的训练，能够根据成人的指导作出一些动作，如：听到"再见"会摆摆手，听到"妈妈在哪里"就会去找，这表明他已经能听懂一些词语的简单含义了，也会发出一些声音来表达自己的意愿。所以，尽管此时的婴儿还不能讲话，但是家长要多跟婴儿讲话，指着生活中的物品告诉他这是什么，让婴儿看看图画书、听听故事，促进婴儿认知能力的发展。

三、0～1 岁婴儿家庭养育的内容与方法

众所周知，身体健康是个体一切发展的前提，特别是对于还处于生命萌芽阶段的 0～1 岁的婴儿而言，适应社会的第一步就是身体适应，即拥有健康的身体。因此，0～1 岁婴儿家庭养育的主要任务是：一方面要通过合理的膳食养育婴儿，保证充足的营养摄入，照顾好婴儿，预防常见的疾病；另一方面是要对婴儿进行适当的训练，强健婴儿体魄，促进婴儿四肢和躯干运动能力的发展，使之能更加自如、协调地控制自己的身体，做出相应动作。家长不仅要提高婴儿抬头、坐、站、爬、走等大肌肉关节的运动能力，还要发展婴儿的手以及手指等部位的小肌肉或小肌肉群的运动能力。因此，针对 0～1 岁婴儿的家庭养育可以分为以下三方面内容。

(一)0～1 岁婴儿家庭科学喂养

0～1 岁婴儿家庭科学喂养应注意以下几个方面。

1. 坚持母乳喂养

母乳喂养是指用母亲的乳汁喂养婴儿。世界卫生组织(WHO)建议，婴儿出生后前 6 个月应当给予纯母乳喂养，6 个月后，适当地添加辅食，在母乳喂养的基础上补充其他营养，直至 2 岁或更久。

1) 母乳喂养的好处

母乳中含有多种免疫物质，母乳喂养可以降低新生儿的死亡率，减少过敏反应，满足婴儿最初半年生长发育所需的各种营养物质。通过母乳喂养，母婴密切接触，能够加强彼此之间的情感联结，有利于婴儿的心理健康。母乳是新生儿最理想的食物，其营养成分随产后的不同时期及哺乳的不同阶段而有所变化。

2) 母乳喂养的方法

(1) 早开奶。出生后 0.5～1 小时内应帮助新生儿尽早实现第一次吸吮，这对成功建立母乳喂养十分重要。提早哺乳不仅有益于新生儿的营养供给，同时能刺激和促进产妇分泌乳汁。产后 2 周是建立母乳喂养的关键时期。

(2) 哺乳次数。3 月龄内婴儿按需哺乳。4～6 月龄以后，在坚持按需哺乳的原则下，逐渐定时喂养，每 3～4 小时一次，每日约 6 次，之后逐渐减少夜间哺乳，帮助婴儿形成夜间连续睡眠的能力。

(3) 哺乳技巧。选择婴儿有饥饿感，并已换好干净的尿布时哺乳。每次哺乳前，妈妈应洗净双手。妈妈哺乳时可以采取不同的姿势和体位，侧位、仰卧位和坐位都可以，以舒适、心情愉悦、全身肌肉放松为原则。无论采用何种姿势，都应该让婴儿的头和身体呈一条直线，使婴儿身体贴近母亲，头和颈部得到支撑，头部贴近乳房，鼻子对着乳头。

2. 配方奶粉选择

如果因种种原因无法进行母乳喂养或母乳喂养不足，这时便需要配方奶喂养或混合喂养。不管哪种喂养，都需要正确选择婴儿配方奶粉。

1) 根据婴儿的年龄段选择合适的配方奶粉

根据月龄选对配方奶粉。婴幼儿配方奶粉包括婴儿配方奶粉、较大婴儿配方奶粉、儿童配方奶粉三种。婴儿配方奶粉为第一阶段奶粉，适合 0～6 个月的婴儿；较大婴儿配方奶粉为第二阶段奶粉，适合 6～12 个月的婴儿；儿童配方奶粉为第三阶段奶粉，适合 12～36 个月的儿童。

2) 根据婴儿体质选择适宜的配方奶粉

一般健康的婴儿选择以牛乳为基质的普通婴儿配方奶粉即可。一些有特殊生理状况的婴儿，需要经医师、营养师指示后，食用经过特别加工处理的婴儿配方食品。如对乳糖不耐受的婴儿，需要食用以牛乳为基质的无乳糖婴儿配方奶粉，或以黄豆为基质的无乳糖婴儿配方奶粉。若是早产儿，需要食用早产儿配方奶粉。对牛奶过敏的婴儿，可选用以大豆蛋白为基质的婴儿配方奶粉。胃肠道不太好、消化能力比较差的婴儿，可以选择添加了改善胃肠道功能成分的奶粉。对于容易腹泻、抵抗力差的婴儿，可以选择胡萝卜素、核苷酸含量比较高的奶粉，这些成分有助于增强婴儿的免疫力。

3. 添加辅食

1) 食物转换

随着婴儿的生长发育及消化能力的提高，单纯乳类喂养不能完全满足 6 个月以上婴儿的营养需要，必须由纯乳类的流质食物向半流质的泥糊状食物和固体食物逐渐转换，这个过程被称为食物转换，也就是辅食添加，基本在 6～24 个月龄时完成，引入的食物应以当地食物为基础。

2) 辅食加方法

给婴儿添加辅食不能太早，也不能太晚。建议加非乳类泥糊状食物的月龄为 6 个月，不早于 4 个月，特殊情况除外(比如婴儿看见食物就张嘴想吃或会吞咽辅食等)。首先添加的食物应该是符合婴儿营养需要、易于吸收、不易过敏的谷类食物，如米粉。研究发现，大米是谷类食品中最不容易引起过敏而又最容易被人体消化吸收的食物，然后是根茎、蔬菜、水果，其主要目的是训练婴儿的味觉。7～9 个月逐渐加肉、蛋、鱼等动物性食物和豆制品。需要注意的是，9 个月以后再给婴儿加蛋类，以防发生过敏反应。应该使用勺子给婴儿喂食辅食，以训练婴儿的吞咽能力。

婴儿食物转换期是对其他食物逐渐习惯的过程，引入的食物应由少到多，由 1～2 勺到数勺直至一餐；应由一种到多种，婴儿接受一种新食物一般需尝试 8～10 次，约 3～5 日，应保持食物的原味，以保护婴儿的味觉敏感度。另外，单一食物逐次引入的方法，可帮助大人及时了解婴儿是否出现食物过敏以及确定过敏源。

(二)0～1 岁婴儿常见疾病的家庭照护

1. 发热

体温超过正常范围即称为发热，是机体正常的免疫反应。儿童常测腋下温度，正常体温在 36℃～37℃ 之间，在 24 小时内波动不超过 1℃。按发热的高低分为四级：低热 37.5℃～38℃，中热 38.1℃～39℃，高热 39.1℃～41℃，超高热 41℃以上。新生儿大脑体温调节功能发育不成熟，体温 37.5C 以下为正常。针对婴儿发热的措施主要有以下几种。

(1) 根据婴儿所处的环境，适当地升高或降低室内温度，适宜的温度应该在 22℃～25℃ 之间，尤其是新生儿。

(2) 松开襁褓，减少衣服，方便散热，不要包裹得太多、太严。

(3) 喂一些温水，以免婴儿发生脱水热。

(4) 婴儿体温超过 39℃，采用物理降温：用温水擦拭婴儿颈部、四肢、腋下及腹股沟处，帮助其散热降温，预防高热惊厥。如果婴儿发烧，但手脚发凉，浑身发冷，不能用温水物理降温，要注意保暖。特别注意：不要用酒精给婴儿进行物理降温，尤其是新生儿。婴儿发烧伴有出疹时不能用酒精物理降温。另外，不要在没有医嘱的情况下擅自给婴儿服用退烧药。

(5) 婴儿出现持续发烧、腋温高、手脚发凉、面无血色、哭声无力或嗜睡、拒食等表现时，应尽快送去医院诊治。

2. 咳嗽

咳嗽是人体的一种保护性呼吸反射动作，通过咳嗽可以清除呼吸道分泌物及气管异物。针对婴儿咳嗽的措施主要有以下几种。

(1) 保持室内空气清新。居室应定时开窗通风，根据室内外温差，通风换气的时间应在 15～30 分钟为宜。同时室内湿度应在 50%～70% 为宜，避免干燥。

(2) 喂一些温开水，少量多饮。喝水可以滋润口腔、咽喉，稀释分泌物，减轻分泌物对呼吸道的刺激。

(3) 喂养以奶、清淡辅食为主。辅食应减少海鲜、肉蛋类食物，以蔬菜、水果为主，以补充充足的水分和维生素，促进婴儿排出体内的废物和毒素。母乳喂养的婴儿，妈妈的饮食也要清淡，多饮水。

(4) 咳嗽有痰，应先化痰，后止咳。若先吃止咳药，咳嗽止住了，痰液更难排出，从而导致呼吸道堵塞，不但使咳嗽加重，还极易导致肺部感染。所以不要擅自给婴儿用药，一定要遵医嘱。

(5) 多数咳嗽伴有上呼吸道感染症状，患支气管炎、咽喉炎、肺炎时咳嗽症状明显，应及时带婴儿到医院诊治。6 个月以下的婴儿咳嗽通常伴有比较严重的病症，要立即去看医生；若婴儿突然出现呛咳伴随着呼吸困难，是气管异物的典型症状，要做紧急处理并快速送往附近医院救治。

3. 婴儿腹泻

腹泻是婴幼儿期的一种以拉肚子、呕吐等胃肠道功能紊乱为特征的疾病，表现为大便次数增多、排稀便或水样便。6 个月以内的婴儿腹泻大多是生理性腹泻，6 个月以上的婴儿腹泻，有感染性腹泻和非感染性腹泻(饮食不当、胃肠道菌群失调)，具体内容如下所述。

1) 生理性腹泻

生理性腹泻的婴儿，除腹泻外，食欲好，无呕吐及其他症状，生长发育不受影响，添加辅食后，大便逐渐恢复正常。生理性腹泻是某些婴儿的正常现象，不属于病症，随着年龄的增长，婴儿生理性腹泻会自愈，无须用药。家长应及时换尿布和清洗臀部，洗后抹护臀霜，以保护局部皮肤。

2) 感染性腹泻和非感染性腹泻

感染性腹泻是指各种急性、慢性的细菌、病毒、真菌、寄生虫感染引起肠道炎症所致的腹泻。

非感染性腹泻是指非细菌和病毒感染所致的腹泻。

(1) 谨防脱水。婴儿若精神稍差，面色略苍白，皮肤稍干但弹性尚好，眼窝稍陷，小便较平时略少，说明已经轻度脱水，要口服补液补水和电解质；若脱水达中度、重度，要静脉补液。

(2) 勿滥用抗生素。滥用抗生素类药物，容易造成肠道菌群紊乱。

(3) 应适当地控制饮食。继续原饮食，以清淡、易消化为主，适当地减少辅食或暂停辅食。如果存在乳糖不耐受或过敏性腹泻，则需改用无乳糖奶粉及深度水解或游离氨基酸奶粉喂养。

4. 婴儿湿疹

婴儿湿疹俗称"奶癣"，主要是对食物或接触物不耐受或过敏所致。如：机械性摩擦或唾液、奶液的刺激，刺激性的肥皂以及人造纤维、尘螨、花粉等过敏均会引起湿疹。针对婴儿湿疹的措施主要有以下几种。

(1) 喂养方面。若是牛奶过敏，可以在牛奶里少放些糖，多煮一会儿，使蛋白质变性；另外可以适当地增加其他奶或辅食，减少牛奶量。

(2) 皮肤护理方面。首先不要用热水或肥皂洗，也应避免太阳晒，衣被不可太厚，避免毛衣、人造纤维等接触皮肤。当患儿皮损已干燥，不能过度清洁皮损或用热水烫洗或用盐水洗等。其次，局部皮肤不要随意上药，应遵医嘱。激素类乳膏见效快，但不能大面积、长期使用。忌用刺激性的中药擦洗患儿皮损部位。如果瘙痒影响睡眠，可于临睡前遵医嘱给患儿吃点镇静剂。另外，注意把患儿的指甲剪短，或用纱布把手指包起来，避免抓破皮肤。

5. 婴儿尿布疹

婴儿尿布疹也叫婴儿红臀，是指在婴儿的肛门附近、臀部、会阴部等处皮肤发红，有散在斑丘疹或疱疹的皮肤炎症,针对婴儿尿布疹的措施主要有以下几种。

(1) 选择易清洁、柔软、吸水力强的材质作尿布。

(2) 保持臀部干燥、透气。不要在尿布下垫放塑料布或橡皮布。要勤换尿布,不要让婴儿柔嫩的皮肤长时间受尿液的刺激。每次换尿布后用温水将婴儿臀部皮肤洗净,并吸干水分,保持臀部皮肤干燥。避免用肥皂或热水烫洗婴儿臀部。臀部干爽后,可涂一些治疗红臀的药膏。

6. 婴儿疝气

疝气,即人体组织或器官一部分离开了原来的部位,通过人体间隙、缺损或薄弱部位进入另一部位。婴儿疝气中主要是腹股沟斜疝。针对婴儿疝气的措施主要有以下几种。

(1) 尽量减少婴儿哭闹的次数和时间,避免和减少患儿哭闹、咳嗽、便秘、生气等情况的发生。

(2) 避免剧烈运动,注意让患儿休息,避免剧烈运动。一旦有疝气鼓起,家长可用手轻轻地将疝气推回腹腔。

(3) 谨防嵌顿,家长要时刻关注患儿疝气部位,一旦嵌顿,不要擅自回纳,必须立刻到医院救治,否则就有可能发生肠坏死,危及生命。

(三)促进0～1岁婴儿身心发展的家庭教育

1. 0～1岁婴儿大动作的家庭训练

0～1岁的婴儿可选择与仰卧、侧卧、俯卧、翻身、蠕行、抱坐、扶坐等动作发展有关的游戏进行训练,每次训练时间1～2分钟,每日3～4次即可,具体训练方式如下所述。

1) 俯卧抬头

婴儿出生后几天就可以俯卧了,但是在1个月内的婴儿俯卧时还不能自己抬头,只能本能地挣扎,使面部转向一侧。到两个月时,他就能稍稍抬起头和前胸部。3个月时头就能抬得很稳。让婴儿做俯卧抬头练习,不仅锻炼了婴儿的颈部、背部肌肉的力量,还能增加肺活量,使婴儿能较早地接受各种外部刺激。

婴儿睡醒后活动时,可让他俯卧在床上,两臂曲肘在胸前以支持身体。家长在婴儿面前用温柔的声音和他谈话,摇晃着鲜艳的、带响声的玩具逗引他抬头。这样能训练婴儿抬头,可增强颈部和背部肌肉的力量,对呼吸、血液循环也有好处。趴着可以扩大婴儿的视野,使他能更好地熟悉环境,加深与家庭成员之间的密切关系。婴儿从低头俯视的最近距离到抬头所见到的最远距离,会越看越远,能逐渐培养出婴儿观察事物的兴趣,从而进一步促进大脑的发育。

2) 趴着玩

家长与婴儿头对头地趴着,脸和眼睛处于同一高度,便于婴儿观察家长并和其目光相接触,家长可以用语言吸引婴儿,让他抬头看家长,也可以用手摸摸婴儿的脸或小手,以引起他的注意,让他抬头。每当婴儿抬头时间长感到累了时,他会主动趴下,这时就要让他休息。

3) 翻身打滚(3个月)

翻身是一项里程碑式的动作,是为今后爬的动作做准备,可以通过以下几种方式训练婴儿的翻身能力。

(1) 推肩翻身。婴儿仰卧时，推动一侧肩部，带动其身躯翻转过来变成俯卧，也可以由俯卧再反推变成仰卧。

(2) 翻身过物。婴儿翻动身体时，在床上摆放一些障碍物，如枕头、棉被等，让婴儿从上面翻过去。

(3) 被单翻身。将婴儿放在被单上，由两位家长一起抓住被单的两个角，轮流拉高或放低，让婴儿在被单里滚来滚去，体验翻身的感觉。

(4) 侧翻训练。先用一个发声玩具吸引婴儿转头注视，然后，家长一手握住婴儿的一只手，另一只手将婴儿同侧腿搭在另一条腿上，辅助婴儿向对侧侧翻。左右轮流侧翻练习，以帮助婴儿感觉体位的变化，学习侧翻动作。每日 2 次，每次侧翻 2～3 次。通常孩子在 5～6 个月时就能自如地翻身了。

4) 独坐(6 个月)

4 个月时，练习拉坐，即抓住婴儿的双手拉他坐起来；5 个月时，让婴儿靠着坐，家长给予一定的支持，然后是"青蛙坐"，即不靠了，而是训练婴儿用双手撑着前面作青蛙状；到 6 个月时，应训练他独坐，在刚开始独坐时，家长可给予一定的支持。

5) 简单的爬行游戏(6 个月)

单臂支撑练习。婴儿学会抬头动作后，可在其俯卧时用玩具在一侧手臂上方逗引他抓玩具，借此瞬间练习单臂支撑体重的动作，两臂可轮流练习。

双手交叉练习。婴儿俯卧在床上，家长两手掌向下，与婴儿的手掌合在一起，在前面挂一个醒目的玩具，然后交叉移动手掌，带动婴儿两臂前后运动。

7～12 个月选择坐、爬行、扶站、姿势转换、扶走等动作进行训练。

6) 进阶爬行游戏

爬是婴儿活动中必不可少的一项动作，爬得早、爬得久、爬得好的孩子，通常智商较高，语言能力发育较快，长大后很少有感觉统合失调的问题。会直线爬行了，再教他曲线爬、平地爬，最后教他爬上下坡，总之，变着法子让婴儿爬的时间一直要延续到 9 个月、10 个月。

当婴儿会用手膝爬行后，就可以做爬行游戏了。可以做爬直线、爬上下斜坡、爬台阶的练习，如跨越障碍，在婴儿前面放一枕头或靠垫等障碍物，可以设计一些简单的情节，比如在前面放一些色彩鲜艳、能够发出声音的玩具，以此来增加婴儿练习爬行的兴趣，并鼓励婴儿爬过障碍。

7) 爬跪站坐的组合练习

在爬行时，让婴儿停下来改做其他动作，然后再继续爬行，如把跪立、扶物站起、坐下、俯卧等动作与爬行组合在一起，使婴儿能够在爬行过程中不断变换动作，刺激大脑细胞的活动，培养平衡能力。

8) 练习站立

让婴儿扶物站立，最好还能移动几步，这是学步的开始。先是双手，然后单手。这里要强调一点，不鼓励这个动作在孩子 8、9 个月时就用，他今后是要走一辈子、站一辈子的，过早地站立并不好，这是考虑到婴儿的骨骼肌肉处于稚嫩阶段的保护性措施。可以通过以下几种方式帮助婴儿练习站立。

(1) 扶物站起。把婴儿抱到椅子、桌子、沙发旁边，诱导婴儿扶着东西站起来。

(2) 坐膝站起。家长盘腿坐在地上，让婴儿坐在他腿上，帮助其站起来再坐下，反复练习。

(3) 坐椅站起。让婴儿坐在高度适当的椅子上，练习站起来再坐下。

2. 0~1 岁婴儿精细动作的家庭训练

1 个月大的婴儿的双手是捏拳的，如果轻轻地碰他的手掌，他会把拳头握得更紧。建议不要给婴儿戴手套，让他能自由地挥动拳头，看自己的手，玩手。

2 个月大的婴儿双手握拳的紧张度逐渐降低，有时会主动把手伸进口中，这是婴儿精细动作开始发展的重要标志之一。这一阶段要经常刺激婴儿的手心，促进其抓握反射；让婴儿触摸一些不同质地的玩具，帮助婴儿玩手，促进婴儿感知觉的发展。

3 个月大的婴儿双手可以在胸前互握玩耍，能被动地抓住像拨浪鼓等玩具大约 30 秒钟。这个时期，婴儿的抓握还没有目的性，整个手都是弯曲的，什么东西都是一把抓，拇指与其余四个指头的弯曲方向一致。拿一些颜色鲜艳、有悦耳声音的玩具给婴儿看，能激起他产生抓握玩耍玩具的兴趣；或者把玩具放到婴儿手里，吸引婴儿去抓握。

4 个月大的婴儿已经能尝试主动去抓放置在桌上的玩具了。抓握反射是婴儿的本能反射动作，无须训练，但我们应把这种本能反射动作演变成有意义的行为。把婴儿抱至桌前，桌上摆几种能吸引婴儿的玩具，如玩具娃娃、拨浪鼓，让他练习主动抓握，也可以用颜色鲜艳的和带有清脆响声的玩具去逗引他，让其抓握、触摸、摆弄。但是，由于这个阶段婴儿的视觉发展还不是很完善，手眼还不协调，对看到或感觉到的东西，常常抓不准。玩具可以从大到小，反复练习。如果婴儿抓不准，可以帮他把玩具移到准确的方位；一人抱着婴儿，另一人拿玩具放在约 1 米远处逗他，看婴儿是否会伸手去拿，如果婴儿不伸手，则引导他去触摸、摆弄这些玩具，为以后的伸手抓握训练打下基础。

5~8 个月是婴儿建立手眼协调的时期。手眼协调的建立有利于婴儿精细动作的发展，其发展分为以下三个阶段。

(1) 婴儿能看清物体，准确分辨物体的空间位置，这是手眼协调的基础。

(2) 学习手的动作，两手反复张开合拢。

(3) 通过手、嘴和眼来学习物体的特征。

5 个月大的婴儿能够每只手各抓住一样东西。家长可以在婴儿面前悬挂一些颜色鲜艳的玩具，让婴儿去抓握。开始放在宝宝一伸手就能抓到的地方，然后慢慢地移到远一点的地方。可以时常更换不同质地的玩具，从而使婴儿在抓摸过程中接受不同的刺激。每次的训练时间不宜过长。

6 个月大的婴儿能学会如何在双手间交换物体。家长可以教婴儿撕纸，培养他的手眼协调能力，锻炼手的精细动作；连续地向某只手传递玩具或食物，大人示范将手中的东西从一只手传到另一只手，让婴儿反复练习，学会"倒手"；继续训练婴儿抓取小物体，练习的物体由大至小，由近至远。

6 个月后的婴儿动作更加灵活，兴趣从自身的动作转移到了动作对象的特征。这个阶段的婴儿不再抱着自己的手或脚咬，开始对外界的事物感兴趣，并出现扔东西、撕、咬、抓等行为，如撕纸、扔玩具、咬玩具等；还能用拇指和其余四指夹取东西。

如果婴儿扔玩具，你可以拾起来给他继续玩，让他积极地探索；让婴儿练习用拇指配合其他手指抓起积木；训练婴儿用一只手的玩具对击另一只手的玩具，发出声音时，给予奖励，这样能促进婴儿手—眼—耳—脑—感知觉能力的发展。

3. 0～1 岁婴儿感知能力的家庭教育

婴儿的感知主要是视、听、触、味和嗅等感觉，婴儿从出生开始每天通过这些途径进行学习，这是人的一切心理活动产生和发展的基础，也是智力发展的基础。感知能力的发展在婴儿早期发展中占据主导地位，感知能力的发展是以后各种心理活动产生和发展的基础，是婴儿探索世界、认识自我过程的第一步。

感知经验的有无以及感知经验是否丰富对他们的智力发育有着极其重要的意义。这一阶段的培养目标是促进婴儿感知能力的发展，帮助他们积累各种感知经验，为他们一生智力的发展奠定良好基础。

在对婴儿感知能力开发时，可遵循以下原则：①创设丰富适宜的环境，让婴儿的各种感官都能获得有益的刺激；②环境的创造应该是自然的、丰富的。感知能力的开发需要将日常生活中的感知与有目的设计的感知练习结合起来。要在婴儿心情愉悦的时候进行练习。经常进行互动游戏，能够启发婴儿与外界的主动交流，进行自主的感知经验积累，从而满足孩子感官探索的需求。婴儿对细小的物体、动作感兴趣，经常会专注地观看蚂蚁的活动，观察细小的物品。这一时期可以借此特点培养婴儿的观察力。

1) 视觉游戏

视觉辨别是指视觉的各种能力，如视觉的敏锐性、视觉追踪能力、颜色视觉、形象和背景识别能力等。新生儿能注视或跟踪物体或光点，2 个月以内的婴儿最佳的注视距离是15～25cm，2 个月以后的婴儿开始按物体的不同距离调节焦距，4 个月的婴儿已能对近的和远的目标聚焦，视焦距调节能力已与成人差不多。婴儿视力迅速发展的时期主要在半岁以前。可选择一些大小不一的玩具或物体，从大到小，让婴儿用手抓握，然后放在桌上吸引婴儿注视。还可训练婴儿注视远近距离不等的物体，以促进视力发展。3～4 个月大的婴儿其颜色视觉基本功能已接近成人，他们偏爱的颜色依次为红、黄、绿、橙、蓝，这就是人们经常要用红色的玩具来逗引婴儿的原因。平时可训练婴儿追寻物体。用玩具声吸引婴儿转头寻找发声玩具，每日训练 2～3 次，每次 3～5 分钟，可以拓宽婴儿的视觉广度。让孩子多看各种颜色的图画、玩具及物品，并告诉孩子物体的名称和颜色，可使婴儿对颜色认知发展的过程大大提前。

针对 3～12 个月大的婴儿，家长可以带领其玩以下视觉刺激游戏。

(1) 家长剪出三角形、正方形和圆形等简单图形，悬挂在婴儿视力所及的范围，逗引婴儿看。选择色彩鲜艳的物品，如小气球、花布头等，每天定时挂起来。间隔几天后更换物品。

(2) 按照婴儿对颜色的偏好，可以为婴儿拍一些实物照片或者绘制一些简单的色彩鲜亮的图案，把一张图片放在距离婴儿眼睛 20～30cm 左右的地方，让婴儿练习注视。每次 20～30 秒，每次看一张图片，并告诉他"这是红颜色，这是红苹果""这是绿颜色，这是绿苹果"。2～3 天后更换图片的内容。展示的方式与位置要经常变换。在婴儿注视图片时，要与他进行积极的交流，如告诉他图片上的内容，或者对他们发出的声音进行回应。

(3) 家长手持一根系着红色小球(直径约 10cm)的绸带，放在婴儿眼前 30cm 的地方，让婴儿能注视到这个红色小球，然后从左到右、从近到远或呈环形缓缓移动，让婴儿的视线能追随着小球。在注视追随的过程中，婴儿会作出各种反应(如伸手去触摸或抓握、笑等)，家长对此要给予鼓励。

(4) 家长选择图画或画报上颜色鲜艳、只有一个主题、版面大的画片，贴在墙上，抱着婴儿去看，并用语言告诉他画面的内容。

2) 听觉游戏

研究证明，5~6 个月大的胎儿开始建立听觉系统，可以听到透过母体的频率为 1000Hz 以下的外界声音。新生儿的听觉敏感度已达到成人的水平，而且在高频区的听力要比成人更好。婴儿还有很强的音乐感知能力，新生儿喜欢音乐而讨厌噪声，3 个月时就能静静地躺着听音乐。6~7 个月时能区别简单的音调。家长可以对 0~1 岁的婴儿开展以下听觉训练或听觉游戏。

(1) 方位听觉练习。吸引孩子寻找前后左右不同方位、不同距离的发声源，以刺激婴儿方位听觉能力的发展。

(2) 区分语调训练。根据不同情景，用不同语调、表情，使孩子能够逐渐感受到语言中不同的感情成分，从而逐渐提高对语言的区别能力。

(3) 让孩子从周围环境中直接接触各种声音，可提高对不同频率、强度、音色声音的识别能力。

(4) 对 0~12 个月大的婴儿，无论是在喂奶、洗澡还是换尿布时，都要用温柔、亲切、富有变化的语调告诉婴儿正在做什么。经常把婴儿抱起来，面对面地与他说话；当婴儿躺着的时候，以他为中心从不同的角度温柔地呼唤他的名字。

(5) 告诉婴儿家里的电话声、洗衣机的声音、闹钟的声音。带婴儿外出散步时，可指给他们听狗叫、鸟鸣等自然界的各种声音。

(6) 对 3~12 个月大的婴儿开展追踪声源游戏。准备一些会发声或带有清脆声响的玩具，如声光球、拨浪鼓、八音盒、橡皮捏响玩具等，吸引婴儿转动头部和眼睛去寻找声源，转动角度最大可达 180°。在婴儿会爬行以后，可以把会发声的玩具藏在隐蔽处，让婴儿根据声音判断声源方向，把玩具找出来。一般每次练习 10 分钟左右。

3) 味觉游戏

味觉敏感度是指通过口腔去感受味道的能力。味觉是新生儿出生时最发达的感觉，他们能辨别不同的味道，喜欢甜味，对咸、酸、苦的味道出现时会有皱眉、闭眼等反应。

针对 4~6 个月大的婴儿可进行以下味觉游戏：准备两碗麦片粥，其中一碗掺入了水果酱，另一碗无水果酱。先喂婴儿一勺有水果酱的麦片粥，然后再喂他另一种没有水果酱的麦片粥，问他："麦片味道一样吗？"准备两种不同味道的液体，如牛奶和果汁、橙汁和椰汁等。先喂婴儿一勺牛奶，并告诉他："牛奶，香香的。"再喂他一勺另一种果汁并说"果汁，甜甜的。"或告诉他"果汁，有点酸。"这个游戏的目的是让婴儿体验不同的味道，刺激味觉的发展。

4) 触觉游戏

除了尽早开启嗅觉、味觉训练外，触觉训练也要及时跟上。触觉敏感度是指通过皮肤接触与触摸去感受质感、温度、形状等的能力。

婴儿一出生就有触觉反应，如母亲的乳头接触到婴儿的嘴或脸颊时，婴儿会做出觅食和吸吮动作，抚摸脸部和腹部可以让婴儿停止哭泣等。4～5个月后婴儿可以有意识地去接触物体，并通过触觉来探索外在的世界。所以，家长应在婴儿伸手可及的地方放玩具、纸盒、红毛球等让他触摸。到8个月时，婴儿就会主动伸手去抓放在自己胸前的玩具，当玩具移动时，视线与手都会跟随着物体移动。需要注意的是，不仅要让婴儿触摸柔软的、光滑的物体，还应有意识地让婴儿触摸一些粗糙的，或坚硬的、热的、冷的物体。

5) 观察游戏

针对6～8个月大的婴儿，可以让其认识身体的第一个部位。家长指着自己的鼻子说"鼻子"，然后把住婴儿的小手指他的鼻子说"鼻子"，进行多次重复，然后抱着婴儿对着镜子，把住他的小手指着他的鼻子，又指着自己的鼻子，重复说"鼻子"。经过7～10天的训练，当家长再说"鼻子"时，婴儿就会用小手指着自己的鼻子了。

到了8～10个月，可以让婴儿认识身体的其他部位。当孩子会指认鼻子以后，可以趁热打铁，重复上面的方法教婴儿认识自己身体的其他部位，比如眼睛、嘴巴等。

6) 记忆游戏

记忆的过程，是把生活中所获得的知识和经验加以保存、积累和巩固的过程。记忆力是人们不可缺少的基本能力。瑞典的丁希教授和兰盖教授发现，早期学习能使脑细胞变得丰富，有助于细胞内掌管记忆的核糖核酸的增加。他们指出：如果在儿童时期进行强化训练，以此来刺激脑细胞活动的话，记忆分子的核酸就会增加，就能培养出脑细胞质量更高、头脑更聪明的人来。

针对8～12个月大的婴儿，可以带领其玩"找东西"游戏。一边让婴儿看着，一边用一块布盖在他最喜欢的小玩具上。过一会儿，放开婴儿，看他是否到那块布的下面去找他的玩具。如果他这么做了，说明他记得看见你把玩具盖起来的过程。下一次做这个游戏的时候，在把玩具藏起来之后过上几分钟再看婴儿是不是会去找，从而验证他能否回忆起刚才发生过的事。这种在原处寻找东西的过程，能逐渐发展婴儿的记忆能力。

第三节　1～3岁儿童的家庭养育

1～3岁儿童的
家庭养育

一、1～3岁儿童身心发展特点

(一)体格发育特点

1. 身高和体重的增长速度有所减缓

婴儿在1岁前身长共增长25cm左右，1～2岁内全年身长增长约10cm，2岁以后每年增长5cm左右。1岁以后儿童体重每年增加2kg左右。

由此可看出，婴儿在1～3岁时无论是身高还是体重的增长速度较之前都有所减缓。

2. 身体比例变化较大

2～3岁的儿童发育速度虽然放缓，但身体的变化却非常明显，变化最大的是身体比例。婴儿时期头大四肢短，之后头围的增长变慢，身高增加了很多，身体和腿部看起来更加合乎比例。这个阶段儿童由于学会了走路，活动量增加，消耗大，所以从外表看，不像婴儿期那么胖，这是正常现象。

3. 身体功能逐渐增强

随着年龄的增长，各器官逐渐发育成熟，儿童身体的整体功能也随之增强。如从原来只会翻身发展到现在能够独立完成走、跑、跳的动作，手眼协调能力得到了进一步发展，动作的协调性也增强了。

(二)心理发展特点

1～3 岁是儿童心理发展的一个重要的转折期，这个时期儿童学会了走路，开始说话，有了最初的独立性，人的各种心理活动在这个时期逐渐完善。

1. 感知觉

当儿童能够手眼协调一致地活动，开始学习走路之后，他就可以从多方面感知事物的特性，以求把握事物的整体。在整个婴幼儿时期，感觉和知觉发展迅速，并日趋完善，其中，最主要的是视觉、听觉和触觉，比较复杂的空间知觉和时间知觉也有了一定的发展。

2. 注意

随着活动能力的增强、生活范围的扩大，儿童开始对周围更多的事物产生兴趣，在此基础上，无意注意迅速发展，只要有趣，他就可以较长时间专心地学习或游戏。

3. 记忆

儿童阶段，无意识记忆占优势，记忆过程缺乏明确的记忆目的，主要凭兴趣进行；有意识记忆还处在初步发展阶段。儿童年龄小、经验少、理解力差、喜欢背诵，但是，在他们的经验范围内，对于他们熟悉的事物，也能进行有意识记忆。

4. 思维

1～3 岁的儿童处于思维发展的初级阶段，以直觉行动思维为主。所谓直觉行动思维，就是思维过程离不开直接的感知和动作，儿童只有在感知具体事物时，才能进行思维。所以在游戏和学习中，成人应为儿童提供游戏的材料和环境，帮助儿童在动手操作过程中发展基本的思维能力。

5. 想象

想象产生的时间相对较晚，一般发生在 2 岁左右。想象需要儿童有足够的经验积累和记忆能力，并且能够对信息进行简单的内部加工。对于2～3 岁的儿童而言，想象的内容大多是生活中常见的情节，如给娃娃吃饭、穿衣等。他们能把生活中看到的东西想象成相似的物品，如把纽扣想象成饼、把硬纸箱想象成小房子等。当儿童出现这些表现时，说明想象已经开始发展了。

6. 语言

1～3 岁是儿童语言发展的关键期，从单字到生活中需要的基本词句的掌握都在这个阶段完成。1～1.5 岁是儿童语言发展处于单词句时期，语言表达从单字到单词，往往需要成人结合语境理解。1.5～3 岁是儿童语言从单词句阶段到多词句阶段再到简单句阶段的快速发展的时期，其词汇量增长速度很快，每月增长 10～20 个新词。1.5～2 岁儿童会说出不完整的双词句，如"妈妈怕""奶奶看"等。2～3 岁儿童开始尝试说出简单的"主谓宾式"句子，但没有修饰词。

7. 个性与社会性发展

该阶段儿童个性与社会性发展呈现以下两方面特点。

1）分离焦虑强烈

婴幼儿分离焦虑一般在 8～10 个月时就出现了，但反应最强烈的时间是 13～15 个月，所以这个阶段是培养亲子感情的关键时期，父母要让儿童感受到被关爱，知道父母的离开只是短暂的，马上就会回来。父母要帮助儿童学会体谅和理解他人，初步培养儿童的同情心。

2）自我意识发展的关键期

自我意识包括三种形式：自我认识、自我体验、自我调节。

儿童自我认识包括对自己名字的认识和对自己身体的认识。1 岁以前的婴儿对自己的名字几乎作不出反应，1 岁以后对自己的名字能作出正确的反应。2 岁左右的儿童大多数已经能够进行自我识别，这是自我概念发展的先决条件。在同一时期，婴幼儿开始内化经验并形成包括他们自己和抚养者的心理表征。

自我体验包括自尊与自信，1～3 岁儿童的自尊与自信更多是来源于周围人对他们的评价和态度，此时儿童的自我体验对成人的依赖性很强，很难形成内部自尊与自信。

所谓自我调节，是指利用一定的策略来调整自身的情绪状态，使其强度得到缓解，从而达到个体追求的行为目标。而这种复杂的情绪从婴儿 2 岁左右就已经出现了，如有的儿童害怕打针，在打针时就对自己说"不疼""我最勇敢"等。这种情绪的产生亦是日后挫折教育的关键。

二、1～3 岁儿童家庭养育的目标

1～3 岁儿童家庭养育，应重视促进儿童健康、认知、语言、社会情感等领域的发展，为幼儿园教育做准备。

(一)促进儿童健康发展

健康的身体是儿童发展的前提，也是家庭教养的重中之重。对于 1～3 岁儿童的健康发展，我们主要从生活照护、营养膳食、疾病防治、体育锻炼这几方面进行阐述，具体内容如下所述。

1. 生活照护

科学的生活照护是保证儿童健康成长的前提。一方面要求家长精心照护儿童的生活起居，另一方面要求家长有意识、有目的地对其进行自我服务和良好生活习惯的培养。家长应为儿童营造良好的进餐环境，培养儿童基本的用餐规范和用餐礼仪。家长应结合日常生活持之以恒地培养儿童良好的卫生习惯，如如厕、洗漱等。家长应结合各阶段睡眠需要，保证儿童足够的睡眠时间和睡眠质量，使其养成按时睡觉、早睡早起的习惯。

2. 营养膳食

合理膳食、均衡营养是儿童健康的基石。这个时期的儿童从单一地进食乳制品到逐步学吃辅食，又经历了断奶，进而开始尝试吃各种食物。儿童膳食要求食物选择应多样，做到主副食、荤素菜、干稀等均衡搭配，制作要细碎、软烂、嫩、清淡不油腻。

3. 疾病防治

家长应了解儿童常见疾病的症状及护理方法，及时发现，精心护理，防止疾病扩大影响，危害儿童身心健康。家长应对计划免疫有正确的认识，准时带儿童参加计划免疫，促进儿童免疫系统发展成熟，减少患病机会。

4. 体育锻炼

体育锻炼是促进儿童身体发展的良好途径和方法，1~3 岁这一阶段，儿童的运动能力会显著增强。家长应经常带儿童进行走、跑、跳等运动游戏，发展儿童的动作技能，培养儿童热爱运动的习惯。但儿童期骨骼、肌肉脆弱，家长要防止儿童运动过度造成身体负担。

(二)促进儿童认知发展

家长要结合日常生活，引导儿童识别并熟悉周围环境中的事物，促进儿童认知能力的发展，在感知、观察、探索、学习中培养儿童良好的学习习惯，使其初步养成喜欢探索、专注思考的学习品质。

1. 促进儿童语言发展

1~3 岁是儿童语言发展的关键期，儿童应掌握与生活相关的词汇，使用简单的句子进行日常交流。家长应创造条件，给儿童讲故事、唱儿歌、看图画书，在阅读和游戏的过程中，鼓励儿童用语言表达自己的想法。

2. 促进儿童社会情感发展

1~3 岁儿童能有效感受、表达自己的情感，愿意与他人交往互动。家长要了解儿童的情感需求和社会性发展的特点，丰富儿童的情感体验，引导儿童积极交往，遵守规则。

三、1~3 岁儿童家庭养育的内容与方法

(一)1~3 岁儿童家庭科学喂养

1. 选择最佳断奶时机

18 个月左右的儿童要考虑逐渐断掉母乳，进食普通食物。儿童从吸吮奶头转变为以匙、碗等餐具获取食物，这是一个很大的转变过程，家长需要帮助儿童慢慢适应，不能操之过急，否则将会引起儿童拒食或消化不良等问题。

最佳断奶时间的选择，要考虑四个方面的因素：季节、婴儿年龄、婴儿的身体状况以

及家庭环境。18～24个月断奶较为适宜，在婴儿身体健康时断奶比较好。

2. 儿童期平衡膳食的要求

1～3岁儿童消化系统发展尚未成熟，其膳食的选择与制作有其特殊要求。

1) 膳食制作要符合儿童的生理特点

(1) 膳食要好消化。1～3岁的儿童正在长牙，咀嚼能力差，胃肠道蠕动及调节能力较差，各种消化酶的活性远不及成人，所以在食物制作上要剁碎、切细、煮烂，不要油腻。一些刺激性的食物，如辛辣的食物、辣椒、咖喱等，不能给儿童食用，以免刺激胃肠，造成腹泻。

(2) 膳食要营养均衡。母乳喂养的孩子在这个阶段处于断乳期，是辅食逐渐代替乳类的过渡期，一定要注意保证各种营养素及热量的适宜供应，否则将导致儿童生长缓慢、停滞甚至营养不良。

2) 各类食物选择建议

(1) 奶类。1岁以后的儿童，能继续母乳喂养的可继续母乳喂养，母乳量约为600ml/日，可持续至2岁自然离乳；不能母乳喂养的，要选择儿童配方奶粉50～80g/日。

(2) 粮谷类。2岁以后，谷物类逐渐成为儿童的主食，烹调方法多种多样，如软米饭、米粥、面条、面包、花卷、饺子、包子、馄饨等。应注意，膳食种类要花样翻新，要经常轮流交替，从而激发儿童食欲。根茎类的食物，如马铃薯、红薯等，可以尝试少量食用。

(3) 蔬菜、水果类。儿童膳食中，蔬菜和水果量是150～200g/日，由少量到多量，由一种到多种。在食物的选择上，不要选用韭菜、芹菜等含纤维素较多且不容易消化的蔬菜，多选用菠菜叶、青菜叶、胡萝卜、番茄等绿色、红色或橙色蔬菜，制作时要注意切碎、切细、煮软。由于多数水果有甜味，是儿童喜欢的味道，因此选择宜多样化，如苹果、香蕉、桃子、橘子等。

(4) 蛋类、鱼虾、禽畜瘦肉类。每天蛋类、鱼虾、禽畜瘦肉总量加起来在100g左右，是优质蛋白的主要来源。有过敏体质的儿童慎重选择蛋类、鱼虾。禽畜瘦肉可以占一半左右，不应过量，否则会增加饱和脂肪的摄入量，长期食用容易引发儿童超重或肥胖。

(5) 豆类及豆制品。豆浆不适合3岁以内的婴幼儿，更不能给儿童吃黄豆、毛豆等整粒的豆子。腐竹、豆皮、豆腐干、豆腐丝等豆制品最好在3岁以后食用。

(6) 油盐糖等调味品。每日15～20g植物油，食盐小于2g。应本着清淡、少盐、不甜、忌油腻的原则投放，以利健康。

(二)1～3岁儿童常见疾病的家庭照护

1. 感冒

感冒是儿童的常见病，通常是由病毒引起的，属于自限性疾病，一般持续7～10天，有时可持续2周左右。但感冒的症状，如咳嗽、鼻塞、流涕、发烧等会让儿童不适，所以家长要给予精心的护理和照顾，以减轻儿童的不适感。针对儿童感冒的措施主要有以下几种。

(1) 勿乱用药。一定要分清是病毒性感冒还是细菌性感冒。若是病毒感染引起的感冒，抗生素治疗是没有用的，乱吃感冒药是很危险的。

(2) 湿热敷。没有发烧或咳嗽，只打喷嚏、流鼻涕时，可采用热敷的方式缓解症状。用湿热的毛巾在患儿的鼻子上进行热敷，使鼻黏膜遇热收缩，鼻腔通畅。若发现患儿鼻孔里有鼻屎，可以先用棉花棒蘸水清洁。

(3) 针对鼻塞的处理。如果鼻子堵塞，已经造成了患儿吃奶、吃饭困难，需要用盐水滴鼻液，在进食前 15 分钟滴鼻，过一会儿即可用吸鼻器将鼻腔中的盐水和黏液吸出。未经医生允许，千万不要给儿童使用其他的药物，如滴鼻剂。

2. 肺炎

肺炎是 3 岁以内婴幼儿呼吸系统的常见病。临床表现为发热、咳嗽、呼吸急促、呼吸困难以及肺部啰音等。患儿通常表现为：食欲显著下降，不吃东西或一吃东西就哭闹不安。针对儿童肺炎的措施主要有以下几种。

(1) 患肺炎时一定要到医院接受正规治疗，切勿擅自给患儿服用抗生素等。

(2) 不要频繁地更换药物。药物治疗并不是立竿见影的，起效果要有一定的时间。原则上，如果病情没有恶化，需配合医生坚持用药 3 天，频繁换药不利于疾病控制。

(3) 要让患儿充分休息。应每隔 2～3 小时为患儿翻一次身，使仰卧左右侧卧交替，并轻轻地拍打患儿背部，减轻呼吸困难。

(4) 根据患儿的年龄特点给予其营养丰富、易于消化的食物。吃奶的患儿应以乳类为主，可适当喝水。牛奶可适当加点水兑稀一点，少食多餐。稍大的患儿，可吃营养丰富、容易消化、清淡的食物，多吃水果、蔬菜，多饮水。

(5) 保持室内空气新鲜，干湿适宜。多开窗通风换气，室内禁止吸烟，室温控制在 20℃～26℃，湿度控制在 50%～70% 为宜，有利于痰液稀释而咳出。

3. 儿童急疹

儿童急疹多见于 6 个月至 2 岁的婴幼儿，是由疱疹病毒引起的急性发热、发疹性疾病，痊愈后终生免疫。其重要特征是先发烧，3～5 天后热度突然下降，热退疹出，皮肤出现玫瑰红色的斑丘疹。皮疹由颈部及躯干开始，迅速波及四肢，1～2 天后迅速消退，不留疤痕，无须特殊治疗。针对儿童急疹的措施主要有以下几种。

(1) 警惕高热防惊厥。当患儿体温超过 39℃ 时，可用温水擦拭进行物理降温，预防高热惊厥的发生，但不要吃退烧药降温。

(2) 多喝水，饮食易消化。患儿要多喝水，以利于出汗和排尿，从而加速毒素的排出。已经开始吃固体食物的婴幼儿，患病期间要吃流食或半流食。

(3) 居室环境要求。患儿居室注意空气新鲜，开窗通风时谨防患儿着凉感冒。居室环境要安静，保证患儿充分休息。

4. 高热惊厥

高热惊厥也叫热性惊厥，是由于婴幼儿体温升高至 39℃ 以上时引起的全身肌肉强直和抽搐现象，以 6 个月至 4 岁婴幼儿多见，绝大多数愈后良好。针对儿童高热惊厥的措施主要有以下几种。

(1) 不要惊慌，更不要使劲摇晃、大声呼喊患儿。

(2) 松开患儿衣领，解开衣扣，保持呼吸畅通。

(3) 将患儿放平呈侧卧位(不要仰卧)，避免呕吐物吸入窒息，保证口水和呕吐物可以顺着患儿的口角流出，可用纸巾或毛巾擦去分泌物。

(4) 不要放压舌板等硬性物体于患儿口中，因为患儿是不会咬伤自己舌头的。可用拇指按压(不要用指甲)患儿人中、合谷穴等缓解抽搐症状，如果你不懂穴位按压术，请不要尝试。

(5) 积极降温。用湿毛巾敷于患儿前额颈侧、腋窝、腹股沟处。一般情况下惊厥 2～5 分钟可缓解。若体温不降，惊厥呈持续状态，要速送医院诊治，途中密切关注患儿病情。

5. 手足口病

手足口病是一种由多种肠道病毒感染引起的，以手、足、口腔等部位发生丘疱疹为主要特征的儿童传染病。针对儿童手足口病的主要措施有以下几种。

(1) 避免患儿并发症的发生。大多数患儿病情具有自限性，于一周左右体温下降，皮疹水疱消退而痊愈。若并发其他疾病，病情凶险可致死亡或愈后留下后遗症。

(2) 患儿要适当休息，做好皮肤和口腔护理，多饮水。

(3) 以清淡、易消化的饮食为主。

(4) 患儿要单独隔离，居室要通风，光线要充足。

(5) 衣被不宜过厚、过多，保持衣服、被褥清洁。

(6) 对患儿的餐具、生活用品、玩具以及患儿的鼻咽分泌物、粪便、污染物等要及时进行消毒。

6. 维生素 D 缺乏性佝偻病

维生素 D 缺乏性佝偻病是 3 岁以下婴幼儿常见的营养缺乏症，是由体内维生素 D 不足而引起的全身性钙、磷代谢失常和骨骼改变的一种疾病。针对该疾病主要以下几种措施。

(1) 正确服用鱼肝油。鱼肝油是从鲨鱼、鳕鱼等的肝脏中提炼出来的脂肪，呈黄色，有腥味，含有丰富的维生素 A 和维生素 D，常用于防治夜盲症、佝偻病等。在我国，鱼肝油是列入《中华人民共和国药典》的物品，不是食物，也不是补品，所以不可随意服用，一定要遵医嘱。

(2) 多晒太阳、多进行户外活动。这是最经济、最有效的获得维生素 D 的途径。只要天气合适，每天应进行不少于 2 个小时的户外活动。

(3) 饮食应增加含钙丰富、含维生素 D 丰富的食物，如奶类、肉类、动物内脏等。

(三)促进 1～3 岁儿童身心发展的家庭教育内容

1. 1～3 岁儿童粗大动作的家庭教育与训练

针对 1～3 岁的儿童，家长可选择与站立、独立走、攀登、掌握平衡等动作发展的游戏进行练习，具体内容如下所述。

1) 练习走路

练习走路主要有以下几种方式。

移步行走。让儿童站在育婴师的脚面上，两手扶着儿童腋下，迈着合适的小步子带动儿童两只脚向前走。

扶东西走。让儿童扶着墙壁或家具练习走路。

推小车走。让儿童推着小车练习走路。

跨越障碍。在地面上摆一些书、枕头之类的障碍物，让儿童跨越过去，可以练习儿童单脚站立的能力。

用脚尖走路。育婴师可以编一些故事，让儿童模仿长颈鹿用脚尖走路，以增加练习的趣味性。

2）走的游戏

游戏器具包括推车、拖拉玩具等。

推玩具车可以选择玩具车、手推车、学步车等，可以让儿童用两手扶着玩具车在地上推着走，借助车的引导学会如何迈步。

刚开始可以拉着走，即让儿童拉着玩具车随意走动。

之后可以训练儿童独立行走，有一定的稳定性，可考虑增加一点内容，比如抛球出去，让他来回捡球，这些都不失为一些训练儿童综合动作能力的方法。

最后可以练习跨越障碍物，在地上摆一些 20cm 高度的障碍物，鼓励儿童跨过去，可以锻炼儿童单脚站立的能力。

以上练习每天 3～4 次，每次 1～2 分钟。

针对 1.5～3 岁的儿童，家长可选择稳步行走、跑步、攀登楼梯、跳跃、单脚站立、翻滚、走平衡木、抛物、接物、旋转等动作发展的游戏进行训练。

(1) 跑。1 岁半左右的儿童，当行走自如时就开始练习跑。练习时可以分成以下几个小步骤进行。

抱着跑。家长抱着儿童变换不同的速度、不同的方向跑，刺激儿童耳内的半规管的适应能力。

辅助儿童做跑跳运动。家长在儿童背后，用两只手扶着儿童的腋下，让儿童自己跑跳。

逗着跑。用一只皮球或叮当作响的铁罐用力向前滚动作为目标，家长与儿童一起抢那个东西。

放手跑。家长在距离儿童 2 米远的地方蹲下来，鼓励儿童快速跑过来，到达以后将儿童抱起来。

自动停稳跑。在儿童跑时喊口令"一、二、三、停"，使其渐渐学会将身体伸直、步子放慢，平稳地停下来。

以上练习每次时间为 5～10 分钟，一天 2～3 次。

(2) 走平衡木。2 岁半左右的儿童走平衡木是锻炼其身体平衡、四肢协调的一种有效的活动。开始可以在地上画出两条线，要求其在线内走，然后用砖放平，上面铺上一块长方形的平衡木，开始时，家长在旁提供帮助，但务必通过反复练习，使儿童达到行走自如的程度。

(3) 攀登运动。攀登是 1～3 岁儿童喜爱的运动，可以训练手脚和协调自己身体的能力以及前庭平衡系统，培养儿童的勇气和胆量。

练习用具包括椅子、桌子、沙发、床。

给儿童提供练习攀爬的机会，同时做好安全保护。

练习时可以结合其他活动进行，如 1 岁时可以训练爬椅子并转过身坐下；2 岁时可以练习爬上椅子、桌子拿取玩具；3 岁时能够在攀登架上做钻、爬、攀等动作。

(4) 球类游戏。球在早期教育中是一种使用频率最高的玩具，3 岁的孩子完全可以接球、将球举手过肩抛向指定地点，将球踢向"门"内。还有，看谁抛得高、投得远等。总之，球类是孩子普遍喜欢的玩具，应充分利用。

(5) 跳跃运动。该游戏适合 2～3 岁的儿童，主要有以下几种游戏方式。

背着跳。由家长背着儿童，慢跳、高跳、快跳，让儿童逐渐适应跳的感觉。

原地跳。让儿童学会两脚同时用力起跳。具体训练方法可采取家长提着儿童双手跳、放开一只手跳，跳时应配合口令："一、二、三、跳！"便于儿童做起跳准备。

从高处跳。让儿童站在 15～20cm 高度的台阶上由家长扶着往下跳，从近距离开始，注意地面和周围环境不能有硬物、尖锐障碍。

立定跳远。跳时两腿先弯曲，身体略前倾，手臂向后伸直，呈"飞机"状，做好起跳准备，2 岁半左右的儿童可以双脚并拢在原地向前跳 15cm 左右。

练习时间：1～2 分钟。

2. 1～3 岁儿童精细动作的家庭教育与训练

1～3 岁儿童主要是学会玩比较复杂的玩具，学会拿东西的各种动作，开始把物体当作工具来使用，并且在游戏过程中能够初步运用分辨能力和发现能力。家长可为儿童提供以下玩具：运用腕力转动的有齿轮的玩具、可拧动的瓶子与瓶盖、穿大型木珠、螺丝转、木条插等可以训练儿童的手眼协调能力；电话、小娃娃、拼插玩具能够激发儿童的想象力；套叠玩具(套碗、套桶、套蛋等)、图形镶嵌等可以引导儿童在游戏中感知大小、观察分辨图形。同时还可以通过训练儿童端起碗来喝水、拿小勺子吃饭、穿脱衣服等生活自理能力训练手脚协调能力。

1) 1～2 岁儿童精细动作的发展

家长可以带领 1～2 岁儿童做以下训练与游戏来锻炼其精细动作的发展。

(1) 投小丸入瓶。家长可以带领 1 岁左右的儿童玩这个，可以让 1 岁左右的儿童练习捏起小丸放进直径约 3cm 的透明玻璃瓶内，以训练他熟练地捏起小丸，并准确地、有意识地放入瓶中的技巧。

(2) 一页页翻书。针对 1 岁半左右的儿童，可以让其学习一页页地翻书。在和他一起看儿童画报等图书时，逐步训练儿童自己翻页。开始时儿童可能一次翻过好几页，此时家长可先将手放在一页书的下面，让儿童捏起一页翻过来。等这个动作熟练后，可反复用"慢镜头"示范捻起书页，一页页地翻；还可用一张照片放在要翻开的那页下面，使儿童翻开这一页后找到照片。如此反复练习，在 2 岁前儿童就能熟练地掌握一页页翻书的技能。

(3) 信笔涂鸦。1 岁的儿童能够用整个手掌握住笔在纸上戳出点或画出笔道，1 岁半左右能画出道道来，但在 2 岁前，还很少会出现"有控制"的涂画。这一阶段学习用笔的主要目标，是培养儿童用笔涂画的兴趣和掌握正确的握笔姿势。最好可以让儿童在废旧的大挂历背面涂画，以免儿童在一张小纸上画不过瘾，而往桌上乱画时又被制止导致儿童失去了兴趣。应逐步给儿童各种笔，如蜡笔、油画棒、彩色水笔、磁性画板笔、铅笔、圆珠笔、毛笔等工具以保持儿童的兴趣。除了在纸上画以外，还可让儿童用手指蘸上水在哈了热气的玻璃上、茶几上画；用小棍在沙土地上涂鸦。儿童掌握正确的握笔姿势越早，有控制的涂画阶段就来得越快，因此要反复给儿童示范，并手把手地教儿童。用笔在纸上画出道道，是这一阶段的主要"成就"。因为要画出道道而不是随意乱画，需要停笔或抬笔，这是有控制的画的萌芽，需要有意识地培养。

针对 2～3 岁儿童家长可以主要训练其手指协调能力和控制的能力。这时可为儿童提供各种组合玩具(桌面玩具或地面玩具)，运用泥胶、拼图、图画、纸张等材料，通过手指画(糨糊画)、撕揉纸团、面粉团等手工艺活动以及玩沙、玩水等游戏活动进行训练，丰富儿童的感觉体验，赋予美的享受。

2) 2～3 岁儿童精细动作的发展

家长可以带领 2～3 岁儿童做以下训练与游戏来锻炼其精细动作的发展。

(1) 捏橡皮泥。可以让 2 岁半左右的儿童学捏橡皮泥或一小块面团：搓圆用手掌压扁就成了块烧饼；捏一个圆球，上面插一根火柴就成了苹果；除了食品，还可以给他捏几只小动物，办一个"动物园"；捏几个人和家具，做"娃娃家"游戏，以提高他学捏橡皮泥的兴趣。如果用的是面团，加一点盐、1～2 滴甘油和蜂蜜，就能使面团既柔软湿润，又表面光滑、没有裂痕，不用时还可以套上一个保鲜袋放进冰箱，等玩时再拿出来。

(2) 拆分物体。儿童的破坏行为先于建设行为。因为有了探究欲，想看到里面的秘密，所以给什么东西就拆什么东西。拆东西的过程中，会产生对物体拨、扭、旋转、敲等动作。因此，家长可以为儿童准备一些可拆装的玩具，供儿童操作。

(3) 玩泥玩沙。2～3 岁的儿童喜欢用小棒、小刀、小铲搅拌泥沙，并把泥沙放在容器中嵌紧，然后再把泥沙倒出来，这样反复装倒可以持续半小时以上。这些自发的动手活动，是训练挖、装、刮等动作最好的办法。

(4) 有控制地画画。2 岁以后，儿童开始模仿着画竖道、画能封口的圆、画"十"字等，到了 3 岁时，他就能学会用左手扶纸，模仿画"口"型，在极薄的拷贝纸上描画，给未完成的图画如小房子上添一个"窗户"，甚至自己"创作"一只气球、一块带芝麻的烧饼、一条小鱼、一个人脸等。为了发展儿童用笔的能力，可以给他布置一个"涂画角"，为他提供涂画的机会。

(5) 学用筷子。2 岁以后，当儿童能熟练地使用勺子时，就可学用筷子了。给儿童一双小巧的玩具筷子，在玩"过家家"游戏时练习用筷子。让儿童用拇指、食指、中指操纵第一根筷子，用中指和无名指控制第二根筷子，练习用筷子夹起盘中的枣、带壳的花生和纸包的糖果。待儿童能夹起较大的东西后，就可以让他和爸爸妈妈一样用筷子吃饭。不要在意饭菜洒在桌上，只要儿童能将食物送到嘴里就应大加赞赏。

(6) 学用剪刀。选购一种儿童专用的带套的钝头剪刀，并小心使用。练习时让儿童将拇指插入一侧手柄，中指插入对侧手柄，食指在手柄之外帮助维持剪刀的位置。初学时，儿童可能常常将纸夹在剪刀缝里，这时使用食指将剪刀两片靠拢就能将纸剪开。可以先将纸剪开一个小口，再让儿童接着剪。3 岁的孩子只要会拿剪刀将纸剪开，或者会将纸剪成条状就可以了。儿童用剪刀时要有大人在旁监护，防止孩子伤及自己或将剪刀当成武器伤及别人。剪刀用完后要套上塑料套收好，不要让儿童轻易拿到。

(7) 生活自理。儿童这时已有独立意识，产生"我来做、我会做、我想做"的想法，手的精细动作的发展，能够帮助儿童较快地掌握日常生活需要的服务和劳动技能，能够学习并完成自己洗脸、刷牙、吃饭，独立完成日常生活中力所能及的自我服务劳动，从中进行动手操作培养。因此，加强培养精细动作的练习，需要创设条件锻炼儿童的生活自理能力，从而提高儿童的动手能力和独立性。

精细动作的发育是衡量儿童心智发展的一个重要指标,如果儿童的精细动作有问题,可能是由于其大脑皮层的功能不健全。那么,是否越早训练儿童完成复杂的精细动作,就越有利于其智力的发展呢?答案是否定的,因为动作技能的每一步发育都是中枢神经系统成熟的一个里程碑,所以儿童精细动作的训练也要遵循神经系统发育的规律,神经系统、肌肉等生理条件自然成熟到了什么阶段,训练儿童完成相应阶段的精细动作,才是恰当的。

3. 1~3岁儿童认知与思维的家庭教育与训练

1) 1~3岁儿童认知与思维发展的特点,如表4-2所示。

表4-2 13~36个月儿童认知与思维发展特点

月　龄	认知与思维发展特点
13~18个月	这个阶段的儿童会搭积木2~3块,能分辨出新认识的物品,在成人的帮助下会把形状简单的东西放入模型中或相应形状的盒子中;自我意识已萌芽,记忆力与感知能力增强,对物体的形状、温度、质地、颜色、味道等特别关注,对音乐、节奏、声音比较敏感;对物体的功能有了初步的认知
19~24个月	这个阶段的儿童自我意识增强,知道哪些东西是自己的,哪些东西是别人的。开始用"内部表征"方式解决新问题。能运用表象模仿成人做过的行为来解决眼前的问题,能根据他人的反应坚持或调整自己的行为,这也标志着感知动作期的结束。这一阶段,日益增强的记忆力对儿童的各项发展起到了巨大的推动作用,包括说话、模仿、假想游戏等
25~36个月	这个阶段记忆力和智力也有所发展,开始理解简单的时间概念,例如"吃完饭后再开始玩耍"。也开始理解物体之间的关系,例如在玩形状分类和益智拼图玩具时,可以匹配相似的形状,在数物体时,能够理解数字的含义。对因果关系的理解有进步,对上发条的玩具和开关灯的设备更感兴趣。若游戏更加复杂,可以把两种不同的游戏串联在一起,得到一个合乎逻辑的结果。小女孩可能首先把洋娃娃放在床上,然后将它盖起来,而不是随机地丢一个再拿一个,或者她假装一个接一个地喂几个洋娃娃

2) 1~3岁儿童认知与思维发展的家庭教育

1~3岁儿童的家长可以在家里用以下方法对儿童进行认知与思维发展的训练。

(1) 月龄:13~18个月。

活动内容:辨识、一一对应、感知事物属性、感知因果关系。

活动目标:充分运用感知觉认识周边事物的能力;发展对新事物的辨识能力;初步感知事物的因果关系;通过游戏初步掌握分类方法,促进逻辑思维能力的发展。

活动过程:提供相应玩具,如对应卡板、拉绳玩具车、小触觉球等,逐步引导儿童操作。此阶段重在通过活动帮助儿童感知、辨识事物,如通过拉绳玩具车,帮助儿童感知绳和车的关系及解决问题的方法,通过触摸表面光滑程度不同的触觉球感知事物的属性等。

(2) 月龄:19~24个月。

活动内容:理解事物的关系、模仿、初步假想。

活动目标:进一步感知事物的因果关系,促进配对能力的进一步提升,能自主模仿身边事物,开始初步的假想活动。

活动过程：提供相应玩具，如实物、图片配对，套娃、简单拼图、简单的情境音乐等。逐步引导儿童操作，帮助儿童掌握配对、分类的基本方法，进一步感知事物的关系，如通过套娃感知里外关系，通过简单的情境音乐，如鱼儿游，提升儿童假想和模仿的能力。

月龄：25～36 个月。

活动内容：因果关系、时间关系、事物联系。

活动目标：较深入地了解事物的因果关系，初步感知时间概念，能通过实验探究事物的联系，丰富假想活动。

活动过程：提供相应玩具，如智慧盒、拼图卡片；提供简单的实验工具，如颜料、空气袋等。与儿童共同操作玩具，帮助儿童了解时间、空间的关系。

4. 1～3 岁儿童语言发展的家庭教育与训练

1) 1～3 岁儿童语言发展的特点(见表 4-3)

表 4-3 13～36 个月儿童语言发展特点

月　龄	语言发展特点
13～18 个月	儿童词汇量增加的关键阶段，会说一些生活中常见物品的名称，经常用一个词代表一句话的意思，又叫"单词句"时期，词汇量约 50～70 个
19～24 个月	儿童的词汇量迅速增加，他们开始把词连成句，常常双词或三词连在一起，语句断续、省略、结构不完整，像成人的电报式文件，因此又叫"电报句阶段"。同时这个阶段的儿童说话的积极性很高，爱说、爱模仿成人的语言，会逐渐注意到说话时语序的正常排列，能掌握完整的简单句和一定程度的复杂句
25～36 个月	能准确地使用人称，具有使用各种基本类型句子的能力，开始说一些简单的复合句，能背诵四五首儿歌，能记住一些歌曲，能简单地叙述故事情节

2) 1～3 岁儿童语言发展的家庭教育

1～3 岁儿童的家长可以在家里用以下的方法对儿童进行语言发展的训练。

(1) 月龄：13～24 个月儿童。

活动内容：集中注意力倾听故事。

活动目标：乐意阅读并能集中注意力倾听故事。

活动建议：第一，要明确不是儿童自己阅读，而是家长读给儿童听。第二，内容选择要循序渐进。1 岁左右的儿童阅读内容应以日常生活中常见事物为主，选择色彩鲜艳的大幅图画，引起儿童的阅读兴趣。1 岁半左右的儿童逐步过渡到字数很少、情节简单的故事。图书形式可多样，如卡片、布书、声音图书等。第三，阅读要有仪式感。家中可设置"阅读角"，每天固定时间陪伴儿童阅读，也可在睡前阅读。第四，家长要投入。阅读时家长要把握不同的角色和情节，声情并茂、绘声绘色，吸引儿童注意，发展儿童的想象力。

(2) 月龄：25～36 个月儿童。

活动内容：初步理解与简单表达。

活动目标：有阅读兴趣，初步理解故事内容，尝试表达故事情节或自己的看法。

活动建议：第一，家长是阅读的积极参与者，而不是监督者、指挥者。第二，结合兴趣为儿童介绍科学知识、身体知识、日常规范等。第三，阅读中要留白，供儿童想象。第四，阅读中要互动。家长可以讲一部分故事后，与儿童一起想象结尾，讨论情节，这样既增进亲子感情，也促进儿童语言表达能力的发展。

5. 1～3岁儿童良好行为习惯养成的家庭教育与训练

1）培养儿童良好行为习惯的重要性

众所周知，一个人的行为习惯往往决定了他未来的成就。在1～3岁时，儿童行为习惯正在逐步形成。其重要性可体现在以下几方面。

(1) 儿童是各种行为习惯形成的关键期。

好习惯的培养，越早效果越好。孔子说："少成若天性，习贯如自然。"意思就是幼年时养成的习惯就像人的天性一样自然、牢固。陶行知在《创设乡村幼稚园宣言书》中说："凡人生所需之重要习惯、倾向、态度，多半可以在六岁以前培养成功。以后只顾顺着他继长增高地培养上去，自然成为社会的优良分子。"民间常说"三岁看大，七岁看老。"孩子性格形成和能力培养一定要在儿童早期重视，错过了早期的关键期，就很难再养成。

(2) 好习惯受益终身。

好的习惯有益于终身发展，比如：好的生活习惯，不挑食偏食、热爱运动，能让孩子拥有健康的体魄、坚定的意志和愉悦的心情；好的学习习惯，爱阅读好探索善思考，让孩子学起来更专注、更轻松，省时高效；好的社交习惯，擅表达、会交往、乐分享，让孩子在人群中人缘好、受欢迎，做事就更容易成功。

2）儿童良好行为习惯的主要表现

良好的饮食习惯表现：食欲旺盛、吃完应吃的饭量、喝白开水不贪饮料、细嚼慢咽、不偏食挑食、不边玩边吃、不边看电视边吃饭、少吃零食等。

良好的睡眠习惯表现：早睡早起、按时起床、安静入睡、睡姿正确、不恋物等。

良好的卫生习惯表现：早晚刷牙，饭后漱口，饭前便后洗手；不随地大小便；不乱扔垃圾、杂物，不随地吐痰；等等。

良好的品德习惯表现：不撒谎，不推诿隐瞒；说到做到，知错就改，勇于承认错误；遵守规则，公共场合不大声喧哗、吵闹，不追逐乱跑，不乱扔垃圾，不抢人玩具，不抢人座位；多人一起玩游戏时，遵守秩序，不拥挤、不推人；等等。

良好的劳动习惯(自我服务)表现：自己穿衣脱衣、整理床铺，自己整理玩具，自己背书包，帮助家长做力所能及的家务劳动，等等。

良好的学习习惯表现：好探索，爱问问题，认真回答问题；遵守作息时间，守纪律，有任务意识，专注；热爱阅读，看书坐姿正确，正确持笔写画，爱护图书文具；不毁坏玩具，玩玩具后能放回原处，不乱扔玩具。

良好的文明习惯表现：会正确地使用礼貌用语，如"对不起""谢谢"等；尊敬师长；大人说话时能安静倾听而且不插嘴；大人忙碌、休息时不打扰；不是自己的东西不拿，借别人的东西要归还；懂得分享、谦让；等等。

3）良好行为习惯养成的家庭教育举例

(1) 月龄：13～18个月。

活动内容：尝试拿勺、拿碗吃饭。

活动目标：乐意使用勺子、碗盘进食。

活动过程：首先，给儿童提供安全的勺子和碗、盘进食，如食品级硅胶勺、不锈钢碗盘等。其次，家长正确示范餐具的使用方法，鼓励并指导儿童使用餐具独立进食。

(2) 月龄：19～24 个月。

活动内容：穿衣服、脱衣服、解扣子。

活动目标：学习穿衣、解扣子、脱衣服，提高自我服务的能力。

活动过程：首先，给儿童自己穿衣、解扣、脱衣服的机会。其次，教给儿童穿衣、解扣子、脱衣的技巧。最后，不断鼓励，让儿童感受自我服务带来的便利和快乐。

(3) 月龄：24～36 个月。

活动目标：养成坐在餐桌前安静进餐的习惯。

活动建议：首先要创设良好的用餐环境，营造温馨的就餐氛围。其次是成人和孩子一起进餐，让儿童认识到只要坐在餐桌前、桌上摆上饭菜就是要吃饭了。最后，平时进餐时，要引导儿童一只手扶碗、一只手拿勺子，进餐时细嚼慢咽、不挑食。三餐之外的加餐，也要让儿童坐在餐桌前进食。

第四节　3～6 岁儿童的家庭教育

一、3 岁左右入园期儿童的家庭教育

随着年龄的增长和身体各系统功能的成熟与完善，3 岁左右的孩子已经从一个弱小的个体发展到会走路、会与人简单地交谈、会初步地做游戏，便开始进入了儿童期。这个年龄段的孩子不再满足于家庭的小天地、局限于同家庭中少数几个成员打交道，开始产生了参加社会生活和活动的需要，这就具备了进入幼儿园的能力和条件。上幼儿园是他们离开家庭走向集体的第一步，也是他们走向社会的第一步，是儿童人生的一大转折点。幼儿园为儿童提供了丰富多彩的集体生活环境，孩子在这里可以积累许多经验，初步形成一些优秀品质，有利于培养集体意识，形成合群、开朗的性格，并且可以弥补独生子女缺乏伙伴的不足，促进儿童社会性发展，成为一个能够适应社会生活的人。

因此，3 岁是孩子进入幼儿园的最佳年龄，家长应及时地送孩子进幼儿园，让他们在那里过集体生活，接受全面的发展教育。家长着力从物质和精神两个方面为儿童入园做好准备。

(一)入园前的家庭教育

孩子要上幼儿园了，这对家庭来说是一件大事。可是从未离开过亲人的孩子能适应幼儿园的生活吗？其实，只要家长能够正确对待，孩子顺利地适应幼儿园生活就并不是特别困难的事情。孩子上幼儿园习惯不习惯、喜欢不喜欢，最关键的还是看父母有没有帮助孩子做好充分的准备。这个准备包括心理方面、生活自理能力方面，同时也包括作息时间方面的准备，做好这些方面的准备工作，一般孩子都能顺利地适应幼儿园生活。

1. 为孩子选择合适的幼儿园

家长为孩子选择幼儿园主要从以下几方面考虑。

(1) 有高素质的师资力量。优秀的儿童教师一定是学习过专业的课程，接受过专业的训练，而且必须对孩子有爱心、友善，有责任感。

(2) 有内容丰富的课程安排。一日活动安排丰富多彩，动静交替，有充裕的课外活动时间。

(3) 有优良的园内外环境。幼儿园内环境干净整洁，做到美化、绿化、儿童化，周围无污染、无噪声、无安全隐患。

(4) 设施齐全，功能完善。教室宽敞、明亮，日常生活用品和学习娱乐用品齐全，玩具和体育设施质量较好，无危险。

2. 心理准备

在孩子上幼儿园之前，可以带孩子到附近的幼儿园参观一下，在幼儿园的户外场地玩耍，告诉孩子这将是你要去的幼儿园，这里一切都很好，有很多玩具，老师会唱歌、跳舞和画画，还有很多小朋友可以一起玩。通过这种方式的交流，让孩子对幼儿园产生一个良好的印象，可以缓解孩子对陌生环境的焦虑感，从而更容易适应幼儿园的生活环境。有的家长把幼儿园老师当"恶人"，用来恐吓孩子是非常不可取的，这会让孩子反感幼儿园、恐惧老师。

同时，要让孩子知道，送他上幼儿园并不是父母不要他了。很多儿童恐惧上幼儿园就是因为觉得爸爸妈妈把他送到幼儿园就是不要他了，这时候父母应该不厌其烦地向孩子传达一个信息：爸爸妈妈要上班，宝宝长大了要上学，我们会在下午来接你回家的。切记，家长一定要说话算话，特别是在孩子刚上幼儿园的时候。

另外，避免大人的不良情绪影响孩子。孩子入园时，他自己可能还不太紧张，最紧张的是家长。大人的紧张、担心、恋恋不舍地分离焦虑会传染给孩子，会延长孩子的适应期，所以父母一定要处理好自己的情绪。

3. 生活能力的准备

孩子上幼儿园，很多事情就得由他自己去完成。例如，自己吃饭、自己喝水、自己穿脱衣服和鞋袜、自己上厕所等，这些都需要父母提前进行培训和练习，为他入园后的独立生活扫清障碍。

让孩子自己吃饭。给孩子一个专门的餐桌，教学会使用餐具。在家里都是家长喂孩子吃饭，可是到了幼儿园，一般都要求孩子自己吃饭。这可能需要家长多花一点精力，养成孩子独立进餐的习惯。

别让孩子挑食。在家里，家人可以根据孩子的口味为他准备食物，通常饭菜过于精细。幼儿园却并非如此，做什么就得吃什么。所以，尽量让孩子不要挑食，尝试不同口味的食物，这样进入幼儿园才能更好地进食。

让孩子学会自己脱裤子大小便。在幼儿园，一般会有统一时间让儿童上厕所，孩子较多，老师不可能帮助到每一个小朋友。所以最好能够让孩子学会自己脱裤子，这样就不会发生在等待老师脱裤子的过程中忍不住大小便的事情了。

让孩子学会穿脱外套和独立睡觉。家长给孩子穿的衣服、鞋子一定要舒适和方便穿脱。同时要改掉抱着奶瓶睡觉等不良习惯。小女孩的头发最好梳得简洁些。让孩子学会清楚地表达自己的想法。教孩子学会请求帮助，能够清楚、大胆地表达自己的要求，如要撒尿、要喝水、肚子疼等，便于老师及时采取相应措施。

4. 作息时间的准备

首先要清楚幼儿园的作息时间。一般是 8:00 入园，上午做一些游戏、户外活动，中午 11:00 午餐，午饭后 12:00—14:30 为午睡时间。下午为吃点心和游戏玩耍时间，17:00 放学。如果孩子不是按照幼儿园的作息时间生活，在入园前 2～3 个月就要开始帮助孩子纠正了。特别是到了冬天以后，有些孩子 9:00 左右起床，吃过早饭要到 10:00 左右才到幼儿园，这会影响孩子一整天的学习活动。又如，有些孩子午饭不好好吃、午觉不好好睡等，长期下去对孩子的身体健康会造成不利影响。

(二)入园后的家庭教育

忙活了好几个月的父母们，终于把孩子送入了称心如意的幼儿园。许多父母总算是松了一口气，觉得以后孩子的教育就看幼儿园老师的了。殊不知这时的孩子站在了一个新的起点上，更需要父母的关注、扶持。年儿童童的习惯形成需要反复地实践和训练，如果家庭不与幼儿园相互配合，对孩子成长不利，孩子可能因此感到无所适从。所以，在孩子入园后家长还得讲究一些教育技巧，具体内容如下所述。

1. 及时鼓励孩子在幼儿园的进步

当孩子在幼儿园取得了一点进步，如学会一首歌、一支舞，学会写自己的名字，父母应及时给予鼓励。鼓励形式可以是送他一个小礼品、在家人面前大声表扬等。通过这种方式，孩子会深刻体会到幼儿园生活给自己带来的成就感，因此加深了对幼儿园的感情。对不容易适应幼儿园的孩子，父母应该尽量避免问他"今天在幼儿园老师对你好吗？""今天和小朋友一起唱歌了吗？"等，避免让孩子的记忆一直停留在不良的情绪体验中。当孩子说不喜欢幼儿园或不喜欢老师时，父母应该转移孩子的注意力，避免与他谈论幼儿园的事情。

2. 教给孩子一定的交往技巧

有些孩子的语言表达能力差、社交能力弱，没有学会与人相处的技巧，除了自己在角落里玩玩具外，没有小朋友和他一起玩，因此在班级里不受欢迎，所以也就不喜欢去幼儿园了。例如，在幼儿园中，当一个孩子看到另一个小朋友在玩一辆漂亮的小汽车，就希望和他一起玩。开始这个孩子只是盯着小朋友看，不说话，当他发现小朋友不理他时，就上去一把推开那个小朋友，抢走了汽车。这显然是孩子缺乏交往技巧的表现。因此，在平时的生活中，父母应该教导孩子如何热情地邀请小朋友一起玩、如何与小朋友一起分享等交往技巧。在家中父母要有意识地教孩子学会使用礼貌用语，如"请"谢谢""对不起"，大方地向别人问好等。孩子说话时，家长应该教他清晰地表达自己的意愿，如当孩子想去厕所时，应该说"老师，我想去厕所"等完整句子，而不要让他用意义含糊的习惯语代替。

3. 在孩子面前正确评价老师

在培养孩子方面，父母和教师是一条战线上的"战友"，父母首先应该信任教师，才能协同教师的工作。刚入园的孩子，需要对老师产生一种心理上的安全感。老师在他们心目中的地位很重要，父母应该帮助他们维护教师的形象。所以，当孩子对父母说："今天，我们画菠萝啦，我画得可好呢，但老师没有把我的画贴到墙上。"父母在回答孩子时不应该说："你们老师偏心。"明智的父母应该说："那是因为老师认为你能够画出比这一次更好的菠萝，她等着你下一次的菠萝呢!"然后，父母私下里再与教师交流孩子的表现和情绪。理智的父母在孩子面前应维护老师的形象，而不是诋毁，更不要当着孩子的面议论、指责老师。

4. 积极参与幼儿园教育活动

入园之初，父母要主动帮助老师全面了解自己的孩子，向老师介绍孩子的个性特点、生活习惯等，让老师掌握孩子真实的情况，以更有效的方式和途径接近孩子，使孩子对教师形成信赖、依恋的心理。儿童入园后，父母同样应该把孩子在家里的情绪、表现告诉老师，但不要当着孩子的面，这样既可以从老师那里获得指导孩子的方法，也有利于老师采取积极的措施来消除孩子的顾虑、不安，从而促进孩子的成长。

父母可以利用接送孩子的时间，直接与教师交流孩子的情况，也可以通过联系手册进行家园联系。此外，幼儿园各种活动，如"六一"儿童节、元旦，以及家长开放日，父母要积极参加，进一步了解幼儿园的教育、管理方法，目睹孩子在集体生活中的各种表现，全面了解孩子，才能配合幼儿园教育活动的开展，使教育发挥最大功能。

二、4～6岁儿童的家庭教育

(一)4～6岁儿童的发展特点

4～6岁是儿童身心高速发展的时期，是进入小学之前的时期，所以称之为学前期。从儿童生理、心理发育上看，2～3岁是各种心理活动发展逐渐齐全的时期；而对于4～6岁的学前儿童，则是心理活动系统的奠基时期，是个性形成的最初阶段。

在这三年里，儿童心理发展比较迅速，每年都呈现出新的特点，具体表现在以下几方面：儿童的身高、体重、大脑、神经、动作技能等方面获得长足的进步；大肌肉的发展已能保证儿童从事各种简单活动，儿童直觉行动思维相当熟练，并逐渐掌握具体形象思维；儿童词汇量迅速增长，基本掌握各种语法结构；儿童开始表现出一定的兴趣、爱好、脾气等个性倾向以及与同伴一起玩耍的倾向。

1. 语言能力的发展

3～4岁是学前初期，也是幼儿园小班的年龄，这个时期的孩子主动性高，喜欢自己动手做事，喜欢帮助有需要的人，喜欢自己独立思考与实践行动，喜欢主动与人沟通交流等。

4～5岁儿童的语言和游戏能力发展极其迅速。他们变得特别爱说话，即使一个人玩的时候也会自言自语地边说边玩，与小朋友或大人在一起时，话就更多了，总会向大人问一些有趣的问题。同时，他们的生活范围也逐渐扩大，对事物的认识主要依靠活动。这一时期的儿童情绪不稳定，一旦遇到不顺心、不如意的事情就会哭闹、发脾气、使性子。

5岁之后，儿童的话题会更多，他们会用连贯的语言表达自己的愿望，善于与他人沟通交流。他们会交换看电视节目的感受，并会互相夸耀，如"我也有冲锋枪玩具"等。他们在看电视的过程中会记住台词与对话，甚至能够表达出来，而且会使用丰富的肢体语言。

2. 抽象思维的发展

4～5 岁是学前中期，也是幼儿园中班的年龄，4 岁以后的儿童心理发展出现较大的飞跃，抽象思维逐步发展。他们活泼好动，思维具体形象，开始接受任务，开始自己组织游戏；4～5 岁的孩子表达欲望旺盛，独立意识强烈，而且处于反抗期，因此这个时期要注意孩子与人相处的各种表现，尤其别让孩子养成一些不良习惯。5～6 岁的孩子更加富有主见，他们朝气蓬勃，信心百倍，身手灵活，而且感知敏锐，能在生活中作出基本的判断与选择，并开始有意识地利用环境中的有利因素，随时随地展开触觉学习。这一时期的儿童产生了模仿成人活动的强烈愿望，如模仿妈妈做饭、哄孩子、学驾驶员开车、模仿医生给人看病等，这种愿望通过游戏反映出来，其最大的优点是发展孩子的想象力和创造性，因此应得到父母的支持和鼓励。

学前期儿童可以搭积木、插积塑、玩拼图玩具，他们可以根据自己的想象拼出各种不同的物品。如积木可以拼成手枪、汽车和房子等。这些活动能使孩子学会区分不同的形状，分辨不同的色彩，认识上下左右等方位。例如，一片树叶在做游戏时可以当作钱来买东西；一块白色的塑料泡沫一会儿当火车，一会儿当手枪，一会儿当汽车，一会儿又当房子等。因此，这个时期是发展孩子艺术素养、文明素养和语言表达能力的最佳时期，也是发展孩子具体形象思维的黄金时期。具体形象思维是利用事物的形象以及事物形象之间关系解决问题的思维。这一阶段的儿童虽然摆脱了对动作同步性的依赖，但仍受到具体事物的形象和动作的影响。例如，儿童认为在采摘植物时植物会受到伤害，植物也会感到疼痛。这个时期的儿童，他们接触到的任何对象都是有生命的，天上的太阳、月亮，地上的树木、小河或公园里的动物等，都可以成为他们交谈的对象。他们会对可爱的娃娃玩具说"我睡觉啦，晚安"，也会给娃娃玩具盖被子，怕它们冷。这就是学前儿童抽象思维最突出的特点。

3. 个性的初步形成

美国心理学家盖赛尔指出，6 岁前儿童的大脑大部分已经成熟，在这之后人的脑力、性格和心灵将永远不会再如此迅速地发展，人们将永远不会再有这样的机会去奠定智力健康的基础了。学前儿童总的特点就是全面开放，他们的态度积极主动，求知欲、尝试欲旺盛，有偏好但不拒绝偏好之外的任何新事物，只要有家长的鼓励、老师的指导，他们就会毫不犹豫地接受，也会毫不畏惧地展示自己，不辞辛苦地努力下去。尽管他们的意志力还不够坚强、控制能力还不够良好、经验还不够丰富，但是他们很努力、很投入、有主见，也很可爱。4～6 岁儿童的自我意识、性格和能力逐渐形成，开始懂得竞争，坚持性逐渐增强，父母可以与孩子一起玩下棋的游戏，通过下棋锻炼孩子的逻辑思维，还可以教孩子做点儿小实验和小发明创造。

这个时期学前儿童的个性特点表现为：好问、好学，抽象能力明显萌发，开始掌握认知方法，个性初具雏形。进入学前班的孩子，他们具备了认识事物的初步能力，其中感觉、知觉、想象能力特别发达，到 6 岁左右，他们的智力发展将达到毕生的 80%。这个时期是孩子个性发展和兴趣爱好培养的关键时期，这些特性对孩子进入小学顺利地进行学习活动是很重要的，尤其是行为习惯的养成和学习方法的培养更重要。

(二)4～6岁儿童的家庭教育策略

1. 培养儿童的生活自理能力

在婴幼儿期发展的基础上，继续保护好孩子的身体健康，重视孩子的心理健康，为孩子步入小学阶段打好基础。家长要根据儿童的个人成长特点，寻找既科学合理又能被儿童接受的膳食方式；科学搭配儿童的饮食，做到营养均衡、种类多样、比例适当、饮食定量、调配得当；不断学习关于儿童营养的新理念、新知识。儿童即将入学，应该为他们提供参与生活的机会，多做一些力所能及的劳动。家长应该与儿童一起制定合理的生活作息制度；培养良好的生活习惯，养成爱干净整洁的习惯；积极地运用奖励的方式纠正并消除儿童不良行为方式与癖好，这样有助于儿童形成较强的生活自理能力。

2. 创造和谐健康的家庭氛围

家长应学会合理地表达自己的情感，掌握爱与严的分寸。爱应该是理智的。家长要做到严中有爱、爱而有方。正确掌握爱与严的尺度，这是家庭教育的艺术。爱自己的孩子，是父母的一种本能，是一种高尚的情感。父母的家庭教育需要一定的科学知识，随着时代的发展，家长们要不断地学习来提高了解儿童需求的能力及处理儿童各种问题的能力，让孩子在家庭中也能够快乐地学习，使儿童身心各方面都能够和谐发展。父母也要创造和谐的家庭氛围，要以较高的精神境界来完善自身，发挥良好的潜移默化的作用。言传也要身教，父母是孩子学习的榜样，家长要以身作则。鲁迅先生曾尖锐地指出："父母不仅可以把自己的优秀品质传给后代，其恶劣性、不良性格、不好的生活习惯也会潜移默化地影响孩子。"所以，教育孩子首先要教育好家长自身，为孩子创造良好的成长环境。

3. 抓好安全教育，树立正确的儿童观

著名的教育家蒙特梭利认为，儿童存在着与生俱来的内在生命力，这种生命力是积极的、不断发展的，具有无穷的力量，而教育的任务是激发儿童的内在潜力并促进其发展。家长们所树立的儿童观应该是"促进每个儿童在原有基础上得到发展"。每个孩子都存在着个体差异，家长要擅长发现每个孩子的优缺点，了解孩子的内心世界，学会鼓励、帮助孩子，给孩子自由的成长空间。要将学前儿童视为正在成长的独立个体，每个孩子都是独一无二的，学会尊重儿童生理、心理的发展需要。比如，有的孩子适应环境能力差，在刚进入幼儿园的生活中不适应，胆子较小，不善于与老师和同学沟通，也不爱说话，对老师产生畏惧感。家长很着急，迫切地想转变，但这需要一个过程。在平时的生活中要不断地锻炼孩子的主动性，学会鼓励，不要严厉批评。随着孩子适应能力的提高，情况就会发生转变。

在树立正确儿童观的同时，要加强安全教育。因为一切事情的发生都有不可预见性。家长要时刻提高安全意识，尽可能消除家中和周边生活环境中的不安全因素。平时要结合儿童的生活和学习来教育、启迪儿童，提高儿童的安全意识，通过户外活动提高自我保护能力。

4. 培养儿童求知探索的精神

儿童在学前期好奇心比较重，喜欢打破砂锅问到底，见到新鲜的东西就要问一问、拆

一拆、碰一碰，这些都是孩子喜欢探索和有求知欲的表现。家长要正确对待孩子提出的问题，知道答案的家长要马上回答，如果不知道要多途径查找答案。父母切不可随意禁止甚至恐吓他们，以免挫伤孩子的积极性。学前儿童的教养方式有民主权威型、绝对权威型、娇惯溺爱型、忽冷忽热型四种类型。我们倡导家长采用民主权威型的教养方式。父母应当因势利导，鼓励孩子的探索精神，培养孩子从小爱学习、爱科学、勤动手、好钻研的好习惯，从而提高孩子的学习兴趣和思维能力。对待儿童应该采取平等和民主的态度，要注重培养孩子的独立意识，创造和谐美好、平等、开放、快乐的家庭环境。

5. 让儿童多参加各种活动

在德国，孩子一般 3 岁上幼儿园，为期三年。这三年中，他们会参观警察局，学习如何报警；参观消防局，学习如何灭火和躲避火灾；参观市政府，认识市长，看他如何为市民服务；乘坐有轨电车，学会记住回家的路线；和老师一起去超市买东西，学习付钱和选货。这些都是早教的开始，目的是激发儿童的早期潜能。

在中国，家长应该认识到家庭教育的重要性，儿童身心发展的过程有其特殊的规律，作为父母，应该掌握个性特点，因材施教。让儿童多接触外界的事物，多参加幼儿园的活动，让儿童在不同的人际关系中成长，对儿童的交往态度、行为和技巧及时提供帮助和辅导；注意培养儿童多方面的兴趣、爱好和特长，增强儿童交往的自信心。在幼儿园教育中，多和班主任沟通，多参加集体活动，通过集体活动培养孩子的人际交往能力。开展角色扮演游戏，帮助儿童在家中练习社交技巧，并积极地为儿童创造与同伴交往的机会，多花些时间陪伴儿童，培养儿童乐于与人交往的习惯与品质。如家长可以带孩子去旅游，通过游玩增加孩子的阅历；家长带领儿童关心周围事物及现象，多开展户外活动，开阔儿童的眼界，丰富儿童的感性知识。灵活地采用个别化的教育手段，有针对性地鼓励儿童积极活动、主动参与、积累经验、发展潜能。家长要以开放互动的方式让儿童在玩中学，在操作中探索，在游戏中成长。同时，家长要创造条件，正确引导孩子观察事物的细节，关心孩子的创造活动。父母是孩子的领路人，是一个陪伴者，所以就应该好好地陪伴孩子度过那快乐的童年时光，在孩子的黄金时期，为孩子的健康发展、智力的开发打好基础。

三、幼小衔接时期的家庭教育

幼儿园与小学教育衔接是指儿童从幼儿园平稳过渡到小学教育阶段的教育过程，也是儿童在其发展过程中所面临的一个重要的转折期。促进幼小衔接教育的目的是在儿童正式入学前，提高儿童的身心发展水平，使其更好地适应小学的学习生活。幼小衔接不仅要在幼儿园和小学进行，家庭教育的作用也是至关重要的。儿童行为习惯的养成、能力的形成、身心的发展、学习兴趣的培养以及社会适应力的培养等都与家庭教育息息相关。

(一)幼小衔接阶段儿童的特点

幼小衔接阶段的儿童一般是指处于5~8岁年龄段的儿童。这一阶段的儿童正处于感知运算到具体形象运算的过渡时期。在这一时期，儿童的学习和生活环境会发生巨大变化，即儿童从以游戏为主导的幼儿园活动转向以正规课业学习为主导的学校学习活动，主导活动的改变对儿童身心素质提出了新的挑战。儿童的人际关系、活动方式、社会角色等方面的变化会对其身心发展产生重要影响。儿童常常表现为对上小学缺少心理准备、同伴间合作意识淡薄、生活准备不足、对学校认识不准确等。儿童的发展具有连续性和阶段性，学前阶段的儿童和小学生有不同的特点。儿童身心发展的连续性决定了在幼小衔接时期两阶段的特点同时存在。随着儿童对小学生活的逐步适应，儿童阶段的特点和小学阶段的特点将分别呈现减弱和增强的趋势。两个发展阶段的交替转换，构成了儿童幼小衔接时期的发展特点。

(二)幼小衔接中儿童存在的问题

刚从幼儿园大班升入小学的儿童必定会产生兴奋、紧张、焦虑等心理情绪，此阶段儿童个性强、自理能力较弱、情绪不稳定。进入小学后，儿童所面对的环境发生了新的变化。儿童由依赖父母、教师逐渐过渡到可以独立；幼儿园中以游戏为主的活动改变为小学以学习为主的活动，课后还要预习、复习和做作业；学习内容都以文字或符号的形式呈现在教科书上等。由于小学的协调工作也有实际困难，因此，新入学的儿童在学习、交往等方面存在压力，有的儿童难以适应小学的学习方式，导致出现抗拒心理、适应性较差等情况。

(三)家庭教育对幼小衔接阶段儿童发展的作用

家庭环境是儿童成长的主要环境，在幼小衔接阶段有着举足轻重的地位。家庭是孩子的第一所学校，家长是孩子的第一任老师，也是孩子终生的老师。幼小衔接阶段家庭教育对儿童发展的作用具体有以下几个方面。

1. 促进儿童学习适应性的发展

儿童行为能力和思维能力尚不成熟，对家长的依赖性较大，父母的行为是儿童的主要模仿对象。因此，父母自身的个性特征、受教育水平、价值观念、家庭教养方式都会影响儿童的行为结果。父母应该关注孩子的学习，对孩子有较合理的学业期望，同时给予孩子帮助和支持，这样会使孩子更有动力去学习，从而发展孩子的学习适应性。

父母是孩子学习的最初榜样，父母对学习的兴趣高低会影响他们教育子女的能力和对孩子学业的期望，从而影响孩子对学习的态度。因此，家长应该成为孩子学习上的表率，以自身的实际行动潜移默化地影响孩子的学习动机和兴趣。同时帮助孩子合理地安排学习时间、布置学习空间、提供学习材料和信息资源等，促进儿童学习适应性的发展。

2. 促进儿童兴趣的养成

研究表明，父母更多地参与家庭教育比隔辈养育的儿童各方面发展得更好，并且存在显著差异，稳定的家庭教育环境比不稳定的家庭教育环境更利于儿童的兴趣发展。所以，在儿童幼小衔接的关键期，父母应该多关心儿童的身心变化，多与孩子交流，表现出对孩子的关心，帮助孩子度过这一关键期。家庭教育中长辈们的统一态度对孩子兴趣的养成也起到了重要作用，长辈的教养态度不统一，往往使儿童行为的标准不统一，也不利于儿童兴趣的养成，只有给予儿童统一的教养态度，才能使儿童形成稳定的行为方式和学习兴趣。同时，家庭拥有的图书种类、数量越多，儿童兴趣的积极性、稳定性、广泛兴趣发展越好，家长可以通过图书及对儿童阅读指导发展儿童的兴趣。

3. 促进儿童品德的形成

在对儿童进行品德的培养中，民主型的家庭教育方式可以起到积极的教育作用，促进儿童品德的发展；而不正确的家庭教育方式会减弱教育作用，甚至会使儿童形成一些不良品德。因此，在家庭教育中，家长应注重以民主型的家庭教育方式教育孩子，主动承担起培养孩子品德的重任。

(四)幼小衔接阶段儿童的家庭教育策略

做好幼小衔接工作，不仅是幼儿园的责任，更是家长的责任。家长作为家庭教育的主体，应做好处于这一阶段孩子的教育引导工作，让孩子更快地适应新的环境。家长在儿童入小学前应帮助孩子做好心理、学习、生活等方面的准备。

家庭教育应在孩子进入学校教育之前保证孩子身心健康发展，为接受学校教育打好基础。每个家长都应该认识到，孩子能力的培养和习惯的养成，除了他自身固有的能力特点外，更多的是后天环境的影响，而这个影响恰恰是衔接教育成功与否的关键。环境的突然改变会造成教育的困难，良好的适应能力是解决这个问题的关键。家庭教育与学校教育相比有其独特的优势：家庭教育是一对一进行的，教育力量更加集中。因此，在家庭中进行幼小衔接教育更值得重视。

1. 培养儿童注意力，做好心理方面的准备，加强儿童注意力的培养

幼小衔接阶段的儿童无意注意占优势。这一阶段儿童有意注意的保持时间只有15分钟左右，而小学一节课的时长为40分钟，需要儿童保持长时间的注意力，所以很多刚进入小学的孩子上课注意力不集中，甚至出现离开座位随意走动的情况。在幼儿园会以游戏活动为主要的学习形式，所以儿童感觉很轻松、愉快；但小学学习多是单一的知识学习，儿童会感到不适应和不耐烦。研究表明，孩子对自己感兴趣的事情注意力时间较长，因此，家长可以通过各种锻炼孩子注意力的亲子游戏，对孩子进行注意力训练。

2. 培养儿童学习兴趣，做好学习方面的准备，激发孩子的学习兴趣

人对某事物感兴趣时，就会对其特别注意，对该事物进行细致观察、深入学习和研究。家长要关注孩子的一举一动，鼓励和肯定孩子的自主探索和学习的行为，增强孩子的信心和学习的动力，从而激发孩子的学习兴趣。家长应循序渐进地引导孩子热爱学、乐于学，同时帮助孩子养成良好的学习习惯。孩子对周围的事物都充满了好奇心和求知欲，家长应该热情、积极地对待孩子的提问，利用各种途径引导孩子自主探索问题的答案，并引发孩子对更多问题的思考，激发其学习知识和技能的兴趣，养成乐于探索的学习习惯。

3. 培养儿童的独立性，做好生活方面的准备

进入小学后，孩子的生活和教育条件会发生很大的改变。孩子由凡事依赖父母逐渐过渡到能够独立完成一些事情。因此，要培养孩子自理和独立的能力，让孩子树立规则意识、安全意识，逐步提高孩子的独立生活能力，学会如何照顾自己。孩子上大班阶段，家长就应该潜移默化地培养孩子的独立性。

父母可以和孩子共同制定作息时间表，合理安排生活和学习的时间，让孩子学会如何支配自己的时间。在制定时间表的过程中，家长要有意识地指导孩子先安排学习的时间，

让孩子牢固地树立完成作业后才能玩的观念，帮助孩子养成良好的学习习惯。同时，家长还要教孩子掌握一些生活技能，如自己穿脱衣服、刷牙洗脸、整理书包、保管自己的物品等。

父母要及时纠正孩子的不良习惯，注意观察孩子的一言一行，发现有不良习惯要马上制止，并教给孩子怎么做才是正确的。对孩子的鼓励与惩罚要适度。鼓励和惩罚不是目的，目的是孩子良好习惯和独立性的养成，使其能在幼小衔接时期顺利地过渡。

4. 加强与学校沟通交流，为孩子发展营造良好氛围

家长要及时与老师沟通，了解孩子在校情况，配合学校老师对孩子进行教育，促进孩子的发展和进步，有的放矢地帮助孩子从幼儿园过渡到小学。在与学校沟通的同时，要积极地把沟通的信息反馈到孩子身上。比如，教师反映儿童在学校有注意力不集中、上课坐不住的情况，那么作为家长就应该在家中多与儿童做一些有助于提高注意力的游戏。注意力训练一段时间后，再与学校老师交流，了解孩子这段时间在学校的注意力有没有增强。通过与学校老师的沟通，家长及时帮助孩子改正缺点和不足，帮助孩子顺利度过幼小衔接阶段。

5. 注重为孩子创造更多交往与活动机会，为孩子的成长提供有利平台

进入学校后，孩子交往的范围也有所扩大，为了使孩子适应这种环境，并且能更好地与老师和同学沟通，家长应该特意为孩子提供与他人相处的机会，锻炼交往能力，在平日可以邀请孩子的同学到家中玩耍，多为孩子提供交往活动的场所。对于业余时间的利用，家长可以根据儿童的兴趣让儿童参加一些兴趣小组或者培训班，这样不仅丰富了儿童的课余生活，也为儿童提供了与他人交流的机会。为了能给儿童的成长提供有利的平台，家长应多为孩子创造交往与活动的机会。

综上所述，儿童在幼小衔接时期有着特殊的发展特点，在这一时期，家庭各方面的影响因素对儿童的发展起着至关重要的作用。如何帮助儿童顺利地度过这一时期，是家长应该关注的问题，也是我们在长期的实践和学习中应该逐步完善与探索的新领域。

本章小结

本章主要介绍了不同年龄学前儿童的家庭教育，详细介绍了胎教的概念、对胎教的正确认识，以及正确胎教的方法；详细分析了 0～6 岁各年龄段儿童的身心发展特点、目标，并且提出了相应的家庭教育策略。

思考题

1. 什么是胎教？你更赞同传统胎教还是直接胎教？为什么？
2. 能促进胎儿健康发展的胎教方法都有哪些？
3. 简述 0～1 岁婴儿家庭养育目标。

4. 家长怎样对 0~1 岁婴儿的大动作进行训练？
5. 简述 1~3 岁儿童身心发展的特点。
6. 试述 1~3 岁儿童家庭养育的内容与方法。
7. 试述怎样针对 3 岁左右入园期的儿童进行家庭教育。
8. 简述 4~6 岁儿童的家庭教育策略。
9. 试述幼小衔接阶段儿童的家庭教育策略。

第五章　特殊家庭的学前儿童家庭教育

本章学习目标

➢ 了解单亲家庭产生的社会背景、家庭教育存在的问题。
➢ 重点掌握学前儿童单亲家庭的教育策略。
➢ 了解多孩家庭出现的背景、教育中容易出现的问题等。
➢ 重点掌握长子女容易出现的问题。
➢ 重点掌握多孩家庭教育问题的解决策略。
➢ 了解隔代家庭产生的社会背景。
➢ 重点掌握单亲家庭教育存在的问题与教育策略。

重点与难点

➢ 学前儿童单亲家庭的教育策略。
➢ 多孩家庭教育问题的解决策略。
➢ 隔代家庭教育存在的问题与教育策略。

引导案例

　　玲玲十岁上五年级，有一个四岁的弟弟，玲玲的父母在她两岁的时候外出打工，玲玲一直在爷爷奶奶家长大。在她六岁的时候，妈妈因为怀了弟弟，所以就回到家里没再出去打工。玲玲最幸福的时候就是妈妈怀孕的时候，因为妈妈有很多时间陪她，陪她写作业，给她买吃的、穿的，她感受到了久违的母爱。后来随着弟弟的出生，一切都在变化，尤其是奶奶，什么东西都让玲玲让着弟弟，其实弟弟没出生的时候奶奶还是关心她的，弟弟出生后，全家人的目光就几乎都放在弟弟身上。妈妈虽然有察觉到了玲玲的不开心，但是她也不知道该怎么办，因为从小也没在玲玲身边，而且刚生完弟弟妈妈的精力也有限，大多数时间都要照顾弟弟。有一天傍晚妈妈没在家，玲玲和弟弟在客厅玩耍，奶奶从厨房出来看到刚叠好放在沙发上的衣服被扔在地上，奶奶冤枉并指责玲玲，玲玲委屈地哭了起来，并趁着奶奶不注意打弟弟，弟弟也号啕大哭，妈妈回来之后，弟弟一看到妈妈就哭。如果你是此时的妈妈，你会怎么做呢？

　　从该案例中可以看出奶奶的教育理念是大的要让着小的，因此经常会习惯性地指责姐姐，这样做会导致姐姐越来越讨厌弟弟，本来二人的关系是挺好的，但因为大人这种差别对待，另一个孩子容易心生不满，继而导致姐弟关系变差。姐姐会把自己心里的不平衡转移到弟弟身上，向弟弟宣泄情绪。妈妈缺少专业的育儿知识，虽然注意到了玲玲的情绪，但是不知道该怎么处理。问题放在那不去管，是不会消失的，只会越积越多，说不准什么时候就爆发了。

在处理二胎关系和隔代教育的问题时，家长首先要厘清自己的思路，不论是跟长辈还是跟孩子沟通，都一定要先疏导情绪再解决问题，这样大家的隔阂才会减轻，也都会尝试着站在对方的角度去思考问题。遇到问题不要不处理，要想办法，该提升自己就提升，该学习就学习。否则问题会跟滚雪球一样，越滚越大，终究有一天会撞到自己身上。

（资料来源：本书作者整理编写）

第一节　单亲家庭教育

家庭作为社会最基本的细胞，不但关系着个人一生的发展，还关系着社会的安定，关系着国家的未来。著名家庭教育专家、中国教育学会家庭教育专业委员会理事长赵忠心认为家庭教育有广义和狭义之分。广义的家庭教育是指家庭成员间相互实施的教育和影响；狭义的家庭教育仅指家庭生活中，由家长、长者对子女实施的教育和影响。随着社会各界对家庭教育的重视，我国开始学习西方家庭教育的经验。德国的双亲教育(Elternbildung)、美国的父母教育(Parental Education)、俄罗斯的家长教育，在引入我国的过程中，被翻译为"亲职教育""家长教育""家庭教育指导"等概念，其内涵是指对家长进行的如何成为一个合格称职的好家长的专门化教育。

单亲家庭教育

在 2018 年 9 月 10 日的全国教育大会上强调："家庭是人生的第一所学校，家长是孩子的第一任老师，要给孩子讲好'人生第一课'，帮助扣好人生第一粒扣子。"习近平总书记还多次发表"注重家庭、注重家教、注重家风"的"三个注重"讲话。在这之后，相关部门相继出台了大量旨在提供满足家长和儿童需求的家庭教育指导的政策文件，家庭教育在我国得到了前所未有的重视。

一、单亲家庭产生的社会背景

0～6 岁是儿童身心发展最关键的时期，与周围环境的相互作用能对其发展产生深远影响。家庭是儿童的第一所学校，也是儿童社会化的开始，良好的家庭能够培养儿童正确的行为模式、健康而克制的情感以及良好的人际交往能力。家庭是儿童成长的重要环境，家长是儿童的第一任老师。父母的言传身教可以直接影响儿童情绪、个性、社会性、思维等方面的形成与发展，可以说，家庭教育在儿童的发展过程中起着至关重要的作用。而对于学龄前儿童来说，其主要的生长环境是家庭和幼儿园。在现实生活中，许多父母在成为父母前并没有经过专业学习，缺乏足够的家庭教育知识和科学的方法，导致对儿童的教育无法起到促进儿童发展的预期效果。

我国家庭结构深受城市化和现代化的影响，双职工家庭、单亲家庭、重组家庭、隔代家庭日益增加。资料表明，近年来，中国的家庭离异数量正在不断增加，且离婚率已持续八年呈现递增趋势，特别是在近几年间上升尤为突出。2021 年 5 月 11 日，中国第 7 次人口普查数据公布，2000 年中国离婚登记数量为 121 万对，2020 年已上升到 434 万对，近二十多年来，离婚对数增加了 3.3 倍多。年年攀升的离婚率，意味着离婚式单亲家庭的数量日益攀升。单亲家庭由于结构不完整导致的家庭功能缺失，给单亲家庭的儿童，尤其是年儿童童的成长带来一系列消极影响。无论是亲密母子关系、父子关系的保持，还是儿童身心的健康发展，都必将面临危机。与完整家庭相比，单亲家庭子女在心理和行为方面更容易出现偏差，单亲父母在精神和现实方面都更需要帮助和有效指导。绝大多数离异家庭儿童表现出喜欢孤独、闷闷不乐、烦躁、易怒、冷漠、自卑、逆反等心理，这些不良的情绪情感阻碍了单亲儿童同伴交往的发展。在不完整的家庭结构中，亲子交流的机会相对较少，儿童缺乏父母人际交往和行为规范的榜样示范与指导，容易导致其行为模式的偏差以及交往能力低下，形成不良的同伴关系，不利于儿童的社会化。比如，有的儿童喜欢独来独往，很少与同伴甚至成人发生交往；有的儿童性情冷漠，缺乏同理心，不能很好地理解同伴所传达的信息；有的儿童敏感易怒，容易与同伴产生矛盾冲突，又缺乏解决问题的能力，导致矛盾激化恶性循环等。

离异家庭数量上升，会导致家庭出现一系列问题，对于单亲家庭关系而言，最突出的矛盾，即为亲子冲突。解决好单亲家庭儿童的亲子冲突问题有助于单亲家庭子女更好地在今后诠释自己的社会角色，处于重要的未成年阶段的儿童成长问题是值得我们高度关注的，尤其处于特殊家庭环境的儿童，更要进行正确的引导和帮助。

二、单亲家庭对儿童身心的影响

单亲家庭作为一种概念最早产生于 20 世纪 70 年代的西方欧美发达国家，一方面由于西方一些发达国家不断上升的离婚率，使得大量的离婚单亲家庭出现；另一方面，西方国家在女权运动的影响下，掀起了"性解放"的思想，导致大量的未婚妈妈出现，也使得单亲家庭的数量与日俱增。单亲家庭大量出现带来的各种社会问题，受到了社会各界的广泛关注，之后单亲家庭这一概念逐渐被引用。从字面上来理解，单亲家庭是一种只由单一的父亲或单一的母亲与其孩子组成的家庭，是一种不完整的家庭结构形式。

国内外学者对单亲家庭这一概念并没有一个统一的标准化解释，不同的学者从不同的角度对其进行理解。有国外学者认为单亲家庭应该是"在一个家庭中，其中只有生亲或养亲一人，带着需要养育的在学或学龄前子女的家庭结构"。英国单亲家庭委员会把单亲家庭定义为"一个没有配偶与其生活，与其未婚的没有独立的且年龄在 16 岁以下，或者年龄在 16～19 岁，但正在接受全日制教育的子女所组成的家庭"。由此可见，他们均对单亲家庭子女的范围有所限定。我国学者刘鸿雁将单亲家庭的概念界定为只有父亲或母亲一方与未婚的、年龄在 18 周岁以下的、不具备独立生活能力的子女共同生活的家庭。

单亲家庭教育对儿童产生的影响可以分为身体上的影响和心理上的影响，但其最主要的还是对于儿童心理发展产生的影响。

(一)对儿童身体上的影响

在单亲家庭中，儿童经常只能接触到父亲或者母亲，由于男女性格的差异，大部分由母亲独自抚养的儿童在精细动作的发展上要优于由父亲独自抚养长大的儿童；而由父亲照顾的儿童在跑、跳等大肌肉动作的发展上要明显优于由母亲独自抚养长大的儿童。一般来说，母亲对于儿童身体上的照料常常会比父亲更细心。

(二)对儿童心理上的影响

单亲家庭对儿童心理上的影响有以下几方面。

1. 儿童容易产生孤独感

医学领域最早出现"孤独"这一概念。1959 年，奥地利心理学家弗洛姆(Fromm)发表的《论孤独》是"孤独研究"的基础性文献。1973 年美国学者韦斯(Weiss)最初将孤独感这一概念引入心理学领域，他认为孤独是一种长期性的情感缺失，产生于个体的人际交往过程中。美国社会心理学家帕尔曼(Palmer)和加拿大心理学家佩普劳(Peplau)认为孤独感是个体与人交往过程中情感未得到满足而产生的不快感，是个体的主观感受，与环境的变化无关。国内学者黄希庭认为，孤独感属于人的消极情绪之一，是个体渴望亲密的交往关系而又不能得到的情况下所产生的负面情绪体验。

单亲家庭的孩子缺少父亲或母亲的陪伴，无法在成长过程中获得足够的关爱，难免导致出现孤独情绪。尤其是他们看到其他孩子在双亲的陪伴下，一家三口其乐融融地参加幼儿园组织的各种活动，脸上洋溢的喜悦笑容和幸福感，这些都是单亲家庭孩子所无法体会到的。在目睹了其他家庭完整的同学后，那种心中苦涩和辛酸，往往都是难以言表的，随着时间的推移，这种失落感会转化为低自尊。他们会感到内心的孤独，会有一种不认同和怀疑自己的感觉，觉得自己一无是处，也就产生了不积极地参加团体活动、害怕犯错、不愿和别人联系等一系列显性行为。一些孩子常常会把这种情感深藏在心里，导致心中大门紧闭，不爱与人交往，沉默寡言，严重者甚至会出现攻击性行为，对孩子的心理健康成长极为不利。

2. 儿童性别角色习得性缺失

性别角色的发展是儿童社会化发展的重要表现之一，一旦儿童在社会化过程中将性别角色规范内化，他们就会顺其自然地根据自己性别的行为来认知、分析、行动，造成性别角色的心理差异，而这种心理差异对于儿童今后的性别角色认知和发展水平将产生重要的影响。

在单亲家庭中，由于缺少父亲或母亲，导致儿童在性别角色习得的过程中缺少对一方性别角色的学习机会，这不仅会影响自身对性别角色的认知，还会引起对缺失的异性性别角色的认同失当。单亲家庭结构不完整，容易导致儿童性别角色习得的缺失。单亲家庭的儿童长时间与父母中的其中一方生活在一起，特别是单亲儿童与抚养家长的性别相异，会导致单亲儿童不仅缺乏在性别角色学习过程中对同性角色知识的学习和行为方式的模仿，还容易受到来自其他异性角色的干扰，这不仅不利于其自身性别角色的形成，还会影响他对性别角色的认同。儿童如若缺少对性别角色的认同，并且家长没有足够重视的话，就会很容易造成儿童在两性角色上的心理和行为上偏差，如"男孩女性化"和"女孩男性化"现象。

许多生活在单亲母亲家庭中的男孩，缺少在生活中对父亲的模仿，使得他们无法切身感受到男性应具备的性别特征，以及男性的为人处世之道，男孩在与母亲的生活过程中无法模仿男性的阳刚之气，而更多的是感受到母亲的柔软细腻，导致男孩潜移默化地具备了女性的特征，表现出"男孩女性化的"倾向，如举止娴静、性格娇弱、唯唯诺诺、缺乏果敢和男孩子的阳刚之气等。

3. 儿童社会化过程受到影响

社会化的概念是一个从狭义到广义不断发展的过程，早期的社会化主要以儿童和少年作为研究对象，探讨个体从"生物人"转变为"社会人"的过程。随着社会化研究范围的不断扩大，广义的社会化还包括学习角色技能、内化社会价值标准、适应社会生活的过程，研究的对象也扩展到人的一生，不仅青少年面临社会化问题，成年人、老年人也都需要在社会化过程中不断改变和适应。美国社会学家帕森斯(Parsons)认为每个人角色学习的过程就是社会化的过程，在此过程中，个人逐渐明确自己在社会结构中的地位，遵从不同结构体制对个人的角色规定，并学会顺利地完成各类角色义务，社会化的功能就在于维持和发展这种社会结构。

在儿童社会化过程中，家庭结构是家庭因素中最大的影响因素。一般情况下，父母在离异之初，儿童年龄较小，生理及心理尚不成熟且心理调节能力不足。家庭结构的不完整，使不少单亲子女因缺少父亲或母亲的关心爱护而导致心理发展失衡。具体来说，一个家庭存在三种关系，即父母关系、父子关系和母子关系三种。在这些关系中，儿童势必要学会与他人打交道，还要了解与人之间的关系。而在单亲家庭中，这些关系随着家庭成员的离开而减少，这势必会影响儿童的交往水平。父亲的言谈举止不同于母亲，这在本质上是有差别的，而且会对儿童的心理以及人格发展产生重要的影响。正因为家庭中父母双方对儿童人格及心理的发展如此重要，所以家庭结构的完整程度对儿童的社会化能够产生重要影响。

在中国，80%的单亲家庭归因于夫妻离婚，单亲家庭儿童被迫离开他们原有的家庭环境，选择父母中的一方，与其组成单亲家庭。研究发现，不管离婚时孩子年龄多大，离婚都会伤害到孩子，离婚家庭的孩子往往比完整家庭的孩子更容易出现各种问题。

自我心理失调是儿童社会化出现问题的一个重要表现，这在单亲家庭里也是极易发生的。父母离异后，当父母其中一方离开孩子后，孩子的内心受到了伤害。首先孩子在情感上是无法接受的，进而会产生一系列的连锁反应，觉得是因为自己多余才会让他的父亲或母亲离开自己，久而久之他就会轻视自己，将自己边缘化，同时还会产生特殊的情感体验，如性格孤僻、孤独忧伤、喜怒无常、歪曲事实、容易走极端等，有的甚至因为害怕被人嘲笑，常常对他人怀有戒备心及敌意，久而久之，导致自身心理发展失去平衡，严重的甚至会产生心理疾病等。这些不良的性格特征、行为方式和道德倾向如果没有被尽早发现并加以正确引导，就很容易表现为孤独、不合群、对一切都抱着无所谓的不良心态，甚至会嫉妒和憎恨他人甚至产生暴力行为，显然这些都是不利于社会化的恶性发展。

弗洛伊德强调，只有具备强大的自我才会拥有健康的人格，现实的自我要同时受到来自本我、自我和超我三方面的压力，这三者若能保持动态平衡，人的心理和人格就得以保持健康。

4. 儿童容易产生认知偏差

关于自我价值感最早可以追溯到美国心理学家詹姆斯(James)于1892年的探究。詹姆斯的自我价值理论将自我价值感理解为人与真正的自我与理想的自我之间的距离，距离越小，自我价值越强。加拿大哲学家泰勒(Taylor)在《自我价值的起源》中写道，自我价值感是能力、性格和力量的组成部分，并将其解释为一个人对自己的整体看法，这既表明了他对自己的欣赏，也表明了他对自己的能力、权力和价值的认可。

在单亲这种不均衡的家庭环境中，即使父母照顾子女时倾其所有，但依旧可能会造成儿童心理上的不平衡。一项研究表明，未成年人的自尊心和性格还没有完全成熟，社会特性还没有形成，这一阶段是个人成长和人格发展的重要时期，单亲家庭的子女相较于正常家庭的儿童，会遭受更多心理上的消极受挫。数据显示，单亲家庭儿童这个心理消极状态会比正常家庭儿童高 9.8%。青少年期消极抑郁的自我认知表现为胆怯、退缩、缺乏自信。

由于儿童在较小的年龄面对家庭的变化和解组时，往往会产生心理阴影或迷失方向，一些儿童可能会产生"我与他人不同"的心理暗示，认为自己比别人差，而有些孩子认为自己的存在就是一种多余、拖累的感觉，进而产生一种自责感。这种消极的心理情感就很容易影响他们在日常生活中与人沟通时的状态，极大地限制了儿童的社会融入。错误的自我认知不仅会带来社会问题，还会使孩子失去自我认识，影响其心理健康的成长。

认知偏见不仅表现在儿童身上，也表现在其父母身上。离异单亲家庭三角关系对儿童自我价值感有显著的影响——研究表明，单亲父母比完整家庭的父母压力大。因此，很容易把自己的孩子当作出气筒来转移自己的负面情绪；也有父母会忽视他们的孩子，对他们的成长不负责任；过度管教的教育方法也将给原本脆弱的未成年儿童带来过度的心理负担，使其承担起本不应该自己承担的心理压力，导致儿童自我价值感的降低。因此，父母的教育也必须确立正确的价值取向。

三、单亲家庭教育存在的问题

单亲家庭教育存在的问题如以下几方面。

(一)单亲家庭早期养育的投入不足

家庭中的养育投入主要是指养育者对儿童养育的人力、物力、财力三方面的投入。虽然单亲家庭的养育者也会尽可能地去满足与支持子女成长的各种需求，但一个完整家庭变为一个单亲家庭，情况确实会发生一些变化。

🎓 案例 5-1

一位单亲母亲曾说："在和孩子爸爸没分开之前，幼儿园组织的一些活动，甚至社会上某些机构的一些儿童户外活动，比如夏令营或冬令营等，孩子很喜欢，我们也总会让孩子参加。可是现在我一个人带着孩子，虽然她爸爸的抚养费也会给，可是经济上确实不如之前了，所以让孩子参加户外活动等一些课外活动也就减少了。"

(资料来源：本书作者整理编写)

在时间陪伴方面，单亲家庭中的大部分养育者都没有充足的时间在生活与学习中陪伴孩子。单亲家庭的养育者往往一人身兼数职，既要收拾家务又要工作，还得照顾孩子，时间不足，精力不够，根本没有太多的时间与孩子一起听音乐、阅读图书、玩玩具等。所以，对于许多单亲家庭来说，陪伴时间不足会使得大多数被养育者的一些养育行为受到影响。

在性别角色榜样方面，父母任何一方角色的缺失，都会对孩子养育行为产生一定的影响。

案例 5-2

有位单亲母亲这样说道，孩子玩的各种玩具，像变形金刚、奥特曼，我也会从网上查一查它们的功能，但每次与孩子一起玩时，总是还没孩子懂得多，孩子也不愿意和我一起玩这些了，但每次他舅舅来时，他总和舅舅一起玩，他说舅舅知道得可多呢。所以，单亲家庭所带来的性别角色缺失是一个值得思考的问题。此外，家庭中角色的缺失有时也不利于亲子关系的协调。

(资料来源：本书作者整理编写)

案例 5-3

在某次访谈过程中，一位单亲母亲说道："和她爸爸分开之后，孩子是和我一起生活，有时我工作太忙的话，我爸妈也会过来帮我照顾一下，记得有一次我爸妈去沈阳看亲戚了，那天我又刚好加班，实在走不开，所以我就给她们老师打电话说，我能不能晚点再过去接，可是老师说幼儿园最晚到四点半，后来孩子就跟着老师回家了，我是去老师家接的孩子。回去之后，孩子就赌气不跟我说话了，不论我怎么解释她也还是不和我说话，直到我爸妈回来后，不知道和她说什么，我再和她说话时，她才搭我的话。唉，其实那天我也想早点去接孩子啊，我也知道她肯定很伤心，别的小朋友都走了，就剩下她自己，可我也没办法啊，我总得工作呀，要不我怎么给她好的生活呢？"

(资料来源：本书作者整理编写)

可见，在单亲家庭中，由于父母一方的缺失，缺乏第三人协调的亲子关系出现问题的可能性会更大一些。

(二)单亲家庭早期养育的观念滞后

家庭养育质量的高低在很大程度上取决于儿童的主要养育者，也就是儿童主要养育者的养育行为，而养育行为在很大程度上又是由养育观念决定的。养育观念是指父母在养育孩子的过程中，对其发展期望及教育的总看法。

随着社会的发展与进步，对养育观念提出了新的要求。如要求儿童社会适应能力与生活自理能力的提升。现在部分单亲家庭仍认为养育孩子就是让其吃饱穿暖即可，观念还停留在以前，说明养育观念落后的问题仍然存在。

案例 5-4

孩子两岁的时候，我出去集中学习了两年，那两年多亏了我妈帮我照顾孩子，虽然我妈对孩子照顾得很细心，把什么事都弄得好好的，但我就发现孩子的依赖性变大了，与同龄的小朋友相比，她的自理能力就比较差。

(资料来源：本书作者整理编写)

四、学前儿童单亲家庭的教育策略

学前儿童单亲家庭的教育策略有以下几种。

(一)明确自我养育责任,保障完整养育功能

在家庭养育中,父亲与母亲各自担任着不同的角色,父亲角色和母亲角色对儿童发展产生的影响也是不可替代的,任何一方角色的缺失或角色作用的弱化,对儿童的成长都会带来不利影响。如果夫妻双方一旦选择分开,不管最终谁养育孩子,任何一方都不可以将孩子看成自己的私有物品,更不可以让孩子在离开父母合力养育的情况下扭曲地发展。父母双方一定要及时处理好各种关系,要尽量保证亲子关系不会因为婚姻关系的变化而有所改变,确保让孩子在单亲家庭中也能健康成长。在儿童全面健康成长的过程中,父亲与母亲两个角色都是必不可少的。所以,单亲家庭的养育者,不管是父亲还是母亲,都应该认识到自己角色作用的不可替代性,即使不在儿童的身边,也要抓住并利用各种机会去影响儿童,比如可以利用现代网络设备及各种通信设备,加强与儿童的互动交流,最大限度地发挥角色模范的作用,帮助儿童健康地成长。同时,单亲家庭的养育者要充分利用身边亲戚、朋友的性别资源,在适当的时间给儿童必要的影响,让其性别角色得到充分的发展,使其能够更好地适应当今社会发展的需要。

此外,在单亲家庭中,由于家庭成员的减少,在亲子交流中可能因缺乏第三人的协调而出现一些不必要的问题,所以单亲家庭的主要养育者在与儿童交往时,要给儿童足够的空间,引导儿童说出内心的真实想法,并认真地倾听儿童的表达,要对儿童的想法给予理解并且告诉儿童自己的真实想法,这种民主平等的亲子交流有利于改善亲子之间的关系。同时还必须认识到陪伴对于儿童发展的重要性,并且要时刻注意陪伴的数量与质量。总之,单亲家庭的养育者只有不断地汲取科学的养育知识、更新自己的养育理念,才能更好地指导儿童的发展。

(二)掌握合理养育方法,树立正确养育理念

单亲家庭的养育者要树立正确的养育理念,学会调节对单亲儿童的期望水平,对单亲儿童的期望要合理。在大多数的离异单亲家庭中,养育者对儿童的期望往往会出现两个不同的极端,一个是对儿童持有过高的期望,单亲家庭的养育者们将自己的孩子视为生活的唯一,把自己的所有希望全部放在儿童身上,希望自己的孩子可以在各方面都出人头地,只要儿童稍微没有达到养育者的要求,儿童就很有可能受到较为严厉的惩罚。然而这种过高的期望只会给单亲儿童幼小的心灵带来严重的心理压力,并且这种较为专制的养育方法十分不利于单亲儿童的发展。另一个极端是对儿童期望过低或不抱期望,任其自由发展,这种放任型的养育方法可能完全忽视了单亲儿童成长的各种需求,这也非常不利于单亲儿童的健康成长。

所以,单亲家庭养育者要学会调整对单亲儿童的期望水平,既不要对其持有过高的期望,也不要对其放任不管不问,要做的是尽量使自己的期望与儿童自身的特点相符。单亲家庭的养育者要意识到儿童是具有独立人格的主体,他们有自己的爱好与兴趣,养育者不能把自己的意愿强加在儿童身上。单亲家庭的养育者要充分了解儿童的兴趣爱好与个性特

点，学会根据儿童的兴趣爱好及个性特点去培养儿童，同时单亲家庭的养育者也要把生活的重心放在自己身上，而不是一味地将所有的希望放在单亲儿童身上，这样不仅有助于单亲儿童的健康成长，而且对单亲家庭养育者而言也是一种精神减负。总之，单亲家庭养育者要学会树立正确的养育理念，适当调节对儿童的期望水平，用科学民主的养育态度对待儿童，为儿童的全面健康发展提供保障。

(三)注重科学养育观念，强化自身养育知识

儿童养育者要想在日常生活中使用恰当科学的养育行为，就必须要不断地更新自身的养育观念，将科学合理的养育观念纳入自身的认知体系，进而指导其养育行为。国内学者黄人颂认为，家庭的早期养育在儿童的长远发展中起着十分重要作用，其主要表现以下三方面：第一，家庭的早期养育行为为儿童认识世界奠定基础。第二，家庭的早期养育行为会为儿童的全面健康发展提供了充分的条件。第三，家庭的早期养育行为会为儿童的个性发展奠定良好基础。作为单亲家庭的养育者，更应该认识到家庭的早期养育行为对儿童身心健康发展的重要意义，从而运用科学的养育观念，对儿童进行恰当合理的养育。

单亲家庭在对儿童的养育过程中存在养育观念落后的问题，有些单亲家庭的养育者总是想尽最大的努力去弥补儿童失去的父爱或母爱，结果一味地满足儿童物质上的要求，却忽视了与儿童的情感交流和思想沟通，也完全忽视了对儿童自主性与独立性的培养。研究表明，单亲家庭养育者的文化程度越高，养育者越有可能采取理性科学的养育行为，也越注重培养儿童独立自主的能力。所以，单亲家庭的养育者要学会通过各种途径加强对学龄前儿童科学养育与教育知识的学习与获得。比如可以利用家访、家园活动日、家长委员会等家园合作形式主动地与幼儿园教师、园长交流沟通，他们都受过专业的训练，与他们交流沟通，听取他们的有效建议，或多或少会对自己的养育行为有所启发与指导。另外，在单亲家庭中也要尽量去避免隔代养育的问题，父亲或母亲要自觉承担起儿童主要养育者的责任，任何时候都不能忽视对儿童的关心与照顾，(外)祖父母由于受到某些传统落后观念的影响，儿童可能无法从(外)祖父母那里得到足够的、科学的养育。

总之，单亲家庭的养育者要不断汲取科学的养育知识，更新自己的养育理念，学会用科学的养育观念指导其养育行为。

(四)提供良好养育氛围，有效实现互助养育

整个社会都应该关心单亲家庭儿童的健康成长，要为单亲家庭儿童提供足够的支持与帮助，要注意保护这些单亲儿童的自尊心，为他们的成长提供健康的养育氛围。现在社会上还有一部分人由于受到传统观念的影响，对单亲家庭依然存在偏见与误解，尤其是离异的单亲家庭。对于所有的单亲家庭的养育者，要给予一定的理解与支持，不要歧视与冷落他们，在工作与生活中要以更加宽容的态度对待他们，只有消除了社会文化的偏见与歧视，减轻单亲家庭养育者的舆论压力，单亲家庭的养育者才有可能为单亲儿童提供更加优质的养育行为，为单亲儿童的健康发展提供有利的基础保障。这就需要我们合理利用广播电视、网络以及报纸杂志等现代大众媒体的力量，为单亲家庭创造一个平等、包容的社会大环境。然而不管是广播电视的舆论宣传、报纸杂志的舆论宣传还是网络媒体的舆论宣传都是鱼龙混杂的，所以对于社会舆论宣传的及时监管就成了一项非常重要的工作，政府相关部门要

重视舆论宣传在促进我国单亲家庭养育中的积极作用。

　　单亲家庭也要学会充分利用各种养育资源来减轻和消除单亲家庭养育者的各种压力，从而帮助单亲儿童健康成长。比如通过社区照顾他们，开展各种帮扶活动，了解单亲家庭养育者及孩子的思想状态，并及时和幼儿园教师取得联系，共同商量研究，养育好每一位单亲家庭的孩子。同时社区居委会也应该为单亲家庭养育者与单亲儿童提供一些关于心理健康等方面的服务，比如社区居委会可以在相关专业人士的帮助下，设立单亲家庭咨询室，帮助单亲家庭答疑解惑；也可以组织周日活动，让一些有经验有责任感的家长义工献爱心，帮助单亲家庭养育者解决困惑；还可以在社区建立单亲家庭父母课堂，定期向单亲家庭养育者提供科学的养育方法等。

　　总之，希望单亲家庭在充分利用各种养育资源的基础上，有效地实现互动养育，给那些单亲家庭的养育者与儿童更多的关爱与温暖，让单亲家庭感受到社会对他们的关心与爱护，使单亲儿童像完整家庭的儿童一样的健康快乐地生活。

第二节　多孩家庭的教育

多孩家庭的教育

　　2021 年 6 月 26 日，国务院发布《中共中央 国务院发布关于优化生育政策促进人口长期均衡发展的决定》，文件指出：人口发展是关系中华民族发展的大事情。为贯彻落实党的十九大和十九届二中、三中、四中、五中全会精神，促进人口长期均衡发展，现就优化生育政策，实施一对夫妻可以生育三个子女政策，并取消社会抚养费等制约措施、清理和废止相关处罚规定，配套实施积极生育支持措施。

一、多孩家庭出现的背景

　　出现多孩家庭的背景涉及以下几方面。

(一)政治背景

　　我国的人口老龄化问题引人深思，首批"婴儿潮"人口进入老龄化以及晚婚晚育令我国人口老龄化加速。而对于一个国家来说，人口老龄化带来的危机和挑战也是巨大的，劳动力供给不足使成本增加，劳动人口所占比例较低、抚养率提高，人口红利消失，经济发展速度被动放缓，工作机会减少导致国家税收不足、养老问题难以解决等，这些都不利于中国经济结构的转型。

(二)经济背景

　　人口是一个国家竞争力的基本要素，没有人口优势给经济发展带来丰厚的人口红利，国家的国际竞争力就少了一面盾牌。一旦人口增长后劲不足，就很容易造成经济发展速度减缓，不论是对社会的发展，还是对市场的运行、对国家的创新都容易造成巨大的影响和破坏。现在社会的发展离不开足够的劳动力，人口的增长后劲不足无疑会给未来经济的快速发展带来一定的隐患。

(三)社会背景

一个家庭一旦失去唯一的孩子对于父母来说无疑是人生最大的悲哀，失独群体的情感慰藉迫在眉睫。除此之外，这些失独老人的养老问题日益凸显，加重了社会的负担，老人的"失独"不仅是家庭的灾难，更是社会之殇。

(四)文化背景

我国独生子女的数量目前已经突破一亿，数量上升，质量却并没有随之上升，相反，很多独生子女家庭的孩子出现了一系列问题。家长的过度宠爱导致孩子的心态、性格出现不良的变化，以自我为中心、独立性差、性格蛮横等是很多独生子女身上都存在的问题，另外，青少年暴力问题、犯罪问题日益突出，已成为社会关注的热点。

针对以上出现的问题，国家积极应对挑战，及时调整人口政策，做出"全面放开三胎政策"的决定。劳动力供给以及消费者数量，利于未来经济的发展。从劳动力供给端看，大量新生人口在未来将增加劳动力供给，这将有助于解决劳动供应短缺的问题。更重要的是，大量新生儿在未来将提供年轻、高素质的劳动力，这将更有利于未来的经济发展。因为我们预计未来经济增长将依赖产业升级转型及消费服务业大发展，产业升级及消费服务业发展需要年轻、高素质的劳动力供给。在党和国家政策的积极号召下，全国各地积极响应，不少家庭纷纷选择生育次子女、三孩，有的地区甚至出现了"次子女热"，可见，"次子女时代""三孩时代"已经到来。

二、多孩家庭教育中容易出现的问题

多孩家庭教育中容易出现的问题，我们从父母方面和长子女方面来介绍。

(一)父母方面

父母方面容易出现的问题有以下几点。

1. 对多孩家庭教育未形成正确的认知和引起相应的重视

多孩政策已放开，但对于父母来说，可能自身还没有做好足够的准备工作。调查发现，多孩父母对于多孩家庭教育的认知还是存在相应的偏差，并未引起高度重视。

自从有了多孩子女之后，很多父母认为家庭关系不如之前融洽。可以看出大多数父母还是未能提前做好功课，这与父母自身的成长经历、文化水平、教养理念有着密切关系。

对于长子女表现出的脾气暴躁、易哭、捣乱、攻击、嫉妒等非正常心理和行为表现等，多数家长认为，这些都是多孩家庭长子女的正常反应，过段时间就会好的，对此不以为然。越是抱着认为一切正常的心态，越容易把小问题转变为大问题，从而使长子女身上的问题越来越严重。

2. 给予长子女的关爱不足

由于多孩子女的到来，导致父母身心疲惫，大把的时间和精力都投入到了养育孩子们身上，使其出现了对长子女的态度欠佳、缺乏相应的耐心等现象。大多数父母对长子女的态度出现的变化都因忙于照顾其他孩子，而对长子女表现出不耐烦的态度，只有少数父母还能充分尊重长子女，理解长子女的变化，给予更多的关爱。此时的长子女很脆弱，也很敏感，父母的一点小举动都可能牵动长子女的神经，影响他们的情绪波动。如果父母能够有耐心、理解尊重长子女的变化，一定会使家庭关系越来越和睦，也能促进长子女的身心健康发展。

多孩子女的到来，势必会削弱和稀释父母陪伴长子女的时间和精力，这是毋庸置疑的。其他孩子的年龄较小，越需要父母更多的陪伴，但不能因为其他孩子就完全忽略长子女的心理感受，如果父母的教育得当，能够均衡好陪伴孩子们的时间，就可以避免长子女的心理情绪问题，也能促进家庭亲子关系的和谐发展。

3. 无法公平地对待多个子女

当多个孩子之间产生矛盾时，大多数家长是责罚长子女，教育长子女要谦让弟妹，认为大的就要让着小的，这是"中华传统美德"。父母没有考虑到的是，这样不公平的要求会让长子女心理受挫，让他们觉得父母只喜欢弟弟妹妹，很容易给他们幼小的心灵留下阴影，认为弟弟妹妹的到来抢走了爸爸妈妈的爱，从而可能出现嫉妒、冲突等问题。

(二)长子女方面

长子女方面容易出现的问题有以下几点。

1. 对父母、弟弟妹妹态度冷淡、被动

在调查中发现，长子女由于其认知方面存在的问题进而导致他们对父母和弟弟(妹妹)的态度比较冷淡、被动。当知道父母生育弟弟妹妹时，很多长子女犹豫不决，有的甚至毅然拒绝。当看到自己的弟弟妹妹时，多数长子女会向家长抱怨，甚至少数长子女表示不喜欢弟弟妹妹，带有负面情绪。最主要还在于父母对于长子女的态度与以前大有不同，导致长子女产生心理落差，无法接受已有弟弟(妹妹)的事实，进而可能会埋怨父母和弟弟妹妹。

2. 为寻求家庭成员关注，出现撒谎行为

我们从小教育孩子要做一个诚实的好孩子，不能撒谎。但很多长子女面对弟弟(妹妹)的到来，为了寻求家庭成员对自己的关心，会故意撒谎来博取关注。据调查显示，超过一半的长子女会出现撒谎行为，少数孩子偶尔会有一些撒谎现象。原本天真烂漫的孩子，为了得到家里人的关心，为了宣告自己也是这个家里的孩子，同样也需要家里人的关注，于是便出现了撒谎、不诚实的现象。这种行为其实也是可以理解的，但如果不加以改善，会越来越严重。一旦长子女觉得撒谎可以尝到甜头，久而久之就会产生不良行为，希望这一点可以引起多孩父母以及其他家庭成员的高度重视。

3. 缺乏作为哥哥姐姐的责任意识，无法独立地解决和次子女的矛盾

当弟弟妹妹哭闹时，大多数长子女会觉得弟弟妹妹很吵闹，会很生气或者对此完全不在意，只有少数长子女会选择让爸爸妈妈去安慰哭闹的弟弟妹妹。父母照顾弟弟妹妹会很辛苦，但是大多数长子女表示不太确定是否应该帮助父母一起照顾弟弟妹妹。由此可见，长子女还是没有树立作为哥哥姐姐的意识，不懂得帮助父母一起照顾弟弟妹妹，这主要在

于他们的认知有误或有限。

要是弟弟妹妹抢了自己喜欢的东西，大多数长子女会选择告诉自己的爸爸妈妈，希望通过父母帮自己拿回东西，而一小部分长子女会出现直接争抢打架，不懂退让。可见长子女还是不能很好地协调和弟弟妹妹之间的矛盾，过度地依赖父母帮助其解决问题。

4. 长子女出现了倒退现象

在行为方面，因为弟弟妹妹的到来，长子女为了捍卫自己在家里的地位，原本能独立完成的事情就突然出现了行为倒退的现象。长子女出现的行为有黏人、爱哭、不想离开妈妈、每件事都需要妈妈帮忙，吃饭异常、睡觉异常，甚至有要求喝奶瓶，还伴随一些攻击行为、交往障碍等。这些行为会使家里人的关注点从长子女身上转移到弟弟妹妹那里，长子女会心理落差大，觉得自己受到了不公正的待遇，情绪波动较大，从而出现行为倒退现象。这其实就是长子女在捍卫自己在家里的地位，以寻求家人的关注。

案例 5-5

天天今年 9 岁，他有一个年龄 4 岁的妹妹。自从妹妹出生后他觉得父母没有像以前那么喜欢他了，妹妹想要什么玩具爸爸妈妈基本上都会满足她，但是对他却不一样，他想买一个游戏机爸爸妈妈却一拖再拖就是不给他买。以前没有妹妹的时候他上学回来爸爸妈妈总是会陪他玩很长时间的游戏，但现在他想和爸爸妈妈一起做游戏的时候，爸爸妈妈总是以"要照顾妹妹没有时间陪你玩为由"拒绝他。因此他很是恼火，觉得是妹妹抢走了他的一切。每当别人问起他妹妹时，他总是表现出一副讨厌的表情。

（资料来源：本书作者整理编写）

案例 5-6

张女士有两个孩子。有一次，她买了两个一样的玩具小熊，一只是白色，另一只是红色。大宝先问："哪个是我的呀？"张女士自然地问她："你喜欢哪个？"她开心地说白色的。这时二宝立刻跑过来也要抢白色的，两个孩子发生了肢体冲突。大宝刚上一年级，二宝三岁。大宝忙着上学，对"考试""作业"等学业活动很在意，并且有很强烈的主权意识和"大姐大"思想，学习的时候经常会对妹妹无意识的哭闹干扰行为表达抗议甚至训斥。大宝拿扫把扫地，张女士看到了就表扬大宝说："大宝你真棒，你是一个爱劳动的孩子！"这时，二宝放下手中的玩具，过来抢大宝手中的扫把，也想得到大人的表扬。而大宝也不甘示弱，紧紧抓着扫把不放，两个人为此扭打在了一起。

（资料来源：本书作者整理编写）

案例 5-7

杨女士育有一子一女，大宝是个女儿，今年 8 岁，二宝是个儿子，今年 5 岁，儿女双全的杨女士被人羡慕不已，都说她老了以后要享福。可杨女士知道，养两个孩子有多难，她想着二宝年纪小不懂事，平时对他也有所偏爱，明明是儿子做错了事情，可她却将错误全归咎于女儿身上，认为是她没看好儿子才导致种种问题的发生。无辜背锅的姐姐不敢公然与妈妈对抗，但在心中埋下了恨意的种子，经常趁着家长不在的时间欺负弟弟，而弟弟也害怕姐姐的报复，如果不是杨女士偶然发现了儿子胳膊上的掐痕，这情况还被蒙在鼓里。

(资料来源：本书作者整理编写)

三、多孩家庭中教育问题的解决对策

针对多孩家庭中出现的教育问题，我们一般从父母方面、长子女方面和次子女方面来进行解决。

(一)父母方面

父母方面所需要注意的有以下几点。

1. 改变教育观念——提升科学教育水平

1) 树立科学的育儿观

首先，父母应该改变传统的家庭教育观念，打破原生家庭对父母在教育方面影响的局限，不要过分依赖于祖辈的教育思想与教育方法，转变原本粗放的教育方式。例如，传统教育中，子女需要无条件听从父母的话，这样才是好孩子的典范，特别是长子女要无条件谦让等等，这些教育观念不适于现代教育，要从观念上改变原有的错误思想，正视教育的科学性，积极接受新的教育理念，主动了解教育发展动向。其次，父母可以与幼儿园老师及时沟通交流，并且与老师建立良好的双向交流，老师具有丰富的教育经验和科学的教育方法可以传递给父母，充分发挥儿童教师的主导作用，帮助父母转变传统的育儿观念，促进科学育儿。父母在教育过程中，也要提高自身素养，在行为方面以身作则。人本主义认为教育应该"以人性为本位"，把人的本性作为出发点，以尊重、关心他人作为追求的终极目标，视长子女为独立的个体。父母应当以人本主义教育观作为孩子的教育理念，体现长子女的主体性，尊重长子女，理解长子女的看法、想法和情感，帮助长子女更好地成长，并根据长子女的自身性格、爱好、习惯等进行有针对性的教育，运用科学有效的方法教育孩子。

2) 学习必要的教育知识

"教育源于生活"，把握生活中渗透的每一次教育机会，将家庭教育知识贯穿到生活教育中去。必要的知识学习是教育孩子的前提，家庭教育知识的丰富程度会影响父母的教育方式及育儿水平，1972年联合国教科文组织国际教育委员会在提交的《学会生存——教育世界的今天明天》报告里指出："每个人必须终身继续不断地学习，终身教育是学习社会的基石。"因此，不管父母文化程度如何，家庭教育知识如何，父母都应该在原有家庭教育知识水平之上继续学习，不断完善和提升自己的知识结构和育儿能力。例如：父母可以阅读有关儿童教育专业或家庭教育方面的书籍，如《学前教育学》《学前心理学》《儿童家庭教育》《好妈妈胜过好老师》等，父母还可以借助互联网平台、微信公众号、电视台开办的家庭教育专栏节目等，了解教育知识，吸取经验教训，同时利用空余时间积极参与社区或幼儿园组织有关家庭教育方面的讲座或培训，与专家面对面交流育儿方面所遇到的问题，增进对学前儿童发展规律的认识和理解，完善自己的家庭教育知识，改变不恰当的教育观念，找到最优的教育形式，再去进行教育实践，这样才能有效地提高教育水平。

2. 增强爱的陪伴——关注长子女心理需求

1) 关注长子女心理状态

3～6 岁的学前儿童自我意识越来越强烈，多孩家庭中，父母应该时刻关注长子女的心理健康状态，次子女未出生前，长子女是独生子女，父母和祖辈给予了全部的关爱，是家庭的重要纽带。次子女出生后家庭成员发生了变化，长子女心理变得特别敏感，父母及祖辈把注意力集中在幼小的弟弟妹妹身上，对次子女关爱有加，而对长子女关注比较少，导致长子女心里有了很大的落差。长子女年龄较小，身心发展还不够成熟，只能眼睁睁看着父母疼爱弟弟妹妹，自己不会用语言表达不满的情绪，也很难理解父母为什么对自己态度变化如此之大，所以长子女在心理和行为方面表现异常是可以理解的。一方面，父母在日常生活中要善于观察长子女的心理和行为表现，对长子女及时进行心理疏导，从心理上帮助长子女接受弟弟妹妹。父母可以让长子女与多子女家庭进行接触，了解有弟弟妹妹是一种快乐，是一种陪伴，在此基础上引导其改变态度。另一方面，长子女与幼儿园老师接触的时间最多，需要及时发现长子女的心理变化，及时与长子女交流，疏通情绪。必要时幼儿园可以根据教育实际情况选择一些关于多孩家庭主题活动，让长子女讨论和表达自己对家人的情感，帮助长子女从心理方面适应新角色，改变原来不正确的认知和行为，帮助父母真正了解长子女真实的想法，为父母能够传达较为关注的问题以及相关的心理健康知识信息。

2) 用心、用爱陪伴长子女

陪伴，是对长子女最好的教育，这不是其他物质能够取代的，根据瑞士心理学家皮亚杰(Piage)的认知发展理论，学龄前儿童认知处于前运算阶段，思维仍是具体直观性，以自我为中心，对他们的教育需要具体直观化。因此，父母在行动上要表现出对长子女的关爱，要在忙碌之余抽出时间去陪伴长子女，陪伴时深入长子女的内心，扮演孩子成长的陪伴者，给予长子女更多的关爱，耐心接纳长子女的心理变化，用实际行动告诉长子女即使有弟弟妹妹，爸爸妈妈依然爱着你。特别是家庭中的父亲，应该尽可能多地去陪伴长子女，弥补母亲不能陪伴的空缺。例如，没有次子女时，晚上睡前是妈妈给讲故事，有了次子女以后，妈妈照顾弟弟妹妹，爸爸代替妈妈给长子女讲故事，尽量做到长子女之前的生活陪伴状态。此外，家庭成员做好分工，祖辈可以分担照顾次子女，母亲会多出一些时间和精力陪伴长子女，让长子女有足够的安全感，充分利用周末或节假日时间与孩子一起外出游玩，平时在家多亲一亲、抱一抱长子女，和父母保持原有的亲密感，使其丝毫不会感到爱的缺失，帮助长子女顺利度过这段时期，当长子女做得好时，父母应及时给予鼓励和夸赞，增强长子女的自信心。

应该注意的是，在手足关系的问题上家长也不应该给长子女施加过大的压力，不应该经常给长子女灌输谦让的概念，年龄较小的长子女的认知能力与社会性发展水平还处在发展阶段，给长子女施加过大的压力会使其做什么事都小心翼翼，容易内化心理问题。同时在次子女到来之前，家中只有长子女一个孩子，家长会把所有的注意力都倾注在长子女身上，但如果家长经常让长子女做出谦让的行为会使长子女内心产生落差感，从而破坏亲子之间的感情，同时也不利于手足之间情感的发展。因此当长子女在做出安抚或照顾次子女的行为时，家长应该进行及时的鼓励与表扬，长子女在社会适应各方面的进步家长也应及时地对其表示肯定，家长应该平衡与长子女和多孩子女的相处时间，通过陪伴长子女参加亲子游戏、在睡前给长子女读绘本、经常给其一个拥抱、一个亲吻等方式让长子女感受到父母的爱，形成良好的亲子关系以及温暖和谐的家庭氛围。

3. 实施公平教育——加强良性沟通

1) 公平对待多个孩子

家里有了多孩以后，平衡多个孩子之间的关系就显得十分重要，父母的干涉方式和策略能够影响长子女与多孩子女矛盾的解决方式。因此，父母应该尽量公平地对待多个孩子。在两个孩子之间发生矛盾时，最需要的是父母的公平态度，父母的公平态度是多个孩子和谐相处的前提，应先了解具体情况，再采取相应的解决措施，同时应照顾到每个孩子的情绪。此外，父母行为上的公平也显得极其重要，先将两个孩子分开，让他们情绪冷静下来，各自反思自己言行中应承担的责任，随着长子女年龄的增长，父母应该多使用引导性、鼓励正向的语言强化孩子的善行。最后，由于两个孩子之间的个体差异性，很难做到绝对的公平。为了能让两个孩子和谐相处，父母要教会长子女学会分享和礼让，让长子女体会分享是一种快乐，礼让是文明行为，同时父母要给予长子女充分肯定。总之，长子女只有在被公平对待之后才能真正地学会宽容和忍让。因此，父母要在思想上保持公平的态度和行为，不要对长子女有任何的假设和判断，去掉偏见。

2) 多与长子女互动交流

美国著名的心理学家布朗芬布伦纳(brenrer)，同时也是美国学前问题儿童启蒙计划的创始人，他提出的生态系统理论认为，个体并不是孤立存在的，而是个体与个体之间相互存在、相互影响、相互依赖，共同属于社会系统的一部分。从微观层面来看，家庭可以看作是社会个体；从宏观角度来看，家庭又可以看作是一个完整的社会系统的缩影。在这个社会系统中，家庭成员之间必须进行良好的沟通、交流与合作，共同努力。父母由于工作繁忙，疏于和长子女交流，而一旦出现了家庭成员的改变，父母与长子女之间的沟通就显得极为重要，只有双方经常沟通交流，才能缩短心理距离，增加共同语言，营造和谐的家庭氛围。因此，多孩家庭的父母应该创建多元化、多样化的与长子女互动沟通的机会，可以充分利用有限的吃饭时间，与长子女交流，掌握长子女的思想动态，遇到问题可以直接引导纠正。可以通过幼儿园或社区举办的亲子活动、座谈会，与长子女聊天谈感受、讲体验，提高与长子女的沟通效果，家长提问方式精准、精细、针对性强，有利于获得长子女的最新感受；还可以通过睡前根据长子女喜欢的故事书籍，选择好书、好节目和孩子一起看，耐心倾听长子女心中的看法，帮助他们面对挫折、克服困难。亲子共同出游可以培养生活情趣，丰富精神生活，使孩子时时意识到自己是家庭中的一员，乐意与父母沟通。

(二)长子女方面

长子女方面所需要注意的有以下几点。

1. 培养长子女对次子女的归属意识

当人认为某项物品属于自己时，他便会去爱护这个物品。父母之所以爱孩子，是因为父母知道孩子是属于自己的。同理，想让长子女爱次子女的话，可以让长子女意识到次子女与自己的关系极为亲密，当他对次子女有了归属意识后，他自然便会去爱护次子女。例如，生活中问及长子女喜欢次子女的原因时，有长子女表示："因为他是我的弟弟啊。"

这就是一种归属意识的表现。为了让长子女有归属意识，可以让长子女参与到次子女的照料中来，一起喂次子女吃饭、给次子女穿衣、哄逗次子女等行为，既能让长子女感受父母的辛苦，也能逐渐让长子女养成次子女归属于自己的心理。

2. 感受与弟弟妹妹共同成长的快乐

生次子女前，有的父母未能做到与长子女沟通与交流，以至于生了次子女后，长子女一下子受了冷落，情感上有了落差，产生了诸多不良情绪。要想化解长子女的不良情绪，就要让他们从心底接受弟弟妹妹，父母可以告诉长子女有了弟弟妹妹会有许多好处，让长子女感受到同弟弟妹妹在一起是幸福、快乐的，并且让他们感受到父母对他们的爱并没有因为弟弟妹妹的到来而减少，多了一个弟弟妹妹也会多一份来自同胞亲人之间的爱。

(三)次子女方面

次子女方面所需要注意的有以下几点。

1. 调动次子女的分享意愿

在现实生活中，因为长子女年长，父母更喜欢劝说长子女要有分享意识，容易忽视分享是相互的，次子女也应该具备分享意识，这样的分享才有实际意义，否则长子女会感受到只有自己的财产被剥夺，久而久之就变得不愿意分享，甚至发展为争抢行为。次子女的分享能让长子女感受到分享的意义，他作为哥哥姐姐，会遵循"好孩子"人设，更会以身作则，形成良性循环，从而将这种分享持续下去。例如，在生活中，妈妈可以把糖果给次子女，让次子女拿给哥哥姐姐。在日常生活中我们可以做一些相似的训练，拿两个东西给次子女，让次子女拿一个给哥哥，并时常利用"好孩子"效应，夸奖次子女，强化该行为。

2. 适当美化次子女

对美好事物的追求是人类的本能。长子女的期望之一就是希望次子女变得美丽可爱。他们对于美丽的理解来自童话故事，长子女有其独特的审美，希望次子女变成小公主、小王子、小精灵、小仙女等，变得很漂亮很可爱。因此，父母可以适当地打扮次子女，这样的打扮最好让长子女一起参与，让其有成就感，对于精心打扮的次子女，他们一定更加喜欢。当然，这样的打扮一定也不能忽略长子女自身，不要让他们产生父母只爱打扮次子女的想法。

3. 发挥长子女的榜样作用，培养积极的同胞关系

美国心理学家班杜拉(Bandara)早期的一项研究证明了儿童能够通过观察习得行为，如果说父母是孩子的第一任老师，那长子女对次子女而言应该有着同样的意义。长子女是次子女在成长过程中接触的除父母以外第一个年龄相仿的儿童，也是在次子女早期社会性发展的关键角色。相比次子女，长子女拥有更丰富的社会经验，次子女可以通过日常生活中对长子女的模仿行为来发展自己适应社会的能力。同样地，长子女也会因为弟弟妹妹的依赖行为而培养自己的责任感。

研究证明，长子女会对次子女的发展产生积极影响。因为年龄较大的儿童可以了解到

照顾弟弟妹妹的方法，能够使用自己在日常生活中所获得的经验与知识帮助次子女解决日常生活中遇到的问题，次子女则可以通过模仿、观察等方式来学习哥哥姐姐的行为，相比于家长的教育方法，儿童之间的沟通交流会更加有效果，这就需要长子女与次子女能够建立起亲密的手足关系。

第三节　隔代家庭教育

隔代家庭教育

随着我国经济的发展以及社会压力的不断加重，年轻的父母忙于工作而无法全身心地教育儿童，在这种背景下，隔代教育成为现代家庭教育中一种较为普遍的教育现象。然而隔代教育在发挥老人余热、减轻年轻父母压力的同时也会对儿童的健康发展产生影响，甚至会引起一系列家庭矛盾，因此隔代家庭教育受到了社会的广泛关注。

隔代教育在我国非常常见，调查显示，我国大部分的家庭采取了隔代教育的方式。男女平等的观念日益突出，这就促使女性投身于社会，认为工作是获得自身价值的重要途径。在生育孩子后，母亲一般休完产假就要投入到工作中。可是，儿童入幼儿园需要两岁左右，这期间自然就需要老人的帮忙，进而产生了隔代教育。再加上老人们孤独寂寞，更喜欢在闲暇时间里照顾子孙，这样就更容易形成隔代教育。

一、隔代家庭教育的概念及发展现状

隔代家庭教育对于我国的教育发展有很重要的影响，我们先来了解一下其概念和发展现状。

(一)隔代家庭教育的概念

隔代家庭教育，是指一些年轻家长出国读书，或者因为自己的工作繁忙，或者因为离婚等原因而把孩子的教育、生活等责任全部交给了爷爷奶奶、外公外婆，这些祖父母们自觉地成为全面照顾第三代的"现代父母"，这种由祖辈对孙辈的抚养和教育称为隔代家庭教育。

(二)隔代家庭教育的发展现状

从祖辈的身体状态和年龄来看，祖辈身体状态比较良好，年龄偏大，能够适应父辈的生活，在身体健康和年龄之间出现的极端情况越来越少；从接受教育的程度来看，父辈的文化水平要明显高于祖辈；从隔代家庭教育者的性别来看，在爷爷、奶奶的角色中，奶奶为主要教育者，在姥姥、姥爷的角色中，姥姥为主要教育者，因此女性比男性承担的教养责任占比更大。

由于城乡水平存在一定的差距，相较于城市家庭三代同堂、温馨生活等场景，农村留守儿童的处境就稍显"凄凉"，尤其是滞留在偏远的山村祖辈和孙辈。由于祖辈的年纪过大无法在外就业，而父辈担起了养活全家的重任，因此不得不到大城市谋生，有的孙辈与父辈一年也见不了几次面，在留守的老人和孩子之间也就完全形成了隔代家庭教育。

二、隔代家庭教育兴起的原因

随着社会的发展，隔代家庭教育逐渐兴起，其原因有以下几方面。

(一)祖辈有更多的精力和时间

祖辈家长由于已经抚养过一代子女，所以更擅长育儿，能更好地教育、养育孩子。大多数年轻父母是独生子女，生活自理能力相对较弱，在抚养子女方面缺乏经验，不得不向父母寻求帮助。

目前我国已经步入老龄化社会，祖辈拥有充足的时间和精力照顾儿童，同时又有丰富的生活知识和人生阅历为教育儿童提供一些生活经验。而且祖辈家长有足够的时间和耐心来关注并回应孩子的各种需要。

祖辈有足够的时间陪伴孩子。年轻父母不太愿意陪孩子玩，因为他们觉得孩子的游戏过于单调，孩子在一边玩，父母却在旁边看手机、刷微博微信等。而此时，(外)祖父母则更愿意加入到孩子的游戏中，与孩子互动，这对孩子的心理发展有很大好处，特别是在孩子3岁以前是最需要陪伴的，(外)祖父母的陪伴恰恰满足了孩子这一心理需求。

(二)经济发展快速，父母压力大

现代社会生活节奏加快，竞争越来越激烈，年轻人身上承担着成家立业的重担，他们初为父母，把精力集中在事业上而无暇照顾儿童。当今社会，每对父母都不想自己的孩子输在起跑线上，但养育孩子需要花费很大的财力，也是为了想给予孩子更好的教育，所以会将更多的时间和精力投入到工作中，从而导致没有足够的时间去陪伴儿童，这时他们只好求助于自己的父辈。这也就进一步推动了隔代家庭教育的发展，慢慢地，隔代家庭教育就转化为如今家庭中的主要教养方式。随着多孩政策的放开，为了积极应对人口老龄化，多孩时代的到来也就伴随着父母除了应对家庭的基本开销之外，还需要更多的空闲时间来照顾几个孩子，祖辈开始更多地融入带孙辈的生活之中。

(三)中国传统的大家庭观念

祖辈帮忙照顾孙辈是中国几千年来的传统习惯。祖辈心疼子女再加上祖孙的血缘关系，老年人本能地对孙辈产生关爱之心，主动地承担起照顾孙辈的责任。作为祖辈，大部分人认为自己有责任帮助教育孙辈，并且大部分人也有意愿帮忙照看孙辈。从古至今，"含饴弄孙"的天伦之乐一直是祖辈所追求的。因为受中国传统观念的影响，他们认为自己应当承担起照顾孙辈的责任以减轻子女的负担；同时祖辈也认为自己是家庭中重要一员，不能缺席孙辈的成长会帮助甚至代替子女履行教养孙辈的义务。有的祖辈帮助子女的同时，也无偿地承担起了其他的家务劳动，这在一定程度上也减轻了子女的压力。

三、隔代家庭教育的利与弊

前面我们介绍隔代家庭教育的发展状况及产生原因等，现在我们来介绍一下隔代家庭教育的利与弊。

(一)隔代家庭教育的优势

隔代家庭教育的优势有以下几点。

1. 祖辈有更丰富的育儿经验

祖辈拥有比父辈更加丰富的育儿经验，因为祖辈已经把一代人抚养长大，所以祖辈对儿童每个阶段的特点比较了解，他们经历过各种锻炼，在社会实践中积淀了丰富的社会经验和人生感悟，这些都是促进儿童发展和有效处理儿童教育问题的宝贵经验。相对于父辈来说，祖辈会更有耐心。老年人的生活节奏相对慢一些，有着平和的心态，这也是年轻父母所不具备的。比如，当孩子哭闹要买一样东西时，讲原则的老人就会慢慢跟孩子讲，为什么不能买，其实孩子也明白大人的心思，自己哭闹也无济于事，慢慢地心情就会平复下来。但年轻父母遇到孩子哭闹时，由于赶时间，心情急躁，大多会用呵斥、打骂等方式来解决问题。父辈在这方面缺少相关的经验，遇到问题容易出现手忙脚乱的情况。隔代家庭教育让儿童也让年轻的父母获得了心理上的支持和情感上的安定。

2. 可以减轻父辈的压力

现代年轻人家庭模式需要承担四位老人以及多个小孩的责任。他们生活和工作的压力很大。祖辈的照顾是育儿机构和保姆都无法比拟的，而且祖辈的照顾是不计报酬的，这无形中为年轻的父辈减轻了工作上和经济上的后顾之忧。祖辈对孙辈的疼爱是年轻父母所达不到的，他们可以无微不至地照顾儿童，让儿童有足够的安全感。年轻父母不会因为担心儿童而分心，这为年轻父母全身心投入到工作中奠定了坚实的基础。此外，祖辈们更有耐心，能够静下心来倾听儿童的心声，了解儿童心里所想的，这有利于祖孙间的交流，而且也能够更好地满足儿童的需求。由祖辈照顾儿童，还可以为单亲家庭的儿童弥补父亲或母亲的缺失问题，为儿童提供了与异性相接触的机会，这在无形中就给予了儿童辨别性别的知识，有利于儿童心理健康地发展。

3. 可以减轻祖辈的孤独感

近几年"空巢老人"的问题引起了社会广泛关注，父辈因为工作太忙而没有时间照看祖辈，导致祖辈感到非常孤独，有些老人甚至觉得丧失了生活的意义，从而产生老年抑郁的倾向。这在无形中也推动了隔代家庭教育的发展，父辈没有时间和精力去养育和照看儿童，但是祖辈有足够的时间和精力，而且祖辈抚养孙辈不仅可以让老人消耗空闲时间缓解孤独感，同时在与儿童的相处中，可以让老人重新发现自己的价值，保持健康的心态，摆脱孤独感。

4. 有利于传统文化的传承

中华民族有着五千年的悠久历史，积累了丰富多彩的优秀文化。祖辈身上会保留更多优秀的传统文化和美德，在他们的教育下有利于继承和发扬中国传统文化和美德。中国传统的大家庭观念影响了我们一代又一代人，母亲在生下孩子之后与父亲一起投入到自己的事业之中，而抚养和照看孩子的重担就落到了祖辈的身上。祖辈也很乐意去照看孙辈，他们将在家抚养照看孙辈视为"天伦之乐"，他们觉得自己是家庭中重要的成员，因此自然不能缺席孙辈的成长。

家庭教育作为中华民族数千年来积淀下来的文化形态，在儿童的成长历程中留下了浓墨重彩的一笔。隔代家庭教育属于家庭教育的一种文化传承形式，也是儿童感知祖辈光辉历史、接触中国传统文化、传承优良传统高尚品格的另一种教育形态。

(二)隔代家庭教育的弊端

隔代家庭教育的弊端有以下几点。

1. 祖辈容易溺爱儿童

现在独生子女的家庭非常普遍，祖辈对家里面唯一的孙子孙女几乎有求必应，希望把全部的爱都给儿童。过多的爱就容易产生溺爱，以至于什么事都替儿童做好，处处迁就儿童，导致儿童出现刁蛮任性、依赖性强以及自理能力低下等问题。

陈鹤琴先生曾说："凡是孩子自己能做的事，让他自己去做。"这就是让儿童在做中学，在做的过程中取得直接经验并获取新的知识。这既可以培养儿童的独立性、自理能力，也可以使儿童更有责任感。儿童的成长是从家庭走向社会的过程，可以使儿童在交往的过程中学到一些社会经验，有助于儿童的社会性发展。倘若儿童一味地在溺爱的环境中成长，无论什么事都不用自己去解决，长此以往他们将没有能力面对社会。然而独立地面对社会又是每个儿童所必须经历的，家长要放开手尽早锻炼儿童的自理能力，便于儿童较快地适应社会的需求。

有些祖辈太心疼孩子，孩子还没觉得渴和饿的时候，就主动给予。孩子得到提前满足，就不会去发展自己的心理需要，坐享其成。现在很多孩子不会做家务，连自己的桌面、床铺都不整理。祖辈带孩子，生怕孩子磕了碰了，所以常把"慢点跑""不能碰"这些话挂在嘴边。其实，孩子对外界充满了好奇，他需要冒险和创新，只有这样他才能拓展视野。很多孩子一回家就写作业，没机会和小朋友玩，结果长大后不知道如何与他人相处。由于祖辈的包办、代替，扼杀了孩子的独立性，以至于很多孩子长大后什么都不会做。

2. 祖辈的教育方式落后不利于儿童发展

现代社会科学技术日新月异，祖辈教育理念比较落后，对儿童心理发展的特点缺乏正确的认识，这就很可能限制儿童的探索精神，无形中就会捆绑儿童的活动，使儿童的活动空间变得封闭、视野狭小，导致儿童缺乏创新精神。祖辈们的文化程度不高，可能会在无意识间传递给儿童一些落后的思想，约束儿童的思维，不利于儿童接受新鲜事物，进而妨碍儿童的个性发展。比如儿童想要拆开玩具看看里面的构造时，祖辈常常是马上中止此想法。在育儿方面，祖辈通常表现出重养育而轻教育、重物质而轻精神等问题，在他们的观念中，只要儿童身体健康、不存在安全问题就是最佳状态，如果祖辈的文化水平较低甚至没有文化，更不会重视儿童的教育问题。

3. 儿童缺少和父母相处的时间，容易造成亲子隔阂

儿童时期父母对儿童发展的影响具有重要意义，父母的缺失会导致儿童心理层面存在阴影，缺乏对父母的依赖，而习惯祖辈的溺爱与庇护，会形成父母与儿童之间的亲子隔阂。

当今科学的儿童教育方法层出不穷，父辈对这些方法深信不疑，而祖辈却认为传统的方法经得起时间的检验。由于两代人对教育方法出现了分歧，也容易出现家庭矛盾。祖辈过分地溺爱孙辈，孙辈会沉浸在自己做错事但还没有得到批评改正的错误认知中，认为父母过于严厉，享受祖辈的疼爱，从而加深孙辈和父辈之间的隔阂。

从亲子关系看，在隔代抚养的家庭中，由于父母不能完全承担孩子的抚养责任，祖辈在孩子的成长过程中承担了一定或全部的抚养教育责任，这使亲子之间的相处互动变少了，亲子之间的关系必定也会受到影响。有研究表示，在隔代抚养家庭中，大部分子女没有形成强烈的亲子依恋，亲子之间的亲密度较低；亲子双方信任不足，子女对父母的依赖性较低，不愿与家长分享心事，家长也认为在祖辈的教育下，孩子的自主能力差，自立、自制能力不强，对孩子做出的选择不信任；父母工作忙，无暇顾及孩子，致使亲子沟通的次数少，内容单一，也大大影响了双方在沟通上的主动性。而亲子关系直接影响未成年子女的问题行为与人格特征，影响未成年子女学习和智力的发展。根据研究，不良的亲子关系可能使孩子形成消极回避的行为，并且在严重情况下可能导致患孤独症。此外，子女的攻击和犯罪行为与不良的亲子关系也有关。

四、隔代家庭教育弊端的对策

针对隔代家庭教育的几点弊端，我们针对祖辈、父辈指出对策。

(一)对祖辈的建议

隔代家庭教育中对祖辈的建议有以下几点。

1. 不溺爱儿童，把握好爱的尺度

要懂得严格要求儿童，不能一味地满足儿童不合理的要求，不应该对儿童包办一切，要意识到挫折教育也是必要的教育之一，从而提高教育的水平和效果。祖辈在教育儿童时最好用理智控制感情，分清爱和溺爱的界限，爱要适度。父辈也是如此，要权衡自由与规则之间的界限，不能给了自由而缺乏规则。没有规则的环境并不能帮助儿童获得更好的发展。相反，一个缺乏规则的环境会使儿童产生更多的不安。此外，祖辈和父辈之间很容易争抢儿童的爱，从而出现亲子嫉妒的现象。儿童本质上是一个独立的个体，不依附于任何人。因此，无论祖辈还是父辈都要冷静地对待儿童，积极创造机会，让儿童有更多的机会尽可能多地接触其他人，努力营造一个有利于家庭教育的和谐温馨的家庭氛围。

2. 及时更新自己的教育观念与时俱进

祖辈要学会与时俱进，转变教育观念，不断学习现代化的育儿方法，运用科学的方式教育儿童，保护儿童的好奇心和冒险精神，同时也要跟随时代的脚步，学习使用科技产品，为儿童提供必要的技术知识，促进儿童与社会接轨，从而全面、全方位地发展。祖辈们不要用陈旧的观念限制儿童的想象，最好利用各种渠道去接受新思想、学习新知识，用科学先进的教育理念来武装自己，以便更好地培养儿童，让儿童在和谐的家庭环境下健康快乐地成长。

(二)对父辈的建议

隔代家庭教育中对父辈的建议有以下几点。

1. 抽出更多的时间陪伴儿童

家庭教育中父辈家长的参与是学前儿童健康成长的重要保障。心理学研究表明：学前期是人的性格形成、行为习惯养成和亲子依恋关系建立的关键期，如果在这个时期父母角色缺失，将对儿童的一生造成无法估量的影响。因此，父辈家长要意识到家庭教育的重要性，真正回归到家庭教育中，承担起家庭教育的责任，意识到即使工作再忙、事业再重，也要对子女的教育投入一定的时间和精力。如果工作实在太忙，可以每天晚上只抽出 30 分钟的时间，陪孩子读一本故事书哄孩子入睡。也可以承诺孩子每个月抽出一天的时间带孩子去游乐场或者他喜欢的地方去玩，总之要尽量挤出时间陪伴孩子。

2. 能够汲取祖辈的育儿经验

由于祖辈和父辈两代人出生和成长的环境有着显著的差异，在教育思想上自然会存在一定的差距。但是不管是祖辈还是父辈，最终目的都是希望儿童可以健康成长。所以祖辈和父辈在教育思想上应该达成一致，将祖辈的育儿经验、生活经历和年轻父母的新知识、科学教育观相结合，促进儿童健康成长。

本章小结

首先，本章介绍了单亲家庭产生的社会背景，分析了单亲家庭对儿童身心的影响，同时阐释了单亲家庭教育存在的问题，重点探讨了学前儿童单亲家庭的教育策略。

其次，本章介绍了多孩家庭出现的背景，分析了多孩家庭教育中容易出现的问题，尤其是长子女容易出现的问题，探讨了多孩家庭教育中父母应该如何树立正确的育儿观念；着重探讨了多孩家庭教育问题的解决策略。

最后，本章介绍了隔代家庭产生的社会背景；分析了隔代家庭对儿童身心的影响，重点阐释了隔代家庭教育存在的问题与教育策略

思考题

1. 请简述单亲家庭对儿童身心的影响。
2. 请分析单亲家庭教育容易出现的问题并给出相应的解决对策。
3. 请分析多孩家庭教育容易出现的问题并给出相应的解决对策。
4. 请分析隔代家庭教育的利与弊。

第六章　特殊学前儿童的家庭教育

引导案例

　　小齐的爸爸三年前因犯罪进了监狱，妈妈随即出门打工，还在怀中的小齐交由年迈的奶奶抚养，每年妈妈会回来看几次。过了几年，有一次去吃亲戚家酒席，小齐出外和小伙伴玩了一会儿，奶奶在酒席上没有看到他，出来寻他，并呵斥小齐几声，但小齐无动于衷，奶奶顺手拿起路边棍子吓唬他，他干脆跑进别人家里不出来了。后来，在奶奶的责骂声中，小齐像一只可怜的小鸡崽被奶奶连拖带拽挟在腋下回到酒席桌上，在路上他一边使劲挣扎一边回头看正在玩耍的小伙伴们，一路上哭着喊着，奶奶打着骂着，好不热闹。

　　席间，小齐看见桌子上的喜糖大呼："都是我的！都是我的！"奶奶使劲瞪了他一眼，小齐不理会，站在凳子上把桌子上的糖果往怀里揽，奶奶把他往后拉，一边打他手一边给在座的客人们陪着笑脸说："这孩子太皮了，就是要打。"客人们嘴上说着没关系，但看小齐的眼神却暴露了内心的鄙夷。当天发生的事让小齐姥姥知道了，她直叹气说道："小齐是个苦孩子啊，他还很小的时候，奶奶要去地里干活就把他锁在家里，一锁就是半天，回来给他弄点吃的就又去地里干活了。有时候他太调皮了，奶奶就打，往死里打，打得小齐又哭又嚎，村子里上上下下都能听见小齐的哭喊声。他奶奶气啊，气他妈妈不管他，气他爸爸不争气，她把所有的怨气都撒在小齐身上了，命苦啊。"

　　我曾经问过他："小齐，你妈妈今年什么时候回来啊？""我妈妈说下雪的时候就回来和我一起过年！"又是一年年关将至，留守的孩子们认真记下父母的归期，在日历上一天天倒计时画圈圈，恨不得时间能过得快点再快点，恨不得一觉醒来爸爸妈妈已经在身边了。

（资料来源：本书作者整理编写）

第一节　学前超常儿童的家庭教育

超常儿童是儿童群体的一部分，他们与普通儿童有明显的差异性，但又不是完全不同于儿童群体的独立群体，其非凡智能和特殊才能表现不仅是天生的，还是先天因素、后天教育和环境等多重因素影响下的结果。因此，对于学龄前超常儿童来说，及时有符合其发展特点的家庭教育显得尤为重要。

一、学前超常儿童的含义及心理特征

超常儿童是指与同龄孩子相比，表现相对优秀，智力发展突出优异或具有某方面特殊才能的儿童。超常儿童的智力发展明显超过了同龄常态儿童的水平，某方面具有非凡智能或某种突出特殊才能的儿童。

(一)学前超常儿童的含义

学前超常儿童，就是正处在学龄前阶段(3～6岁)的超常儿童，是学龄前儿童群体中异于同年龄阶段的儿童，显露出超常表现的部分群体。

超常儿童主要包括全面超常儿童和特殊才能型超常儿童两类。全面超常儿童通常在心理和生理上各项指标均超出普通儿童，他们在智力上也要比同龄儿童发展得更全面和均衡；特殊才能型超常儿童通常具有较强的逻辑思维能力、空间想象能力、抽象思维能力、艺术鉴赏能力、沟通交流能力、组织领导能力、语言文字的领悟能力等。如某些儿童在数学、语文、音乐、舞蹈等学科上有天赋，某些儿童在幼儿阶段就表现出来的交流能力、领导能力等。此外，还有机械超常儿童(又称特殊体能儿童)，他们通常活泼好动，记忆力强，思维敏捷，具有精准的听辨能力和较持续的注意力，而入学后更表现为学习能力强、成绩优异等特点，这种儿童不是主要类型。

(二)超常儿童的心理特征

🌐 案例 6-1

1800 年 7 月，卡尔·威特生于德国哈雷近郊的洛赫村。他的父亲也叫卡尔·威特，是村里的牧师。

威特的父亲虽然是一个乡村牧师，但却是个富有独特见解的人。其中，最值得一提的就是他关于早期教育的思想。而且，他总是宣称：一旦自己有了孩子，一定要在孩子很小时就开始教育。用他自己的话说，就是要在孩子的智力曙光刚刚出现时就给予其教育。

威特刚出生时，被认为是痴呆儿。老威特悲伤地说："是什么样的罪孽，上帝给了我这样一个傻孩子呢？"这对于威特的父亲来说，是一个非常不幸的打击，因为老威特的第一个孩子生下来不久就夭折了。老威特满心希望将自己的教育理论在随后的孩子身上实施，但婴儿时期的威特让父亲伤心。

不过，老威特并没有因失望而放弃对孩子的教育。他仍然踏踏实实地实行了自己的早期教育计划。当然，这种做法并不容易，因为连他的妻子都认为："这样的痴呆儿不管怎样教育，他也不会有什么出息的，只是白费力气。"

老威特从威特出生起就设法教孩子说话，从 3 岁起开始教孩子认字和阅读。威特 6 岁就可以用自己的母语——德语自由阅读了。这时，老威特就教孩子学习法语，当时只用了一年的时间，威特就可以阅读各种法文书籍了。学会法文后接着学意大利语，当时只用了 6 个月就学会了。随后威特学拉丁语用了 9 个月、学英语用了 3 个月、学希腊语用了 6 个月。除了学习语言外，威特还学习植物学、动物学、物理、化学、数学等。

威特 9 岁时参加了一次特殊的考试，考试结束后得到了一份大学入学推荐信，随后被送到了莱比大学深造。五年后获得哲学博士学位，两年后又获得法学博士学位，当年威特才 16 岁。随后他去意大利留学，在留学的途中开始了有关但丁的研究，23 岁出版《但丁的误解》，并在之后成了但丁研究领域的权威。

（资料来源：本书作者整理编写）

通过对学前超常儿童群体的追踪研究，发现他们有以下四个方面的心理特征。

1. 高度集中的注意力和敏锐的感知能力

良好的注意力和观察力是学习的基础，先天的优良素质如果得到良好的开发和运用，必将开启儿童成才的天窗。普通儿童在婴幼儿期一般注意力不容易长时间集中在同一事物上，对事物观察不稳定，而智力超常的儿童则能较长时间地注意某一事物或某一活动，发现事物的细微和奥妙之处。他们对事物感知敏锐，能进行深入观察；婴儿期表现出十分敏锐的感知能力，在一般视觉、听觉、方位辨别等方面，均远远超过同年龄儿童的水平；思维敏捷，回答问题迅速而准确，能察觉一般儿童未察觉的事物和特征。他们注意的时间和范围都比普通孩子更长、更广，学习的速度更快、效果更好。

2. 超强的记忆力和旺盛的求知欲

学前超常儿童通常有很强的记忆能力，善于思考，对相同事物和事件能提出更多的问题，抽象思维能力强，能更准确地认识和理解事物内在的本质，还常常在"无意"中记住、知道很多事情。例如：有的儿童能够仅凭记忆完整地背下化学元素周期表；有的儿童通过观察，能够发现数字之间的规律，从而记住长达 17～20 位的长数字。这种现象可以理解为很多超常儿童善于把机械记忆能力和理解识记行为结合起来，表现出较高的智力水平，这便要求他们尽快发展合作、独立、敏感等人格特质，适应新环境，保证其探索行为的进行。

学前超常儿童除了有超强的记忆力以外，还有旺盛的求知欲。他们从婴幼儿时期就表现为对世界更好奇，对某些事物有较强的好奇心和明显的兴趣，爱刨根问底，主动寻找答案。如果能对这种好奇心加以正确引导，逐渐使其成长为强烈的求知欲或兴趣爱好，相信会对孩子的一生产生积极的影响。

3. 高超的理解能力和语言能力

首先，学前超常儿童的语言发展要远远早于普通儿童。最早的在 2 个月大时就能够发出第一个模糊的音节，同时他们语言的后续发展也领先同龄儿童的发展阶段。有学者统计过，90% 以上的超常儿童在 5 岁前已经具备一定的自主阅读能力。其次，超常儿童的语言表达能力明显高于同龄孩子。在阅读能力方面，他们有强烈的兴趣，认字快而且准，词汇量大，理解能力强；在写作能力方面，他们喜欢将自己所想的写出来，并且较准确地运用词汇和语气。需要指出的是，这一阶段儿童的生活经验和知识水平有限，他们的"作品"大多是不成熟的、有一些语病错误的，且常会有些"新创意"。

4. 顽强的意志力和强烈的进取心

学前超常儿童与其他同龄儿童相比，进取心与意志力都是比较强的。例如：在幼儿园中他们比其他孩子更渴望得到老师的赞赏和鼓励，他们自信，爱与人比学习、比才艺等。在同龄孩子还在懵懂中时，超常儿童就已经在竞赛中初步体会到了成就感，学习勤奋且有恒心。他们毅力顽强、不畏困难，喜欢研究和解决难题，自信、勤奋、进取心强。所以儿童家长及教师要做到及时地引导，这样有利于塑造孩子正确的学习观。

二、学前超常儿童的家庭教育策略

🌏 案例 6-2

国际象棋界的莫扎特

马努斯·卡尔森 5 岁时，父亲便试着教他下国际象棋。可是小家伙一点也听不进去，也不喜欢，他更喜欢在挪威的山里滑雪，或者是跟小伙伴们一起踢足球。父亲也就不再教他下象棋。在儿子 8 岁那年，卡尔森先生又重新开始培养他。这一回，马努斯一下子就玩上了瘾，不久便开始了他的比赛生涯。由于是个新手，他的出场并不起眼，只不过 6 个月后，他就打败了挪威国际象棋协会的前主席！从此以后，这位天才便一发不可收拾。2005年，他晋级至世界最优秀棋手之列，成为全球 900 名国际象棋大师之一。17 岁的他已是世界排名第二的选手了！当代最优秀的国际象棋选手之一弗拉迪米尔·克拉姆尼克曾说："问题不在于卡尔森是否会成为世界冠军，而是何时成为冠军。"

（资料来源：本书作者整理编写）

婴幼儿时期是人成长、发展的关键时期，其大部分时间是在家庭中与父母度过的，家庭教育对超常儿童能否充分发挥先天优势，成为各自天赋领域的"天才"儿童起着至关重要的作用。研究发现，超常儿童之所以智力超常，具有良好的个性品质，其中重要的原因就是有不少人接受过良好的家庭早期教育。超常儿童的家长不仅重视早期教育，同时还具有正确的教养态度和方法，能够针对孩子的心理特点，因势利导。

因此，家长要把握住超常儿童的学龄前阶段，发挥家庭教育对学龄前超常儿童的关键作用。在超常儿童的成长中，家庭教育是至关重要的环节。研究比较成功的超常儿童家庭可以发现，良好的家庭氛围、科学有效的教育方法是培养超常儿童的重要因素。

(一)科学怀孕，实施胎教

个人素质的高低与出生后的环境影响、体格锻炼、文化教育等有关，但更重要的是先天因素，只有注重优生才能为孩子提供先天智力优势的保证，才能为后天的优育打下良好的基础。要做到不近亲结婚；婚前做好检查；怀孕后，孕妇要避免接触影响胎儿的不利因素；注意孕期卫生和营养，定期做好产前常规检查等。为了下一代的幸福和健康，必要时可根据孕妇的具体情况，采用各种方法对胎儿进行特异性检查，对胚胎或胎儿在出生前是否患有遗传性疾病或先天畸形做出准确的诊断，及早发现先天性残障儿。

除了科学的怀孕，还要做到科学地实施胎教。科学的胎教是指正常孕妇在保证充足的营养和适当的休息条件下，从怀孕满 5 个月左右开始对胎儿实施每天定时的声、光、触摸等的刺激，以使胎儿的听觉神经通路、视觉神经通路、触觉神经通路所产生的神经冲动在大脑细胞间传递，传导过程的细胞得以伸展出更多的树突，建立更多的信息传递的"突触"。胎教是优生优育的一项重要内容，是对胎儿进行的早期教育。研究证明，接受过胎教的孩子，智力发展较快，语言表达能力、动作协调能力等各方面的发展均比未受过胎教的孩子好。

(二)实施启蒙教育，挖掘儿童优势

对学前超常儿童的教育要注意身心的整体、全面均衡发展。超常儿童虽然智商超越了普通儿童，但是从心理和生理上讲，他们仍然不能超越"儿童"的范畴，对他们的培养既要有特殊的方法和手段，又不能完全脱离儿童成长的常规阶段。对于超常儿童的父母来说，在培养孩子特长天赋的同时，也要培养儿童基本的生活能力，注重他们情感、态度、价值观的培养，因为这些非智力因素对人的全面发展意义重大；要帮助儿童形成独立、坚韧、自信的品质，培养他们诚信、友爱的道德品质，帮助他们形成正确的世界观、人生观、价值观，从而使他们能够均衡地发展。

父母要善于发现儿童的天赋，正确认识子女性格中的与众不同之处，对超常儿童实施家庭教育必须注意方式方法。虽然超常儿童在某方面有特别优秀的潜能，但他们的身心发展仍处在发展的最初阶段，因此家长在进行教育时要体现民主的教育方式，尊重儿童的特点，考虑到他们的承受能力，要能付诸实施长期的培养计划和有效的措施，不能急于求成，要创造求知的氛围，保护孩子的好奇心。民主、和谐的家庭教育方式，有助于超常儿童的健康发展。

(1) 要关注超常儿童在智力上的优势。超常儿童的高智商的确是容易成才的，但并不是绝对因素，儿童的智力也不是一成不变的，我们不要认为超常儿童智商高，就有了成长的保证，而不重视超常儿童各方面的锻炼。超常儿童虽然比一般儿童聪明一些，但他们的心理发展和一般儿童的心理发展基本一致，仍处于心理发展的最初阶段。要想超常儿童的智力得到足够的发展空间，作为家长一定要明白，对超常儿童进行合理的智力训练是必不可少的。所以家长应当创造条件，采取科学的方式对超常儿童进行有目的、系统的智力训练，帮助他们更好更快地成长，避免造成人才资源的浪费。

(2) 要关注超常儿童的非智力因素。非智力因素指引和促进智力的发展和运用，它影响着个人的智力发展，能促进迟钝的人机敏，也能使机敏的人迟钝，还会导致某些人在智力活动中出现能力水平的极大波动。家庭教育要对动机、兴趣、情感、意志、性格等非智力因素的培养给予高度关注，培养超常儿童在德、智、体、美、劳方面的均衡发展。在重视智育开发的同时，我们要以素质教育为指导，使超常儿童得到全面发展，帮助他们建立起有利于社会的理想与抱负，使他们具有健康的心理和道德品质、强烈的责任感、良好的修养、坚强的意志以及平和的性格，具有处理人际关系和组织管理的能力，具有集体主义和

团队合作精神等。

(3) 要关注超常儿童的身体健康发展，也要注意生理与心理的平衡协调发展，同时还要激发他们进行研究的兴趣。位于这些目标之上的是应该激发他们为社会、为国家、为人类服务的精神与热情，以免成为自私自利的人。

(三)遵守儿童全面发展的观念

全面发展的人才是人格健全的人，也是个性鲜明的人。全面发展是指一个人的德、智、体、美、劳等各个方面都得到发展。超常儿童的全面发展是指使受教育的超常儿童同一般儿童一样，从小就要在德、智、体、美、劳各方面获得全面而和谐的发展，以便进入高一级学校继续深造，或走向生活时必须具备某种智力、体力等方面的品质。其目标是促进超常儿童的创新能力、思考能力为主的各种能力的全面发展；促进他们人格健全发展；促进他们品德的培养；培养他们为人类、为国家、为社会的进步，充分发挥他们的潜能。

我们在实施超常儿童教育时，同样要贯彻素质教育的精神，重视超常儿童的全面发展，尤其是人格发展，而不是满足于对其单个领域(尤其是智力)的开发，造就片面型人才。由于发展是无止境的，加之每一个人的遗传特征、所处环境和接受教育的不同，以及个人的性格、兴趣、爱好的不同，各方面都得到发展的每一个人也是不一样的。因此，不能用全面发展来否定个性发展，也不能用个性发展来代替全面发展。培养全面发展的超常儿童能为国家未来高、精、尖人才的培养打好基础，是人才资源中宝贵的财富。

(四)营造家庭文化氛围

家庭因素是除遗传因素以外影响儿童智力最重要的因素。家庭文化氛围有着举足轻重的作用。良好的家庭文化如同绵绵春雨，能够悄无声息地浸润着孩子们的心田，使儿童的思想品德、情感意志、个性习惯向着健康的方向发展。它是民族文化、社会文化、国际文化的反映和融合，对儿童的健康成长起着不可忽视的作用。

家长是家庭文化氛围的主要营造者，其一言一行都会对孩子产生深远影响，父母应该不断地提升自己的文化素养，不断地学习新的教育方法和手段，为孩子的成长创造适宜的环境。在良好的家庭氛围下，父母既是师长又是朋友的关系，更易于儿童独立自主的个性形成，能启发他们的探索意识和创造能力，使他们的身心均衡发展。在物质生活条件不断改善的今天，家长必须对家庭文化氛围建设给予足够的重视，采取切实有效的措施，着力营造一种高雅的家庭文化氛围，要重视家庭教育这一儿童发展的摇篮，为孩子的健康成长创造有利条件。

良好的家庭氛围还包括良好的亲子互动行为，即父母和子女间建立起和谐、顺畅、融洽的互动模式。一般而言，良好的互动模式可以采取肯定表扬策略。超常儿童比普通儿童更在意外界的看法，更希望得到肯定和表扬，家长可以在儿童完成阶段性的学习中给予适度的表扬，父母的正面期待、积极引导是孩子成长中所必需的"正能量"，父母的支持和期待会激发孩子的自信心和进取心，孩子为了不辜负家长的期望会自觉地努力进取，在家长的影响下，孩子对自身也有正面的、积极的期望，切不可轻易打击孩子的学习积极性。实践证明，适度表扬对孩子自信心的形成有很大帮助。儿童成长中难免会犯一些错误，对孩子的错误切不可简单、粗暴地对待，正确的手段是通过耐心的沟通、教育，让孩子主动发现错误，通过与孩子协商的方式让孩子既能发现自己的问题，又能充分感受到父母对自己的尊重；家长在孩子的日常行为培养中可以适度"放手"，让孩子独立掌握一些方法和技能，如穿衣、吃饭、整理学习用品等，这种不包办的方法和态度有利于家长培养孩子的独立性和责任心。

父母在家庭氛围中起着举足轻重的作用，说父母创造了天才儿童也不为过。作为家长，必须从思想品德、科学文化、身体心理等方面去努力，不断提高自身的修养，为家庭文化建设增光添彩，为孩子树立榜样，提供示范。总之，良好的家庭环境和家庭教育对超常儿童潜能的充分发展、身心协调发展起着奠基作用。

(五)尊重儿童的意愿

家长在发现学龄前儿童的超常表现时，不能只满足自己的虚荣心，而是需要了解他们的心理特点和发展需要，尊重孩子的意愿。一方面，家长要认识到学龄前超常儿童依然是一个幼小的孩子，他们的身心都在不断地向前发展，不能将自己的主观意愿强加给孩子，不能过度地苛求，不能以牺牲情感发展和其他素质的发展为代价，一味地发展其特殊才能。避免"求全责备"和"拔苗助长"式的家庭教育方式。另一方面，家长要满足他们的求知欲，尊重他们的兴趣，提供适合其学习能力水平的材料，适当地安排同龄儿童未涉及的内容，以各种游戏活动来激发和促进孩子超常能力的发展。

学龄前超常儿童较之同龄的普通儿童，具有更强的学习能力，普通学龄前儿童所接触的学习和活动，不能满足他们的发展需求。家长作为学龄前超常儿童的发现者和教育者，因此需要在满足孩子求知欲和兴趣的基础上，为他们提供更多充足而适宜的发展机会。例如：在家中提供各种可供他们动手操作的玩具、材料；对有某些特殊才能的学龄前儿童，如有音乐天赋的孩子，家长需要一定的音乐器材和练习活动；又如，有超常绘画能力的孩子，家长也需提供其自由练习和创作的机会，若家长自身的相关能力有限，需给孩子寻求专业人员的指导。

第二节　学前智障儿童的家庭教育

智障儿童虽然相比于正常儿童教育带有一定的特殊性，但对于任何儿童来说，学龄前阶段都是人生重要的启蒙时期，是为后继学习和终身发展奠定坚实基础的重要阶段。而作为智障儿童的家长，在教育过程中所占的地位和应发挥的作用就显得更重要。托尔斯泰说："爱孩子是老母鸡都会做的事，关键是如何教育。"因此，家长对智障儿童的态度和家庭教育方法，将会直接影响到智障儿童的身心发展。

学前智障儿童的
家庭教育

🌐 案例 6-3

小谢，女，6岁时，智力障碍，伴有癫痫，认知理解能力一般，自控力差，爱发脾气，破坏性强，对他人控制欲很强，有较为严重的攻击行为。在普通幼儿园随班就读，目前已至大班，常遭到其他小朋友欺负和排挤。小谢体形偏胖，但食欲很强，爱吃零食，曾多次趁幼儿园午睡时间(她自己不午睡)偷小朋友的水果或零食吃，做错事情时较难接受别人的批评，但喜欢受到表扬。根据小谢出现的情况，小谢的父母制定相应的教育计划，一直对小谢坚持不懈地进行培养教育。现在小谢自理能力较强，可以自己穿衣服、穿鞋子、吃饭，独立上厕所等；粗大动作、精细动作都发展良好；语言能力也较强，可以陈述简单的事情，也可以重复复杂的口令。

（资料来源：本书作者整理编写）

一、学前智障儿童的含义及当今教育现象

正常人的 IQ 值在 90～110 之间，IQ 低于 70 的儿童就可以称之为智障儿童。

(一)学前智障儿童的含义

学前智障儿童又称智力残障儿童、智弱儿童，是指智商明显低于同龄儿童的平均水平，他们不仅表现为某一心理过程水平低下，而且整体心理发育不全面，且生理功能、解剖结构、心理和精神状态异常或丧失，部分或全部丧失日常生活自理、学习和社会适应能力，在知觉上反应迟缓，精神上判断能力差，情绪紧张、焦虑，语言发声迟缓，此外还有可能伴随着多种残障的儿童。作为家长应该积极主动地寻求学校与医疗机构的帮助，了解孩子所处的残障阶段，做到因材施教、因势利导，从而对学前智障儿童实施良好的教育，使其朝着更好的方向发展。

(二)学前智障儿童的家庭教育现象

家长在得知自己孩子患有智力障碍时，通常会产生难以接受的心理状态。有的很难接受现实，有的心生怜悯，有的悲观放弃。智障给儿童身心发展带来许多不良影响，同时使家长和家庭面临着诸多困境。在学龄前智障儿童的家庭教育中，家长的心态尤为重要，现实的学龄前智障儿童家长的心态及其家庭教育主要有这样几种现象。

1. 乐观型家长

这类型的家长通常以积极的心态面对自己的孩子，不在意来自他人的议论。一方面积极地带孩子到相关机构进行早期的教育康复训练。另一方面积极学习康复教育的系统知识，坚持系统、科学地帮助和教育孩子。

2. 焦虑型家长

这类型的家长在发现孩子有缺陷后，往往焦虑不安。他们往往很在乎他人的议论，对孩子的发展忧心忡忡。有些家长不承认自己的孩子存在问题，盲目地带孩子到处求医问药，耽误了孩子最佳的康复和教育发展时机。

3. 消极对待型家长

这类型的家长常常陷入极度悲观的状态，当孩子无法达到良好效果时，就采取了放弃的态度，甚至完全不闻不问，更有甚者，对自己的孩子采取暴力行为。

4. 不管不顾型家长

这类型的家长采取了彻底放弃的态度，封闭自己的孩子，对孩子的发展漠不关心，甚至出现遗弃孩子的现象。

是什么原因导致上述现象的发生呢？主要原因有以下几点：首先，从家长层面看，大多数家长对于智障儿童的认识不足，没有意识到自身对学前智障儿童的教育工作具有重要的作用，而是依赖于社会特殊教育机构的教育康复服务。其次，从家庭层面看，家庭的经济拮据、夫妻关系矛盾重重等会使学龄前智障儿童的身心发展进一步恶化。再次，从社会层面看，社会教育机构无法提供充足的教育机会，如特殊幼儿园数量有限，普通幼儿园不愿无条件接纳学前智障儿童，同时，特殊教育师资也有限，大多数普通幼师又无法科学地教育学龄前智障儿童等；另外人们对学前智障儿童常存在偏见乃至蔑视，常对智障儿童评头论足，这些都无形中对学前智障儿童和其家长造成了巨大的心理压力，使他们产生了自卑、压抑、忧郁等消极情绪，最终导致了以上焦虑型家长、消极对待型家长和不管不顾型家长的产生。

二、学前智障儿童的家庭教育策略

对于学前智障儿童的家庭教育主要有以下几种策略。

(一)学前智障儿童要进行早期干预矫治

家长要抓住学前这一关键期对残障儿童进行全面的早期干预，因为学前是儿童智力发展、语言发展、人格发展、感觉器官发展的关键期，家长不仅要注重儿童的缺陷补偿，而且要考虑儿童生理、心理和社会各方面发展的需要。在早期干预中，语言功能的开发很重要，这关系到他们智力的进一步开发，对轻度、中度智障儿童教育可以采取刺激他们机械记忆能力的办法，如：多与儿童对话、沟通，最大限度地让儿童说话，培养他们听、说的能力，为他们成长、自立打好基础。

此外，家长还要着重于扩大智障儿童的活动空间，应该让儿童多接触外界，比如带儿童拜访长辈，让儿童从中学习待人接物的基本礼仪，让儿童与正常健康的儿童一起游戏，减少他们心灵的孤独感，促进他们骨骼、肌肉的发展，这有利于他们掌握一定的人际交往能力，避免在成长中被动孤立和自我孤立。同时，早期干预绝不是一蹴而就的，一些家长担心儿童无法承受，而中断教育和康复训练，这样往往事倍功半。要使早期干预取得良好的效果，家长和儿童都需要付出艰辛的努力，家长要保持高度的耐心和恒心，儿童经过千百次的练习和重复才能学会。家长需要带儿童及时到相关医疗部门就诊，让儿童通过药物、手术等医学手段进行矫正。

(二)实施针对性教育，充分发挥优势

每个智障儿童的程度不同，有的可能有某方面的特长，有的虽无特长，也有相对优势，但他们往往不能正确地认识自己的缺陷和潜在能力。家长应该鼓励儿童多去实践，在实践中逐步地认识到自己的能力。一方面，家长要逐步帮助智障儿童正确认识和对待自己的残疾与缺陷，不因缺陷而消沉忧伤或怨天尤人，而是用积极的态度去战胜和克服困难。另一

方面，帮助他们认识到人的发展潜力的可能性，充分发挥儿童的优势，获得某方面的超常发展，并通过榜样教育鼓励儿童勇于克服困难，使他们懂得如何扬长避短，争取获得较好的成就。

家长要尽可能为儿童提供学习的机会，要克服一切困难让能够上学的儿童上学，最好上特殊教育学校；没有特殊教育学校的地方，可以随普通班就读，实在上不了学的，也要采用不同的方式让儿童学习文化知识。同时，家长要支持儿童参加各种群体活动，特别是有较多智障儿童参加的群体活动。这样做不但可以开阔儿童的视野，丰富生活内容，更重要的是会使他们学会交往、学会参与，增长适应社会的本领。智障儿童同样需要交往，需要朋友。

(三)父母要给予智障儿童更多的爱、合适的关爱

智障儿童相对正常儿童，由于智力发展某一部分的缺损，其行为活动会受到某种限制，因此往往会自信心较低，比较自卑，加之周围个别人的冷遇、歧视，甚至欺凌等行为，使得他们深受挫折，从而产生一些不良情绪，严重地影响了他们身心的正常发展。有些家长怜爱儿童，不忍心让儿童学习，会为儿童做任何事情，答应儿童的一切要求；相反，有些父母讨厌和嫌弃智障儿童，把儿童关在家里，只养不教，冷落、排斥儿童。这些做法都是不正确的，不利于儿童的发展，同样也不利于亲子和睦的家庭气氛。所以，作为家长，一定要付出更多的爱，真心地接受儿童的缺陷，让儿童感受到父母的关爱和照顾。

家长对于智障儿童的关爱和照顾是必要的，但是这种爱也应该有一定的度，爱儿童，就要努力培养儿童的自信心和自立能力。家长应该有计划地安排日常生活，让家人和儿童养成一定的生活作息规律，然后按部就班地逐步实施，最大限度地减少儿童的依赖心理，树立自立精神。特别是儿童遭受挫折的时候，家长要具体分析、耐心指导以帮助儿童选择坚强，切不可以过分地保护和照顾，尽量让儿童做一些力所能及的事情，家长要以"平常心"来教育儿童，不要给他特权，更不要放弃他。培养儿童良好的行为规范和生活习惯，儿童长大后才能很好地融入社会。

(四)创设和谐友爱的家庭氛围

家长们在初次发现自己的孩子是智障儿童时，都会感到惊恐，极力想要逃避这个不幸的事实，然后感到内疚和绝望，最后才能逐渐平静下来，面对事实。大多数智障儿童在学前都是在家中度过。因此，家长的积极乐观的态度、和谐的家庭关系就显得尤为重要。

首先，要正确认识自己子女的缺陷和由此带来的种种生活上、学习上的困难和障碍。不要认为儿童什么事情都做不了，也不能过高地估计了儿童的能力。这样才能避免在对儿童的教育和康复过程中，出现时而满怀希望，时而又如跌落万丈深渊的心理，家长需保持一颗平常心来对待和教导儿童。

其次，和谐的家庭关系也十分关键。家庭中的关系主要包括夫妻关系、父子(女)关系、母子(女)关系等，这些关系错综复杂地交织在一起，以潜移默化的方式影响着家庭成员的认知、情感和行为的发展。家长们要树立自信、积极的态度，保持和谐的家庭关系，并以这种积极温馨的氛围感染智障儿童去进行康复训练活动，家长既不苛求自己，也不苛求儿童。同时，家居环境也需注意安全性，智障儿童常常缺乏足够的安全知识经验，动作发展不稳，

容易发生烫、烧、砸、摔等危险事故。所以家居中父母需要对电气设备的安置，门窗的安全，煤气、明火的管理，家庭药品的管理，家具的安全等方面进行考虑，为儿童布置一个没有安全隐患的家。

这些对智障儿童有着非常重要的意义，便于智障儿童安全愉快地进行日常生活及活动，也能促进智障儿童养成良好的生活习惯，学会基本的生活自理。

第三节　学前留守儿童的家庭教育

学前留守儿童的
家庭教育

长期生活在留守家庭，儿童会变得沉默寡言，性格忧郁。

🌀 案例 6-4

小朱很小的时候母亲就离开了她。她一直和祖父母、父亲在一起生活。父亲年纪较大，不认识字，长年在外打零工。祖父有病，吃了一辈子药，家庭经济较困难，是个低保户。该生进入大班时，总是沉默，不愿和老师小朋友们交流，显得心事重重，给人感觉性格忧郁。

(资料来源：本书作者整理编写)

一、学前留守儿童概念及现状

学前留守儿童主要出现在我国的农村地区，一般会交由父母单方或长辈、他人来抚养、教育和管理。

(一)学前留守儿童的概念

学前留守儿童是指因父母双方或单方长期在其他地区打工，学前儿童留在户籍所在地不能跟随父母一起生活、接受父母监护的儿童。和学前留守儿童相对应，父母均在家的儿童称为学前非留守儿童。

留守儿童有以下几种：第一种为完全留守儿童，父母双方均外出打工，儿童被留在户籍所在地的农村，委托他人代为监护的儿童；第二种为半留守儿童，父母一方外出打工，儿童被留在户籍所在地的农村，由父母一方监护的儿童；第三种为独立留守儿童，父母双方均外出打工，儿童不能跟随父母一起生活，而被留在户籍所在地的农村与祖辈一起生活或独自生活的儿童。

(二)学前留守儿童现状

我国学前留守儿童出现的现状有以下几方面。

1. 留守儿童数量巨大

全国妇联曾发布过《我国农村留守儿童、城乡流动儿童状况研究报告》。报告显示，我国农村留守儿童数量达 6102.55 万人，在全部农村留守儿童中，其中义务教育阶段的农村留守儿童 2948 万。在全部农村留守儿童中，男孩占 54.08%，女孩占 45.92%，男女性别比为 117：77。截止到 2021 年，留守儿童规模巨大且有扩大趋势。

2. 留守儿童家庭教育缺失

在调查中，完全留守儿童即父母都在外地的占比最多，为 51.7%；其次是父亲外出的，占 40.2%；母亲外出的最少，占 8.1%；其中母亲外出的留守儿童在各个方面的问题最突出。首先，他们生活习惯更差，不良行为更多，意外伤害更多，对留守生活的负面体验也更高。其次，在学校表现更差，遭受欺负的比例更高。母亲外出的留守儿童虽然面临学习生活中的重重困难，对现在生活的满意度最低，但他们没有放弃对自己和生活的信心，仍旧表现得积极向上，他们中有 94.4%希望自己成为一个更好的人。需要指出的是，单亲监护型家庭、隔代监护型家庭、亲朋监护型家庭及自我监护型家庭均是留守儿童家庭不完整的结构表现形式，这些监护型家庭尽管有着各自不同的类型特征，但均处于一种家庭教育缺失的状况。

3. 留守儿童隔代教养偏多，缺少家庭支持

在留守儿童中，绝大部分由祖辈抚养，而农村隔代教养有很多弊端：首先，孩子的祖辈由于天然的血缘关系，多采用溺爱的管教方式，较多地给予物质、生活上的满足，而较少给予精神、道德上的引导。其次，因为年龄差距大，观念不一样，对待许多事物的看法往往存在很大差异，相互之间"代沟"明显。最重要的是由于祖辈部分年事已高，没有足够的精力照顾留守儿童。据调查显示，22.6%的留守儿童会觉得在需要时没人能帮助自己。

由于父母亲是儿童最重要的社会支持，是儿童主要的情感支持和实际帮助来源以及价值肯定者，所以父母不在身边很容易导致留守儿童家庭支持弱化。此外，除了父母，同学和朋友就成为留守儿童的首位倾诉对象或遇到困难的第一求助人选。因此，父母及其他教育者需警惕不良群体对留守儿童产生的影响。

4. 日益增加对留守儿童群体的重视

在 2020 年的农村留守儿童关爱保护和困境儿童保障工作联席会议中，习近平总书记强调，要关心留守儿童，完善工作机制和措施，加强管理和服务，对农村贫困家庭儿童特别是留守儿童给予特殊关爱。

国家要求把农村留守儿童和困境儿童的基本生活保障好、相关权益维护好。进一步聚焦关键问题和重点环节、牢牢守住儿童生存发展底线。加强家庭监护的指导、监督和干预，督促家长落实家庭监护首要责任。履行好政府兜底监护职责，对处于监护不力或受委托监护人无监护能力状态的农村留守儿童和困境儿童，相关部门要依法及时进行临时监护。对于留守儿童的关爱工作进行了相关的有效部署。留守儿童问题是一个社会性的综合问题，关乎教育、心理、法律、经济等方面。农村留守儿童教育及成长需要全社会的关爱、帮助和支持。

二、留守家庭对学前儿童的影响

留守家庭的儿童多数会出现以下特点。

(一)意外伤害突显

受经济条件、健康观念和监护人的责任心等多方面因素的限制，学前留守儿童的饮食

安全、营养、保健问题得不到保证，疾病防治和安全问题也得不到足够的重视。首先是科学喂养问题得不到保证，父母在儿童 1 岁前外出的数量有许多，致使留守婴儿由于母亲外出得不到足够时间的母乳喂养。喂养人让孩子吃饱、穿暖就行，没有合理均衡的营养搭配，使孩子生长发育受到影响。其次是监护人年老体弱，安全保护意识不强，加上学前留守儿童普遍缺乏防范意识和安全知识，遭遇割伤、烧伤烫伤、被猫狗抓伤咬伤、坠落摔伤、蛇虫咬伤、车祸、溺水、触电、中毒、火灾、自然灾害等各种意外伤害的比例都高于学前非留守儿童。遭受不法分子拐卖、身体侵害、违法犯罪，甚至自杀轻生者也屡见不鲜。

(二)学习成绩差

由于父母外出，孩子正处于贪玩期，自控能力较差；还可能因为隔代监管，老人对孩子比较溺爱，缺乏正确的教育观念；或者因年龄大，缺乏及时有效的约束管教；精力不足导致对留守儿童学习方面的帮助和监督大大减少，甚至完全减除，这也使孩子对学习产生了一种无所谓的态度。许多留守儿童学习成绩偏下，学习不良行为较多，如没完成作业等。并且留守儿童缺乏相应的学习辅导，有将近半数的人在学习上遇到了问题没人帮助。

儿童期的孩子品德发展处于他律阶段，自律能力较差。由于缺乏及时有效的约束管教，部分留守儿童纪律散漫，出现不遵守学校规章制度、经常迟到、早退、逃学、说谎、打架、欺负同学等行为，一些农村留守儿童精神空虚、行为失范，严重者年长几岁后，就走上了违法犯罪的道路。但最重要的因素是来自家长的观点，不少留守儿童的父母认为学前儿童只要吃饱、穿暖就行，等孩子上小学了，再好好抓紧教育、督促学习也来得及。在父母的思想中，对子女没有明确的要求，能读书就读，读不好去打工也能赚钱。或者对子女的一切不闻不问，认为该吃什么饭是上天早已注定的，无法改变，顺其自然，这些都表现出了家长教育知识水平的欠缺，同时也是导致留守儿童学习成绩差的重要原因。

(三)心理障碍常见

儿童心理学研究表明，婴儿从早期依恋关系所获得的温暖、信任和安全，使儿童有更好地解决问题的能力，当父母亲离开时，尤其是母亲的消失，母子之间的互动不再存在，对于还不懂事的孩子来说，母亲的离开就等于母爱的撤回，就表示某种意义上被抛弃，必然会对孩子的发展产生消极影响。留守儿童长期缺乏亲情抚慰，缺乏父母直接的关爱与呵护，对他们来说，爸爸妈妈就是电话里的声音。

与父母联系方式的单一性也造成这些儿童有问题，不知道如何与父母沟通；父母外出打工也多是因为经济原因，孩子大多能理解父母外出打工，也明白父母的辛苦；父母外出打工，由于忙于挣钱，非常辛苦，从而对孩子的关心和爱护也会减少，故孩子心理会感到孤独。同时，留守儿童由于父母常年不在身边，长期远离父母，有些问题和疑惑不知道跟谁说，父母无疑也成了熟悉的"陌生人"，孩子很容易出现冷淡和疏远父母的现象。对于身边照顾自己的人也无法亲近起来，长期的分离和缺乏联系使得亲子关系出现障碍，孩子不愿意与父母交流，父母更无法与孩子进行沟通。

因此，亲子间过早的和长期的分离对亲子双方都会造成伤害，并且父母外出打工时孩子的年龄越小，对孩子的影响就越大。留守儿童在年幼时便与父母长期分开，家庭环境的不稳定使他们缺乏安全感和归属感，从而导致他们缺乏感情依靠，性格内向，遇到一些麻烦事显得柔弱无助,久而久之变得不愿与人交流。长期的寡言、沉默、焦虑和紧张,让留守儿童在人际沟通和自信心方面自然比其他孩子要弱,造成他们面对人和事时自信心不足,自卑感强烈。

案例 6-5

李静是典型的留守儿童,他的父母很早就去了福建打工,每年只在过年回家一二十天。李静在八个月大时开始在外婆家生活,夏天到了,外婆家每天都会买上一个大西瓜,然后总是切下最好的部分专门给李静吃。暑假时李静回到农村的爷爷家,爷爷问她外婆平时有没有给她买什么好吃的,她说:"什么都不买,连西瓜都不买一个。"过了几天,舅妈带她出去玩时,给她买了一支当时颇受欢迎的"悄悄豆"雪糕,并细心地帮她剥好了包装袋,谁知她回去后竟对大人说,舅妈自己吃雪糕,吃到一半吃不下了才给她吃。李静像这样爱背后讲人坏话的例子还有很多,包括对待她最亲密的抚养人——外婆,也是如此。

(资料来源:本书作者整理编写)

上述案例中的李静从婴儿期便开始了与父母长期分离,所以她不仅与父母感情淡漠,在与其他人交往中也有猜疑、狭隘、孤僻等负面倾向。父母是孩子的第一任老师,也是伴随他们一生的老师,这个地位是无人可以取代的。这既说明了父母在孩子教育中的重要作用,也说明了在孩子的教育中父母拥有最高决策权,也就是说,只有父母才能对孩子的教育负最终的责任。

(四)留守儿童行为偏差、负面情绪明显

儿童时期是身心发展的重要阶段,直接关系到身体素质、智力水平、道德意识的形成,而留守儿童由于缺乏有效监管和教育,在学习、生活过程中出现一些差错得不到及时引导、纠正,年幼的孩子往往对周围生活中的现象分不清是非好坏,容易养成说谎、爱说脏话等不良行为习惯,其中留守男童的问题行为、学习及校园生活中的障碍较多。

留守儿童在幼儿园里,对各种活动没有强烈的参与意识,比较依赖教师,不善于表现自己,自我接纳程度偏低,对自己总体上感到满意和经常觉得自己是一个有用的人的比例也比正常儿童要低,同时父母的外出,导致他们比原来更抑郁、焦虑、爱发脾气、更胆小,缺乏交流的主动性,与小朋友相处不愉快。由于缺乏家长的教育和管理,没有形成良好的卫生习惯和饮食习惯,相当一部分学前留守儿童出现经常不洗脸、不洗澡、不讲究卫生、吃饭不按时、作息不按时、营养不良、抵抗疾病能力弱等情况,这些因素严重地影响了留守儿童的身心健康成长。

三、学前留守儿童的家庭教育对策

针对学前留守儿童,我们采用以下几种家庭教育对策。

(一)加强情感沟通,满足儿童心理需求

家庭充满了亲情,父母的言行、人格、道德品质,是每个人最留恋的地方,对单纯的孩子也有着极其重要的影响。而对于留守儿童来说,亲情的缺失造成的心灵创伤是无法用

语言来表达的。异地分割的局面，导致家长和留守儿童之间存在一定的沟通困难。家长应加强与孩子沟通的意识，与孩子沟通不能只谈学习、考试的事情，还要关心他们的生理、心理与情感，及时了解他们的学习和心理问题，更要关注他们的所思、所想、所为，了解孩子的心理变化以及思想情况，给予正确积极的疏导，让他们感受到来自父母的爱，鼓励他们多多克服学习生活中的困难，同时在沟通信息时也可以把城市里的新事物和新观念灌输给小孩。

父母的角色是无可替代的，父母要尽量增加回家探望的次数，在与孩子短暂的相处中，减少应酬，多和孩子在一起，陪孩子游戏玩耍，在交流中不但要关心孩子的衣食饱暖，更要了解孩子的精神需求，让孩子知道父母对他的牵挂和浓浓的爱，加强情感沟通，满足儿童的心理需求。

(二)增进与儿童的沟通，承担教养责任

婴幼儿时期是人一生发展的重要奠基阶段，在这短短几年的成长过程中，父母起着不可替代的作用。这就要求父母要有长远的眼光，不能只考虑眼前的经济利益。首先，外出打工的父母要加强和儿童之间的沟通，在教育问题上，承担起教养责任，将城市里相对科学的教育理念使用与孩子的交流上，多多了解小孩在家的生活方式和习惯，规避不良社会风气对留守儿童的影响。其次，父母应尽力协调好外出务工，尽量降低母亲的"外出率"。母亲在孩子的婴幼儿时期与其生活在一起，可以最大限度地保持家庭教育的存在和完整。若母亲一定要外出务工，就选择离家近一点的地方，保证孩子能经常见到母亲，为孩子提供心理上的安全感和生活上的照顾与爱护。再次，如果无法避免父母外出务工，也应该抽出一段时间，利用节假日多和孩子团聚，还可以考虑离家较近的务工地点，这样就能有效地减少距离造成的诸多麻烦。最后，若有可能，应把孩子领到务工所在地就读，使孩子从小在良好的心理环境和社会环境中健康成长，做到务工和关心教育子女两不误。

要解决留守儿童家庭教育中的种种缺失，最直接有效的办法莫过于结束留守状态，承担教养责任；另外一种行之有效的办法就是父母就近务工。近年来，国家对农民工再就业问题出台了一系列相关政策，为留守儿童的父母就近务工，结束留守状态提供了极大的可能性，有利于留守儿童过上正常的家庭生活。

(三)慎重选择监护人，加强对监护人的教育指导

留守儿童的教育要由父母、代养人和托幼机构三方共同商讨教育的策略与办法，使孩子从小就能在良好的心理环境和社会环境中健康成长。父母要本着一切有益于孩子成长的原则，慎重地为孩子选择监护人，外出前细致地安排好孩子的生活和学习。在确立监护人时，应减少随意性，尽可能选择教育能力强、有责任心、有保护意识、具备一定文化素养的监护人来满足孩童的求知欲。但这一要求，对于农村来说很不现实，监护人一般都是祖辈，他们的文化水平有限，继续接受教育辅导也很困难。所以，监护人在儿童教育这一问题上必须转变陈旧的观念，要意识到儿童教育对孙辈的必要性和重要性。监护人要积极支持孩子上幼儿园，同时监督孩子按时学习，培养孩子去学校接受教育的兴趣，提高他们上学的积极性。

被委托监护人作为孩子的代理家长，要意识到自己的责任和义务，不仅要照顾好留守儿童的学习，还要对孩子细心观察，经常谈心，发现问题及时教育和引导，并及时与幼儿

园、孩子的父母沟通交流，共同探讨孩子的情绪情感问题。不能简单采取溺爱或放任自流的教养方式，也不能一味地进行打骂或横加干涉，更不能"不懂"孩子，却拼命"教育"孩子，应弄清孩子身心发展的特点和规律，掌握孩子的个性特点，父母或监护人要理解、接受并给予孩子正确引导。

父母在为生计忙活的同时，不能忽视对孩子从小的教育，除了经常与孩子保持联系外，还要与孩子的监护人、幼儿园、学前班多沟通，掌握孩子的动态，及时了解孩子的生活、学习、心理状况，一起商讨孩子的教育问题，帮助孩子树立正确的人生观、价值观，对孩子的心理变化加以正确的引导，保证孩子能有一个健康的心理状态。

(四)社会应加强对留守家庭的关注

在留守儿童家庭教育中，家庭自身只能解决留守儿童的部分问题，只有政府、社区、教育机构、家庭等通力合作才能解决所有留守儿童问题。社会应该给予留守家庭更多关注，幼儿园和街道、社区、乡镇等应该协助监护人共同做好留守儿童的早期启蒙教育。特别是幼儿园应开展对留守儿童监护人的入园教育培训，转变监护人的教育观念和育儿方式，克服"重养轻教"的思想，提高他们对留守儿童抚养教育的责任心，并重点进行安全卫生、心理与教育知识的普及。如留守儿童在祖辈的宠爱下行为习惯较差，不讲究卫生、没有礼貌等。通过家长座谈会、家访、与监护人个别交谈等方式，向他们宣传不良习惯的弊端，提出养成良好习惯的方法。幼儿园组织开展丰富多彩的游戏活动，可以为孩子们过生日、送礼物，可以使孩子体验到集体的关爱和温暖，增加心理归属感，培养活泼开朗的性格和良好的习惯。开展心理辅导和矫治，克服孩子的焦虑、逆反、冷漠、任性等不良状态，并做好跟踪观察和教育工作。

国家在政策上鼓励成立关心"留守儿童"教育指导机构，建立农村社区教育和监护体系。各级政府应给予政策和经济上的支持，鼓励有关家庭教育的学术机构进行相关研究和实验。地方政府要发挥在家庭教育方面的宣传和指导作用，如利用电视、广播、网络等大众媒体快速、便捷、普及面广的优势，还可以印制家庭教育方面的书籍和资料，发放给父母和监护人。针对留守儿童较多的村镇，要建立儿童基础设施较为齐全的活动中心或幼儿园，让留守儿童就近入园，通过参加集体活动驱除孤独感，减少"留守"带来的伤害，促进留守儿童各方面正常均衡地发展。

全社会要树立合力教育意识，优化社会关爱留守儿童的良好氛围，为我国培养更多的全面发展的新一代少年。

第四节　行为问题儿童的家庭教育

行为问题儿童的家庭教育

家庭是儿童成长的第一个环境，是教育的起点，对儿童的成长来说有着至关重要的作用。父母作为孩子的第一任老师，父母教育的重要性不言而喻，家庭教育方式被认为是儿童学业问题、行为问题及其他多种心理健康问题产生的主要原因之一。因此，研究儿童行为问题与家庭教育之间的关系对于防治儿童行为问题的发生、培养儿童健全人格及为儿童营造良好的成长环境来说都有重要的理论意义与实践意义。

案例 6-6

昊昊今年 4 周岁，是一个具有典型的攻击性行为的孩子。他平时自私、任性、我行我素，不注意个人的清洁卫生，样样事情都以自我为中心，如果不称他的意，就会大哭大闹，损坏物品或攻击其他的小朋友，有时还会把幼儿园的东西带回家，所以小朋友都很害怕和他交往。

一天早上，奇奇带来了一个新的奥特曼。区域活动时，老师在认真地辅导美工区的孩子。这时康康和昊昊都想玩，康康先拿到了奥特曼，昊昊马上跑过去，一把夺过来。康康追过去抢，就这样你也不肯让，我也不肯让，一直抓着奥特曼不放，突然，听见"嘎吱"一声，奥特曼的一只手断了，接着昊昊就给康康一记耳光。康康"哇"的一声哭了起来，等老师闻声走过去，康康的脸上已留下了红红的手掌印。

（资料来源：本书作者整理编写）

一、行为问题儿童的界定及其本质

许多研究结果表明，行为问题儿童约占儿童总数的 10%，近年来还有不断上升的趋势。随着行为问题儿童现象的日趋突出，行为问题儿童已成为家庭、学校、社会共同关注的问题之一。

(一)行为问题儿童

美国教育界常把行为问题儿童的特点概括为：注意力不集中、冲动和过动、社交困难、情绪不稳定、学习困难。英国则把行为问题分为 A 行为(Antisocial Behaviors，即违纪行为)和 N 行为(Neurotic Behaviors，即神经症性行为)两类。A 行为包括：经常破坏自己或别人的东西、经常不听管教、时常说谎、欺负别的孩子、偷东西。N 行为包括：肚子疼和呕吐、经常烦恼、害怕新事物和新环境、一到学校就哭或拒绝上学、睡眠障碍。

(二)行为问题儿童的本质

著名心理学家阿佛雷德(AlfredAdler)认为问题儿童的问题本质有三个方面：第一，每一个问题儿童身上都隐藏着自卑情结。第二，虽然问题儿童的各种活动和态度都显现出他们是在解决问题，克服困难，努力争取优越，但和别人的不同之处在于他所追求的方向是错误的。第三，问题儿童都倾向于或多或少地与社会隔离。

我国一般把行为问题儿童分为以下三种类型。

(1) 外向型行为问题儿童：主要表现为多动、攻击性、违纪行为等，他们的言语理解能力和学习能力较差，可能有阅读、言语缺陷等问题。

(2) 内向型行为问题儿童：常常表现出抑郁、焦虑、社交退缩等，他们的操作技能发展较差。虽然内向型行为问题儿童对集体和他人没有明显的妨碍，但却容易导致以后的各种心理障碍和社会不良适应。

(3) 混合型行为问题儿童：兼有外向型和内向型行为问题及其他问题的一些特征，例如注意力不稳定等。

二、行为问题儿童的成因分析

儿童个性发展起源于家庭、显现于学校、成熟于社会。行为问题儿童是个人生理和心理、社会、家庭、经济、文化、教育等多种因素共同作用的结果。其中任何环节出现问题都会影响儿童的身心健康，导致行为问题的发生。

(一)先天或遗传因素

怀孕期及围产期受损、遗传、脑损伤、儿童自身发育迟缓等因素是导致儿童发展异常的重要原因。由于先天或遗传的因素，有些孩子生下来就有这样或那样的问题。随着年龄的增长，他们会逐渐发现自己与其他小朋友的差异，在心理上产生自卑感和压抑感，在人际交往中缺乏自信心，总是把自己封闭起来，以发脾气或攻击的方式来发泄内心的不满，刻意拉开自己与伙伴之间的距离。如果家长不能及时发现问题、及时进行干预，那么行为问题儿童的状况会更加严重。此外，母亲妊娠时与有毒物或放射线接触、有严重的妊娠并发症或合并症，围产期新生儿窒息及脐带绕颈等都会对儿童的行为发展产生影响。

(二)家庭氛围

家庭是个体健康成长的起点，是个人成长的第一所学校，而父母则是儿童的第一任老师，具有不可代替的特点与作用。不良的亲子关系以及父母对儿童放纵、要求低等都会导致儿童问题行为的发生。例如：父母当着孩子的面吵架，或者父母之间比较冷淡、对立，缺乏谅解和信任等因素都会导致孩子对周围生活缺乏安全感和信任感，消极情绪增多。也有不少孩子是从家庭破裂之后才开始产生行为问题的。有研究者在一次大型的调查研究中发现，1485 名学龄前儿童中有 175 名被拟诊为行为问题儿童，这些儿童中，父母经常吵闹和离异的有 100 名，占异常儿童总数的 57.14%。家庭经常吵闹组儿童行为问题的发生率为28.27%，是家庭和睦组的四倍多(6.87%)。因此不健全家庭的子女是产生行为问题的高危人群。

(三)家庭教育

儿童学业问题、行为问题、心理健康问题等被认为是家庭不良的教养方式导致的结果，换言之，家庭不良的教养方式是导致儿童问题的主要原因之一。消极的教养态度和粗暴的教养方式是诱发儿童行为问题的罪魁祸首。家庭成员中的母亲行为，对儿童的教育和影响尤其深远。母亲行为是指母亲在抚养子女的过程中所表现出来的相对稳定的行为方式。依据对儿童发展的影响的性质，母亲行为可分为支持性行为和不支持性行为。支持性行为是指在教养子女和亲子互动中对儿童作出的积极性行为，如尊重、安慰和鼓励儿童、用言行表达积极情感、对其讲解各种知识等；不支持性行为是指在教养子女和亲子互动中对儿童做出的消极性行为，如严厉惩罚、打骂孩子、拒绝其要求等。

除了母亲行为因素外，还有大多数儿童，其家庭环境单一，儿童经常处于孤独。由于孩子数量少，家庭经济负担轻，生活水平相对较高，这种家庭关系和物质条件使父母自然地将全部感情注入唯一的孩子身上，用更多的时间和精力去培养唯一的孩子，这无疑为他们的智力发展和身体发育提供了更好的条件。对不少年轻的父母来说，感情的分寸往往很难掌握，表述感情的方式也不尽恰当，把孩子当成自己生命的延续，把孩子当作"小太阳、小皇帝"，处处护短，把毛病当成优点，甚至把恶作剧当作聪明，报以赞许。结果是疼爱变成溺爱，盲目的溺爱代替了理智的教育。应当说，在所有的家庭中，父母的溺爱都是儿童产生不良品质的温床，是问题儿童增多的主要原因之一。由于家长的溺爱和儿童家庭环境单一造成儿童依赖性较强，不能够适应周围环境。可见，良好的家庭教养方式对儿童有着重要影响。

🌐 案例 6-7

赵洋，男，6岁，现在和爷爷奶奶生活在一起。由于爷爷宠爱，奶奶溺爱，赵洋调皮捣蛋，整日弄得班级不得安宁，在小班时，就是幼儿园出了名的捣蛋鬼。中班分到我班后，让我见识到了他的调皮捣蛋：玩游戏时，不是把这个同学推倒，就是把那个小朋友的玩具弄坏，或者干脆带一只小仓鼠，塞到女同学的口袋里；在老师讲课的过程中时不时地大喊大叫，扰乱课堂纪律，有时竟然还会过去拍老师一下。他已经给自己定了位，把"捣蛋鬼"的帽子牢牢地扣在了自己的头上，完全是一副破罐子破摔的样子。当他犯错误，我找他谈话时，他根本就意识不到自己的错误，满口说别的老师不尊重他，别的同学小看他，每件事赵洋都会强词夺理，一幅桀骜不驯的样子。他已经完全沉浸在自己的世界中，对待任何人和事都表现得极度冷漠。

(资料来源：本书作者整理编写)

(四)学校教育

学校教育是指教育者按照一定的社会要求和受教育者身心发展的规律，对受教育者施行的一种有目的、有计划、有组织的系统教育活动。教师作为学校教育的主要实施者，如果喜欢那些友善、温顺、开朗的儿童，而从心理上不喜欢那些调皮、逆反、内向的儿童，并把这种心态表现在行为中，就会使不喜欢的儿童产生焦虑、抑郁、恐惧乃至引发一系列的行为问题。如果学校对学生的管理过于专制，教育方式粗暴同样也会引发儿童的行为问题。所以要慢慢地循序渐进教导儿童，教师可以在生活中提高学生的道德认识，讲清楚什么是好坏、善恶、美丑、是非、曲直、荣辱、毁誉，什么是行为的准则和规范。还可以培养学生的道德感情，如义务感、责任感、羞耻感、美感、自尊感、自豪感、法制感等，增强他们情感自我调节控制的能力，以及对人道主义、集体主义、爱国主义的情感体验，帮助他们建立健康的情感结构。道德情感是伴随道德认识而产生的一种内心体验，也是对事物爱憎的态度。所以学校、教师的正面教育和引导，有针对性地调整、完善学生的品德结构，是大面积转化学生"行为问题"的工作前提和思想基础。

(五)社会交往

由于行为问题儿童自身不会使用有效的交往策略，当受到了同伴的排斥或拒绝后，他们缺乏信心和有效的解决方法，再加上他们的"自我为中心"，就导致了在集体中与同伴交往的困难和失败，使他们逐渐从集体中孤立出去，加剧了自身的心理压力和焦虑。同时也会使有些儿童在集体中处于不受欢迎、受到拒绝或忽略的地位。不受欢迎的儿童在交往中比受欢迎的儿童有更多的困难，长此以往他们会变得越发害羞和孤单；被拒绝的儿童最容易产生攻击和破坏性行为；被忽略的儿童则容易出现自卑与抑郁等心理。

三、行为问题儿童的家庭教育策略

对于行为问题儿童，我们采取以下几种教育策略。

(一)提升家长自身综合素质

如何提升家长自身综合素质？

1. 培养自身良好兴趣爱好

培养自身良好的兴趣爱好是提升家长自身综合素质的一个非常有效的途径。一方面，随着现代社会的进步，社会竞争越来越激烈，人们的生存压力越来越大，但是这并不能成为家长逃避学习的理由，可以通过培养自身良好的兴趣爱好，有效地利用好自己的闲暇时间，充实自己的生活，改善自身的生活状态，为孩子提供更好、更温暖的生活空间。而且，家长作为儿童家庭教育的主导者，其言行举止在一定程度上会成为儿童潜意识效仿的模板，而这种潜意识的效仿甚至会直接影响到孩子未来的思想和行为。培养良好的兴趣爱好能够促进家长远离对电子产品的依赖，从而为孩子做出榜样示范，防止孩子在儿童时期产生对电子产品的依赖。另一方面，家长可以与孩子一同培养一个共同的兴趣爱好，这样不仅能够陶冶孩子的情操，同时也能够让家长与孩子之间多些沟通与互动，现代教育是不断改革和发展的，儿童在学习方面所接受的都是新生的事物，很多家长都会出现对儿童所学内容知之甚少的情况，但家长与孩子之间的共同语言在现代家庭教育中是非常重要的，只有消除代沟，才能够实现有效的家庭教育。

2. 丰富自己的文化知识

丰富自己的文化知识对于家长提高自身素质来说是非常必要的。通过丰富自己的文化知识，家长能够紧跟现代教育的发展潮流，从而对孩子进行正确的教育和引导。例如：增加家中的图书量，和儿童一起从科学知识、环境问题到生命教育、亲情、友情、克服困难、个人成长等不同题材的读物中探索其中的奥秘。家长经常和儿童一起读书，还可以提高儿童对文字的理解能力。通过丰富儿童的文化知识，家长还能够在日常的生活中获得提高，从而为孩子营造一个更好的成长环境。

(二)树立正确的教育观念

树立正确的教育观念，是家庭教育能够解决孩子行为问题的一个关键因素。家长以正确的教育观念树立孩子正确的思维方式和行为方式，疏导孩子的心理问题和思想问题，从而避免孩子产生行为问题。每一个家庭都有自己的实际情况，所以就家庭教育而言，没有绝对正确的家庭教育，只有适合孩子的家庭教育。因此，家长应该多将关注的焦点凝聚在孩子身上，观察孩子的一言一行，对照自己的一言一行，谨慎考量自己的同时，实际上也是在对孩子进行最好的家庭教育。家长应当记住，消极的教养态度和粗暴的教养方式是诱发儿童行为问题的罪魁祸首。

(三)树立科学的儿童观

儿童是一个相对比较特殊的年龄层次，在这个阶段，孩子的思维模式、行为规律都处在模仿的阶段，这个阶段的孩子心理承受能力以及对事物的判断能力都是欠缺的。当孩子想要向父母表达自己想法的时候，父母要专心地聆听，感受孩子内心的情感，树立科学的儿童观，清楚地把握儿童时期孩子的特殊性，根据这种特殊性来调整家庭教育的内容，而不是过分地以一个成人的标准来要求孩子。

其实在家庭教育的过程中，家长在有些时候会下意识地用成人的标准来考量孩子的承受能力，虽然说这并非出自家长的本心，但是这种过高的要求会对孩子产生负面影响。因此，家长必须谨慎地处理已经出现行为问题的儿童身上发生的每一件事。

(四)采取正确的教育方式

对于行为问题儿童，我们采取以下教育方式。

1. 理性接纳，建立良好的亲子关系

接纳行为问题儿童是实施教育的前提。儿童出现了行为问题，并不代表他就与正常儿童有多么大的不同，不过是表现出有暂时偏离正常轨迹的可能性。良好的亲子关系能够帮助儿童逐渐矫正自己的行为问题，克服心理障碍，提高良好行为的能力。父母应该尊重儿童，只有家长在家庭教育的过程中尊重孩子的独立性和自主性，孩子才能够反过来依赖家长。孩子在向父母叙述的时候，要通过孩子的言语行为与非言语行为，辨认孩子隐藏的情感，并帮助孩子觉察与接纳自己的感受。当孩子有强烈情绪反应的时候，更多地是要寻求情感倾诉，以及寻求理解，因此父母就需要共情，即站在孩子的立场体验孩子的感受，接纳孩子的情绪，给予哭泣的孩子以拥抱，给予愤怒的孩子以理解，给予自责的孩子以宽慰，这样不仅可以疏导孩子的情绪，而且还可以引导孩子对自己的不理性行为进行更深入的反思。

一味对儿童指责的家庭教育只会让孩子敬畏家长，但是这种敬畏对于孩子与家长之间亲情的维系来说并不是有利的。所以，家长要经常安慰和鼓励儿童、以言行表达对儿童的爱，从而建立良好的亲子关系，切不要急于给孩子建议，更不能责难，否则通向孩子心扉的大门可能会就此关上，因为只有情感支持行为能使儿童感受到温暖和爱。

2. 和谐相处，营造温馨的家庭氛围

家庭是儿童健康成长的摇篮，是否有一个良好的家庭氛围，直接影响着孩子的健康成长。温馨愉快的家庭氛围在家庭教育中起着极其重要的作用，它能给孩子带来愉悦感和安全感，也可以促进孩子修身养性，使其养成良好的品质和行为习惯。

3. 适度期望，实施科学的家庭教育

研究表明，儿童的心理压力与行为问题尤其是违纪行为有一定程度的相关度。期望值过高会让儿童特别是压力耐受性差的儿童具有退缩、依赖性强、缺乏安全感、任性、脾气暴躁、固执、孤僻、不合群等不良性格特征。期望值过低同样是导致行为问题的危险因素。而对于潜移默化的"行为问题"，只能循序渐进地去纠正，并有针对性地创设积极、健康的行为情景帮助其逐步改进，把肯定、表扬、鼓励和奖励与行为问题儿童愿意改变的一致性联系起来，推倒原有的标准、习惯和传统，建立新的行为标准，使儿童逐渐接受和理解

新的行为标准。如果急于求成，一味采取强制性的高压手段或过分严厉的惩罚制度，不仅不利于他们积极地调整自己、完善自己，而且还会引发抵触、抗拒心理，导致消极甚至破坏性情绪的产生。因此，父母对子女的期望一定要实事求是，不能过高也不能过低；要充分了解自己的孩子，对孩子的期望适可而止。实施科学的家庭教育，尽量采用温和的教育方式，多谈心说理，多以身作则，少责骂惩罚。

4. 适当搭桥，创造平等的交往机会

学前期是同伴关系发展的重要转折时期。在这一期间，孩子与同龄伙伴间有着共同的兴趣、爱好，能在共同的活动中去化解矛盾、解决纠纷，彼此磨合、相互适应，同伴互动变得越来越复杂，表现出更多的交流与合作、互惠的想象游戏及共享的积极情感，由此获得的技能和社会知识为随后的社会性发展奠定了重要基础。但这些技能光靠成人是教不会的，父母可以适当地充当"搭桥拉线"的角色，帮助孩子与他人平等交往。儿童通过与伙伴在一起玩耍，还能练习并掌握生活的原则和规则，了解团体的规则限制和个人自由之间的关系，这些都有助于提高孩子的社会适应能力。学前期同伴互动的规范化和复杂化与儿童认知、情感和行为等自我调节能力的快速发展密切相关。建立亲密的同伴关系能够调节行为问题儿童的习惯，从而使其表现出较强的社会能力，变得在同伴中更受欢迎。

5. 主动配合，争取积极的家校合作

对于行为问题儿童，家长要主动及时地与老师沟通，争取得到老师的理解与支持。家园合作的目的就是有效协调各种教育力量，形成强大的儿童教育合力，对儿童进行一致和连贯的教育影响，对儿童个性和行为的发展保持充分的敏感，及时从根本上解决儿童发展过程中出现的各种行为问题。

从家长方面讲，家长要主动向幼儿园提出各种疑问和建议，及时了解幼儿园的现有教学计划，对幼儿园的相关要求做出积极回应，有意识地将自身育儿目标和幼儿园教育目标保持一致。同时，家长应主动就儿童发展问题向教师提出要求或虚心请教，从而与教师的充分合作。但有些家长常以自己工作忙为由，把孩子的教育问题全部推给教师，其实教师的力量是有限的，在得不到家长的积极配合时，教师的教育作用是很难持久的。

从幼儿园方面讲，幼儿园教师和管理者要尊重家长对幼儿园提出的各种建议和要求，最大程度上谋求家长的积极配合。针对具有典型行为问题的儿童，向家长宣传科学的育儿知识，提供具体的问题解决策略，并及时汇总和整理儿童家长的反馈信息，不断调整和更新幼儿园相关的教学计划。儿童教师可以针对影响儿童成长的不良家庭因素，对儿童进行个别化的补偿教育，直接或间接地改变儿童家庭教育环境产生的影响，从而促进儿童行为健康发展。只要家庭教育与学校教育形成合力，行为问题儿童的教育就将迎刃而解。

近年来我国儿童问题行为频发，主要还是家长在家庭教育上存在许多漏洞，所以要想有效防止儿童行为问题的发生，就必须在家庭教育上下功夫，家长应该努力地提升自己，为孩子营造良好的成长环境，让孩子接受科学的家庭教育。这些不仅涉及儿童智力和认知能力的发展，更影响着儿童的社会性发展和良好人际交往关系的形成，只有这样，孩子才能够真正健康茁壮成长。

本章小结

本章重点介绍了各类特殊儿童的教育策略，主要包括学前超常儿童的心理特征及家庭教育策略，学前智障儿童的含义、教育现象以及家庭教育策略，学前留守儿童的心理特征及家庭教育策略和儿童行为问题产生的原因及家庭教育策略。

思考题

1. 开展一次留守儿童的家庭教育现状调研。
2. 结合实例谈谈如何对超常儿童进行家庭教育。
3. 针对一名行为问题儿童进行深度分析，并提出相应的家庭教育策略。

第七章　学前儿童家庭教育指导

本章学习目标

➤ 了解学前儿童家庭教育指导的内涵、意义、对象及任务。
➤ 了解学前儿童家庭教育指导的原则及注意事项。
➤ 了解学前儿童家庭教育指导的内容及总体要求。
➤ 了解学前儿童家庭教育指导的途径。

重点与难点

➤ 学前儿童家庭教育指导的总体要求、途径。
➤ 学前儿童家庭教育指导的内容及总体要求。
➤ 学前儿童家庭教育指导的原则及注意事项。

引导案例

"填鸭"弥补不了爱的空白

　　我曾经在上班路上遇到过这样一位妈妈，妈妈看上去很博学，一直在不失时机地给孩子讲各种知识，而这些知识一听就明显超出了孩子的理解范围，结果是孩子很少回应，连一点表情都没有，谁知道孩子听进去多少呢？

　　还有一次在图书馆，我看到有一位妈妈一直在给一个四五岁的孩子读书讲故事，一本接一本，一个接一个都不停歇，嗓子都快说不出话来了。从孩子呆滞的目光可以看出，他早就听烦了。

　　我不禁感慨，这些妈妈忘我地付出，似乎想将自己所有的知识都灌注到孩子的世界里，恨不得孩子能马上全部吸收，快快长大成才。然而事实呢？孩子被填鸭，没有透气的机会，最后变得麻木厌倦，成了妈妈手中的傀儡。

　　能说这样的家长不爱孩子吗？他们的爱里附加了太多的期望，大量知识信息填鸭式的教育并不能弥补孩子情感的空白，不能代替亲子之间的自然沟通，更剥夺了孩子自我成长的机会，这样的爱，终究是伤害。

（资料来源：https://zhuanlan.zhihu.com/p/593744188）

第一节　学前儿童家庭教育指导的意义与任务

　　家庭教育在孩子的健康成长过程中发挥着不可或缺的重要作用，是学校教育、社会教育所不可代替的。对于 3～6 岁的儿童而言，优质的家庭教育是其健康成长的重要保障。因此，学前儿童家庭教育至关重要，家长一定要懂得家庭教育的方法和知识，科学有效地进行家庭教育，才能为学前儿童的健康发展保驾护航。提高学前儿童家长的教育素质，转变家长的教育观念，形成对学前儿童的正确教养态度，培养家长科学教育学前儿童的能力，改善学前儿童家长的教育行为，提高家庭教育的质量是十分必要的。怎样教育家长当好孩子的老师，是一门有着重要社会意义的课程，值得我们深入研究和探讨。

学前儿童家庭教育指导
的内涵、意义及任务

一、学前儿童家庭教育指导的内涵

　　一直以来，我国都非常重视学前儿童家庭教育的指导，在 2021 年颁布的《中国儿童发展纲要(2021—2030 年)》中，提出要基本建成覆盖城乡的家庭教育指导服务体系，95%的城市社区和 85%的农村社区(村)建立家长学校或家庭教育指导服务站点等主要目标。目前，我国学前儿童家庭教育的指导，主要由妇联牵头，教育部门、卫生部门、社区等分工协作，但是由于各部门之间缺乏约束性、教育人员业务素质不够高、教育经费不足等各种原因，导致当前的家庭教育指导并不能满足家长日益增长的教育需求。因此，需要对学前儿童家庭教育指导进行改革，构建覆盖城乡的家庭教育指导服务体系，进一步强化对家庭教育指导服务的支持与保障。形成教育合力，才是提高家庭教育指导效率的关键所在。那到底什么是学前儿童家庭教育指导呢？这也是我们需要学习的一个重要概念。

(一)学前儿童家庭教育指导的含义

　　学前儿童家庭教育指导是指由家庭以外的社会组织及机构组织的，以儿童家长为主要对象，以提高家长的教育素质、改善其教育行为为直接目标，以促进儿童身心健康成长为目的的一种教育过程。

1. 学前儿童家庭教育指导的对象

　　一般学前儿童家庭教育指导的对象为新婚夫妇、孕妇以及 0～6 岁儿童的家长。其中，3～6 岁儿童的家长往往成为家庭教育指导的主要对象。因为 3～6 岁的儿童已经进入幼儿园学习，而目前儿童的入园率较高，对比较集中的儿童家长进行指导，从组织工作方面来讲比较方便，幼儿园教师对家长进行家教指导无论从知识和经验，还是家长的信任程度来说，都具有一定的优势。

2. 学前儿童家庭教育指导的目的

　　学前儿童家庭教育指导的直接目的就是要提高家长的素质。因此，对学前儿童家长进行家庭教育指导的主要目的就表现在以下三个方面：第一，提高学前儿童家长的教育素质，包括转变家长的教育观念，形成对学前儿童正确的教养态度，培养家长科学教育学前儿童的能力。第二，改善学前儿童家长的教育行为，提高家庭教育的质量，包括创设良好的家庭教育环境，正确地对待孩子的行为表现，对孩子实施适当的主动教育。第三，促进学前儿童健康成长，包括身体的正常发育和心理的健康发展。

🔗 案例 7-1

习近平总书记带来的新教育理念

2015 年，习近平总书记又为我们带来了新的教育理念——家庭教育。2015 年春节前夕，习近平总书记在新春团拜会上对家庭教育作出重要论述，习近平总书记强调："家庭是社会的基本细胞，是人生的第一所学校。不论时代发生多大变化，不论生活格局发生多大变化，我们都要重视家庭建设，注重家庭、注重家教、注重家风。"

伴随着习近平总书记的家庭教育论述的发表，一些教育机构开始举办父母和孩子角色互换的活动。在活动中，父母和孩子的角色互换，让父母感受到在"家长"爱的呵护下透不过气来、无法挣脱这"爱的束缚"而极度恐惧与痛苦。这场活动所有的家长都深刻地明白了：会爱才是真爱，盲目地爱就是害。通过这次学习，家长意识到：教育错了的儿童比未受教育的儿童离智慧更远。家长一定要懂得家庭教育再去教育孩子，盲目的教育不如不教育。

（资料来源：本书作者整理编写）

(二)学前儿童家庭教育指导的性质

学前儿童家庭教育指导有以下性质。

1. 学前儿童家庭教育指导是家庭早期教育的指导

学前儿童家庭教育指导是家庭以外的社会组织及机构根据学前儿童家庭教育过程中存在的问题、学前儿童家长的困惑和家长自身的需要，向家长提供帮助的过程。这种指导，属于家庭早期教育的指导。

2. 学前儿童家庭教育指导属于成人教育

学前儿童家庭教育指导是实施素质教育的重要组成部分，是整个国民教育体系中的一个重要组成部分，是终身教育的一部分，是以学前儿童家长为主要对象，提高其自身素质和家庭教育水平的一种成人教育。在学前儿童家庭教育指导的过程中，应该注意到作为成人家长的身心特点，采取不同于学前儿童和中小学生的指导方式，只有这样，家庭教育指导工作才能取得应有的成效。

3. 学前儿童家庭教育指导具有业余成人教育的性质

学前儿童家庭教育指导的对象是学前儿童的家长，即学前儿童的父母。在我国当前的国情下，这些家长大部分仍然在岗工作，他们只能利用业余时间参加托幼机构组织的家庭教育指导活动。所以，学前儿童家庭教育指导只能是一种业余的成人教育。

4. 学前儿童家庭教育指导具有教师教育的性质

学前儿童家庭教育指导是一个引导家长学习如何教育学前儿童的过程，是一门教育家长如何当好孩子老师的课程，因此，具有教师教育的性质。掌握学前儿童心理发展的规律和年龄特征，以及教育学前儿童的相关知识、技能和教育规律，在学前儿童家庭教育指导中占据重要地位。

二、学前儿童家庭教育指导的意义

学前儿童家庭教育指导的本质是学前儿童家长提高认识的过程，其根本目标是要促进学前儿童的发展。将家庭教育融入学前儿童教育范畴，是为了帮助家长树立正确的教育观念，形成教育合力，提高家庭教育质量，推进现代家庭教育理论体系建设，进一步构建高质量的家庭教育指导服务体系。对家庭教育进行指导的意义具体表现在以下几个方面。

(一)帮助家长形成正确的教育观念

人的行为受观念的支配，在家庭教育中，教育观念起着决定性作用。正确的教育观念可以使家长使用正确的教育方法。没有好的观念，人的行动就会出现偏差。比如，有些家长将子女的教育责任交给教师与祖辈老人的"双脱手"现象，对儿童，尤其是独生子女给予"过高期望"和"重智轻德"等倾向性问题，无不显示出家庭教育指导的迫切性。在2018年9月10日召开的全国教育大会上，习近平总书记提出了家庭作为个体发展的"第一所学校"的说法，强调了家庭对个人发展的奠基作用。专业化的家庭教育指导能够帮助家长树立正确的家庭教育理念，提高家长教育孩子的能力，也有利于家庭成员的和谐生活，从而更好地发挥家庭教育在个体发展中的基础作用。

(二)提高家长的教育素质，进而提高整体国民素质

家庭环境和家长的道德文化素质直接影响着孩子的成长，家庭教育对培养下一代、促进家庭幸福和睦、提高全民族素质具有重要意义。家庭教育指导工作使家庭教育和科学育儿知识得到宣传和普及，使广大家长的整体素质和教育子女的能力得到全面提高，促进家长和孩子共同成长。在家庭教育指导过程中，社会组织及机构通过家长学校、家长论坛、开展讲座等形式帮助家长树立正确的儿童观和教育观，使家长意识到言传身教的重要性和自己身上肩负的教育责任，进而努力提高自己的思想水平并改进行为习惯，提高其整体素质。

社会是由一个个家庭组成的，家长整体教育素质的提高必然对提高整体国民素质有积极作用。日本文部省的调查显示，家庭教育落后和家长疏于对子女管教是导致青少年犯罪、拒绝上学与儿童自杀等教育危机的重要原因之一。面对这样的家庭教育危机，日本文部省积极推行"家庭教育支援政策"，从1997年起以培养儿童"生存能力"和提高社区的教育作为基本方针，积极推进家庭教育支援工作。实践证明，家庭教育的成功有利于培养下一代、促进家庭幸福和睦、提高全民族的素质。

(三)引导家长更好地发挥自身的教育优势

与托幼机构教育及社会教育相比，家庭教育的优势是明显的。在家庭中，父母对孩子

的爱本身就是一种教育优势，它是孩子形成自信、独立、有责任感等良好品质必不可少的营养素。家长最了解自己的孩子，这有利于创设条件，有针对性地对孩子进行个别化教育。通过引导，可以使这些独特优势更充分地得到发挥。

(四)创设和利用丰富的家庭教育资源

家庭具有潜在的、丰富的教育资源。家庭中的资源包括：家庭文化氛围及其成员的职业、经济条件、信息、自身教育水平及观念；家庭成员和儿童之间的沟通与交流；家长对儿童的具体指导等。首先，社会组织及机构让家长认识到，自己本身对儿童来说就是一大教育资源。比如，托幼机构要让家长明白家长自身良好的行为习惯就是家庭教育最好的资源，让家长引导孩子到幼儿园时对老师、其他家长、儿童主动问好、主动关心和帮助他人；引导家长创设温暖、宽松、愉快的家庭环境，激发家长共同创设良好的家园活动氛围，这对儿童具有潜移默化的影响。其次，托幼机构可以引导家长支持儿童的教育活动，分享家庭中的各种资源，例如带来图书、建立绘本阅读共享区；带来旅游图片布置主题墙；为教学活动提供实物、影像资料等。现在对家庭教育的指导已经由过去强调单一的"教"转化为家庭教育资源的创设及合理的运用。《幼儿园教育指导纲要(试行)》中强调应建立现代教育资源观，把家庭教育的重点放在家庭中教育资源的创设及合理使用这些资源上。现代资源观的确立，能够更有效地实现"终身教育""尊重和发展儿童主体性"等理念。同时，也可以避免部分家长陷入过于功利的教育观，剥夺孩子主动发展的各种权利。

(五)形成教育合力，共同促进学前儿童的发展

学前儿童教育是一项复杂的系统工程，生态教育学认为学前儿童的成长与发展受到周围环境的影响。这个环境除了幼儿园、家庭，还包括更广泛的社区环境和其所在的自然环境。在学前儿童教育这个整体中，社会、家庭和幼儿园组成了缺一不可的整体。家庭、幼儿园、社会三方合作教育，既有现代化教育研究的理论支持，同时又有国家的教育政策、法规的规定和支持，是教育现代化的必然趋势。因此，以家庭教育为基础，幼儿园教育为主体，社会教育为依托，积极构建全面、健康、和谐的三位一体的教育网络，发挥教育合力，有计划、有步骤、分层次地开展各种教育活动，全面促进孩子身心健康的发展有着重要的意义和价值。例如，幼儿园开展家庭教育指导，能对这些因素进行有效的调节、整合和提高，给儿童创造一个舒适、健康的成长环境，促进儿童的成长。实现家园同步同态，形成教育合力是学前教育机构家庭教育指导义不容辞的责任。我国儿童教育学家陈鹤琴先生早在民国时期就提出："幼儿教育是一件很复杂的事情，不是家庭一方面可以单独胜任的，也不是幼儿园一方面可以单独胜任的，必定要两方面共同合作才能得到充分的功效。"

(六)推进现代家庭教育理论体系建设

家庭教育指导不仅需要掌握与学前教育学相关的系列理论，主要包括儿童心理、智力开发、非智力开发、家长的教育角色、家庭教育方法、胎教与优生、情商与心理健康教育等，而且还需要丰富的实践经验的积累。这一系列理论和实践经验的积累和总结作为学前教育理论体系不可分割的一部分，必将对充实整个学前教育学科体系产生极大的帮助，从而推进现代家庭教育理论体系建设，提高家庭教育指导者和管理者的理论水平、服务意识、指导和研究能力，使家庭教育指导工作水平和家庭教育质量都有新的提高。

三、学前儿童家庭教育指导的任务

学前儿童家庭教育指导的总体任务是提高 3 岁以下和 3～6 岁学前儿童家长及看护人员的科学育儿能力。学前儿童的家庭教育十分重要，然而，目前学前儿童家庭教育中存在的问题还有很多，需要外部进行指导。学前儿童家庭教育指导的具体任务如下所述。

(一)健全学前儿童家庭教育指导实施机制

1. 加强组织领导，明确职责分工

各地各相关部门要高度重视，加强对《全国家庭教育指导大纲》(以下简称《大纲》)的实施工作，在组织开展社会宣传、理论研究、教材开发、骨干培训、工作督导评估时，都要以《大纲》为依据和框架。同时，各地各相关部门要结合地方实际和部门职能，统筹制订实施计划，指导所属家庭教育指导机构按照《大纲》的内容开展家庭教育支持与服务工作。

2. 注重资源整合，培育社会组织

各地各相关部门要加大家庭教育指导工作经费的投入，争取将家庭教育指导纳入地方财政预算或相关民生工程。要统筹各方面力量，完善共建机制，形成政府、学校、家庭、社会密切配合的家庭教育社会支持网络。其中，需要加强家庭教育指导的专业社会组织的培育与孵化，以项目制的方式开展培训与资源整合，鼓励社会组织进驻社区开展家庭教育指导工作，让家长享受到家门口的专业家庭教育指导与咨询。

3. 扩大社会宣传，营造良好社会氛围

各地各相关部门要通过多种渠道，大力宣传《大纲》的主要内容和实践要求，使正确的家庭教育理念和科学的家庭教育知识深入人心，为家庭教育工作的开展营造良好的社会氛围。

(二)提升学前儿童家庭教育指导服务专业化水平

1. 完善现代家庭教育理论体系

各地各相关部门要指导推动各级各类家庭教育研究会(学会)以及高校、科研机构加强家庭教育理论研究，在《大纲》的框架下，组织研发指导教材等服务产品、制定监测评估标准等，推动加快家庭教育学科建设，努力构建家庭教育理论和学科体系。

2. 提升指导服务队伍专业化水平

在发展壮大家庭教育专职工作者队伍、专家队伍、志愿者队伍、"五老"队伍的基础上，进一步制定家庭教育指导者专业标准和培训规划。各地依托有条件的高校、研究机构或互联网平台等，建立学前家庭教育指导者培训基地，开发适合本地区实际的培训课程和大纲，科学、系统地培训学前家庭教育指导服务队伍，提升学前家庭教育指导服务队伍专业化水平。

纵观美国、日本、新加坡以及我国台湾地区的家庭教育指导实践与研究，为我国开展

家庭教育指导师培养提供以下启示：第一，在法律的基础上，以法为先，逐步建立多层次的家庭教育法律体系。第二，在经费保障上，健全家庭教育工作的经费保障机制。第三，在组织保障上，建立家庭教育方面的专业组织，依托高校、研究机构资源开展家庭教育指导师培养。第四，在认证准入上，制定家庭教育专业人员职业资格认证制度。第五，在培养规模上，我国家庭教育人才的培养急需专业化和规模化。第六，在就业渠道上，拓宽家庭教育指导人员就业通道和继续教育体系。以上这些旨在通过培养，建构涵盖专科、本科、硕士以及博士多层次且互为贯通的人才队伍，成立以研究型人才、复合型人才和应用型人才为主的人才梯队。

3. 培育专业化的指导服务机构

加大推进政府购买家庭教育公共服务的力度，积极搭建社会组织服务平台，在 50%的城市社区和有条件的农村社区(村)家庭教育指导服务站点引入专业社会工作者，指导并鼓励相关社会组织为儿童和家庭提供常态化、规范化的家庭教育指导服务，完善准入和监管评估机制，建立健全行业规范，加强行业自律，推进家庭教育社会组织规范的有序发展，逐步形成家庭教育社会支持体系。

(三)大力拓展学前家庭教育指导新媒体服务平台

1. 积极搭建学前家庭教育指导新媒体服务平台

通过在广播、电视、报刊等传统媒体设立家庭教育专栏、专题，开展公益宣传，探索建立远程家庭教育服务网络等途径，发挥新媒体在学前家庭教育指导中的作用，进一步加快网络家长学校建设，提升网络服务的可及性及有效性。大力拓展微博、微信和手机客户端等新媒体服务平台，借助有影响力的自媒体平台，搭建基本覆盖城乡、传统媒体与新媒体深度融合的家庭教育信息共享服务平台，拓宽学前儿童家长接受家庭教育指导的渠道。

2. 不断增强网络服务功能

积极开发各类数字化的家庭教育服务产品，组织开展线上线下互动的家庭教育公益文化活动，拓展家园、家校共育的信息服务渠道，为家长提供便捷的、个性化的指导服务。

(四)促进家庭教育均衡协调发展

1. 促进地区间家庭教育工作均衡发展

大力实施贫困地区儿童营养改善项目等相关民生工程，宣传科学育儿知识。均衡家庭教育资源配置，依托远程教育、移动互联网指导服务平台等，为资源匮乏的地区提供优质的家庭教育资源。采取有效措施，鼓励家庭教育相关社会工作服务机构以及家庭教育志愿者、"五老"队伍等深入贫困地区，开展家庭教育指导服务。

2. 加强儿童早期家庭教育指导服务

在 80%的妇幼保健机构建立孕妇学校和儿童早期发展基地，在 50%的婚姻登记处建立新婚夫妇学校或提供婚姻家庭辅导、婚育健康及育儿知识宣传服务。充分发挥各类家庭教育指导服务站点作用，开展儿童早期家庭教育知识宣传普及。鼓励妇幼保健机构、幼儿园面向社区和家庭开展儿童早期家庭教育服务与指导，探索建立儿童早期发展社区家庭支持模式。

3. 强化特殊困境儿童群体家庭教育支持服务

城乡社区家庭教育指导服务站点要注重建立家庭指导服务综合信息平台或台账，及时关注儿童家庭监护情况、成长发展状况等，重点摸排所管辖社区留守、流动、贫困、重病、重残等特殊困境儿童的家庭情况，逐步建立登记报告制度，并依托驻区(村)专业社会工作者、"五老"队伍、儿童福利督导员等，为他们开展常态化的、专业化的家庭支持服务以及所需的中介服务。同时，注重强化父母对儿童的监护主体责任，指导父母创设有利于儿童成长的家庭环境。

第二节　学前儿童家庭教育指导的原则

学前儿童家庭教育指导的原则，是指学前儿童家庭教育指导工作中指导者应该遵循的基本要求，是学前儿童家庭教育指导理论规律的客观反映和实践经验的科学概括，它对学前儿童家庭教育指导工作具有重要意义。一般认为，学前儿童家庭教育指导的原则包括思想性原则、科学性原则、儿童为本原则、家长主体原则、双向互动原则、共同成长原则、分类指导原则、要求适度原则以及理论联系实践原则，具体内容如下所述。

一、思想性原则

各级各类家庭教育指导机构、相关职能部门、社会团体、宣传媒体和家庭教育指导者，在对指导对象开展的家庭教育指导服务时需遵循党的教育方针，以促进儿童全面健康成长为目标，以立德树人为根本任务，实施科学的家庭教育指导，为培养德、智、体、美、劳全面发展的社会主义建设者和接班人发挥重要作用，指导家长引导儿童树立国家意识，增强儿童的公民意识和社会责任感，关注社会发展，认识国家前途、命运与个人价值实现的统一关系，将个人理想与国家的发展、现实的奋斗相结合。

二、科学性原则

在进行学前儿童家庭教育指导时，家庭教育指导机构和指导者应具备相应的专业资质和多方面的专业技术能力，系统地掌握现代家庭教育专业知识，遵循家庭教育规律，为家长提供科学化、专业化、规范化的指导服务。例如，要指导家长根据不同年龄段的学前儿童个性特点，引导儿童积极开展社交活动和正常的异性交往；适当开展性教育；鼓励儿童在集体生活中锻炼自己，学会与他人相处，体验与他人合作的快乐；帮助儿童学会宽容待人，正确对待友谊；了解校园欺凌行为的性质、特点及家校合作的基本处理方法等。

三、儿童为本原则

在家庭教育指导中，各级各类家庭指导机构和家长必须始终以儿童为中心进行指导，发挥儿童的主体作用。家庭教育指导应尊重儿童身心发展规律，尊重儿童的合理需要与个性，创设适合儿童成长的必要条件和生活情景，保护儿童的各项权利。在尊重儿童主体性的同时，家庭教育指导应建立指导者与家长，家长与儿童，家庭与学校之间的互动，努力形成相互学习、相互尊重、相互促进的环境。

四、家长主体原则

家庭教育指导的主要对象是家长。现代家长的学历层次、教育观念、活动的参与性与过去相比较有较大的变化。许多指导机构发现，不少家长的教育观念、教育能力、获取家庭教育知识的能力已超出指导者的指导范围。在家庭教育指导过程中，家长是服务对象。家庭教育指导的组织管理者和指导者，应发挥家长在家庭教育指导过程中的主体作用。

在实际的家庭教育指导中，情况复杂，指导的方法也不同。我国是一个历史悠久、多民族融合的国家，不同地区之间的社会文化背景、风俗习惯、经济条件差别极大，就算是同一座城市，也分为中心城区和郊区，即使是生活在同一个小区，家庭的经济状况、传统观念、家庭成员的教育观念、学习能力、教育能力都各不相同，每个家庭的起点不同，家庭教育指导的出发点也不同。坚持以家长为本位的指导原则，就要求我们必须看到家庭中的共性与个性。

实践指导者首先要树立服务家长的意识，将家长放在与自己平等的地位上，进行平等对话、沟通，在尊重家长的过程中，端正家长的态度完成指导服务，解决家长问题。其次要全面认识家长的特点，对不同年龄阶段、文化背景、经济、地区的家长进行研究，研究不同群体家长的共性特征，在了解共性的基础上把握家长的个别差异，也要加深对家长在家庭教育中存在问题的认识，区分处于不同阶段、不同学历层次的家长的不同诉求。

🌐 案例 7-2

值得借鉴的主题活动

香港某幼儿园开展"我长大了"主题活动，把课堂延伸到家庭。园方与家长一起拟定活动方案，使家长明白如何配合活动需要、具体做些什么、怎么做等。于是，除了幼儿园的活动之外，家长也同步在家里收集孩子小时候的趣事，然后把东西或照片带到幼儿园，在教师的指导下整理、分类，和班上其他家长、儿童一起办展览。爸爸妈妈还兴冲冲地给教师和其他小朋友当解说员。活动促使家长更加关注孩子的成长，亲子关系更亲密；孩子直观地看到自己的成长，更加感受到父母的爱，他们也会更爱自己的父母。幼儿园教育活动的效果也因此而倍增。

五、双向互动原则

与家庭教育是家长与子女之间的双向互动过程一样，家庭教育指导的过程是指导者与家长之间的一种双向互动的过程。一方面，在家庭教育指导过程中，指导者的指导观念影响着家长的教养态度，从而影响着家长的教育行为。另一方面，家长对指导者的认识影响着家长对指导者的态度，家长的观念和态度影响着家长接受指导的行为。

家庭教育指导过程中的指导者与家长之间的互动，发生在指导者的指导行为与家长接受指导行为的层面上。这一互动的结果，既影响着家长的教育观念、教养态度和教育行为，同时又改变着家长对指导者的认识、态度和行为，还改变着指导者的指导观念、指导态度和指导行为。由于家庭教育指导往往采用集体性指导活动的形式进行，家庭教育指导的整个过程还包括家长与家长之间的双向互动过程。

比如，托幼机构在开展学前儿童家庭教育指导时，不是单向地教育指导家长，单方面地向家长传授教育知识、汇报孩子在托幼机构的表现，还要了解家长的情况和孩子在家里的信息，双方相互交流，反馈教育效果。需要注意的是，托幼机构更应主动，努力创设教师与家长、家长与家长、家长与孩子之间沟通的环境和条件。要通过多种形式向家长提供参与的平台，鼓励家长之间交流并分享育儿经验，共同成长。

六、共同成长原则

共同成长，是指社会组织及机构在家庭教育指导的整个过程中，随着指导工作的推进，使参与其中的学前儿童、家长、指导者和组织管理者这四类对象都能得到发展并一起成长。学前儿童在好的家庭教育、学校教育及其他教育的个性化与社会化过程中不断成长；家长在工作、结婚、生孩子后，仍是社会角色并需继续学习成长；指导者在影响家长、干预家庭教育的过程中，也要吸取家长的教育经验，在接受家长的意见和建议中，不断加强学习，提高自身的理论水平，完善自己，以充分满足家长的学习需要，做到一边学习一边指导；组织管理者也要在组织与管理过程中不断成长。

七、分类指导原则

家庭教育的指导对象存在不同的类别。不同类别的对象的个性特点、文化程度、职业状况、身份地位、经济条件、教育观念、教养态度和教育行为不同，对指导的需求也不同。在学前儿童家庭教育指导的实际工作中，要注重对家长进行分类分层指导，有的放矢，提高工作的时效性。

家庭教育指导对象的类别根据子女的年龄段可分为新婚夫妇、孕妇及其丈夫、0~3岁婴儿家长、3~6岁儿童家长；根据家长的身份可分为父母亲、与孩子生活在一起的祖辈老人、非血缘法定监护人、教育保姆等；根据家庭具有某一特点的不同可分为独生子女家长、单亲家长、贫困家庭家长、外来流动人口家长等；根据家庭教育的某一特点不同可分为教育观念上的现代型家长、教养态度上的权威型家长、教育方法上的简单粗暴型家长、无教育能力型家长等。

八、要求适度原则

要求适度原则是指在学前儿童家庭教育指导的过程中，社会组织及机构要争取家长的合作与支持，要以家长自愿为前提，不能硬性指派任务，对家长提出的要求一定要切合家长的实际，并且是家长力所能及的。这些要求不仅要考虑教育内容的需要，还要考虑家长的承受力，不能把社会组织及机构应该承担的义务转嫁到家长身上。同时在指导中，要根据家长的需要由易到难、循序渐进地将知识传授给家长，否则有的家长难于消化，其行为就达不到指导的要求。

九、理论联系实践原则

在家庭教育指导中，应该始终贯彻理论联系实际的原则，最主要的是要正确地处理好儿童教育的理论知识和每个家庭的生活实际关系，关键在于保证理论知识的主导作用；同时在理论知识的指导下，使家长能够根据孩子自身的特点从事各种实际的教育活动。理论联系实践主要应该注意以下两种情况。

第一，切忌空谈理论。空谈理论会让家长认为学习的内容是空洞的，在实际家庭教育中无法应用。家庭教育理论知识和儿童身心发展规律反映了家庭教育和儿童身心发展最普遍的规律，对家庭教育实践具有广泛的适应性和指导作用，但不能把理论看作是亘古不变的真理，认为理论适用于所有的情况。家庭教育指导内容应该来源于家庭教育的实际，以家庭教育实际存在的问题为突破口，利用理论知识进行分析、思考，去伪存真，去粗取精。

第二，切忌盲目地相信自己的实践经验。比如有些幼儿园教师认为自己教了那么多孩子，有了一定的实践经验，就排斥学习理论知识，进而缺乏科学的育儿理念和信仰。理念是左右我们态度、行为的一种无形而强大的观念力量。正如我国著名教育学家贺麟先生所说："观念在人的精神生活上所占的地位，就好像光在人的实际生活和行为上所占的地位一样。没有光，整个世界就黑暗了。没有观念，整个人就盲目了。"因此，在家庭教育实践中不能简单地功利化、形式化、就事论事。

第三节　学前儿童家庭教育指导的内容与途径

学前儿童家庭教育指导的内容是根据社会发展阶段的实际情况来制定的，而获取学前儿童家庭教育指导的途径也有许多。

一、学前儿童家庭教育指导内容的总体要求

学前儿童家庭教育指导内容的总体要求有以下几点。

学前儿童家庭教育
指导的总体要求

(一)指导内容的时代性

学前儿童家庭教育指导的内容应体现时代性。内容体现新形势下家庭教育的新起点和新特点，反映当前知识经济社会对人才的要求。托幼机构要向家长宣传素质教育的思想，宣传现代儿童观、教育观、人才观，加强家庭美德教育、职业道德教育、社会公德教育，还要讲授不同年龄段儿童和青少年身心发展的一般规律和个体差异等，以帮助家长做到因材施教。

(二)指导内容的阶段性

学前儿童家庭教育指导的内容应具有阶段性。托幼机构要根据不同年龄段儿童家庭教育的特点和容易发生的问题，确定家庭教育重点指导的内容。一般而言，对新婚夫妇要加强优生优育和做合格父母的指导；对孕妇要加强孕期自我保健、自我监护和母婴安全保健指导；对0~3岁婴幼儿家长要加强亲子教育，提倡科学育儿，培养良好的生活卫生习惯等保障婴幼儿身心健康的指导；对3~6岁儿童家长要加强培养孩子良好的交往、合群和行为规范的指导。

(三)指导内容的针对性

学前儿童家庭教育指导的内容应具有针对性。这一点是提高家庭教育指导实效最重要的措施之一，学前儿童教育工作者比较善于从儿童存在的问题出发选择指导内容，但是家庭教育指导的直接对象是家长。因此，家庭教育指导工作者不仅要善于从儿童生活和成长中存在的问题出发来选择对家长指导的内容，更要善于从家长在教育子女过程中存在的问题出发，从家长的教育观念、教养态度和教育行为中存在的问题出发来选择对家长指导的内容，只有这样，才能真正做到指导内容的针对性。于是有人要求家庭教育的指导者，不仅要"读懂儿童这本书"，而且要"读懂家长这本书"。

(四)指导内容的全面性

学前儿童家庭教育指导的内容应具有全面性。

对于年轻父母，要进行合格父母职责的指导及亲子教育指导，包括正确的教育理念、教养态度和教育行为等有关知识。例如科学育儿、科学喂养、环境创设、培养良好的生活卫生习惯等保障学前儿童身心健康的指导。

二、学前儿童家庭教育指导的内容

学前儿童家庭教育指导的内容涉及以下几个方面。

(一)帮助家长更新教育观念的活动

帮助家长树立正确的儿童观、人才观是家庭教育指导工作的基础内容之一。家长的儿童观是指家长对儿童的看法、观念、态度，其内容自然就涉及对儿童的权力与地位等问题的看法。儿童早期唯一的社会联系就是父母，父母如何看待自己与子女的关系是其进行家庭教育的根本所在，这一点能够决定其家庭教育的动机，影响其教养态度和教育方式。

在我国漫长的封建社会中，家长把儿童当作家庭的附属品，没有权利，只能依赖于父母，父母打孩子仿佛是天经地义的事情，即使现代社会还有这种观念的家长。这样的观点严重影响着儿童的身心发展。家庭教育指导内容中应该帮助家长树立正确的儿童观，让家长明白儿童的主体地位。家长的人才观是指家长对子女成才的价值取向，即家长对什么是人才以及期望子女成为什么样的人的认识和期望。家长的人才观会影响他们对子女的期望，并进而影响家庭教育的目标定位、内容选择、投入重点及教育方式。家庭教育方式有以下五种类型。

1. 专制型

专制型家长是在家庭教育的实践中总是以一种不可抗拒的身份出现，对于孩子的一切都是在发号施令。在这种家庭氛围中，儿童是被动的接受者，没有任何发言权。

2. 溺爱型

溺爱型家长在进行家庭教育时总是以孩子为中心，他们视子女为掌上明珠，因此会采用一种过度宠爱的教育方式。

3. 放任型

放任型家长一般情况下都是由于实施其他类型教育方式失败，或者因为父母工作较忙、没时间照顾孩子等原因，所以对孩子采取放任不管的态度。这种孩子缺乏安全感，容易产生心理问题。但是很多放任型家长并不知道这样做的危害。

4. 矛盾型

矛盾型家长是家庭教育中一个比较特殊的类型，常常表现为父母不知道该怎么与孩子相处。

5. 民主型

民主型是一种积极的教育方式。这种类型的父母总是采取民主、平等的态度对待孩子，表现出一种冷静的热情和克制的疼爱。

在家庭教育指导中，教师应该引导家长和孩子建立民主型家庭教育方式，并通过分析这五种类型的优缺点，让家长在实际家庭教育中注意避免其危害。指导家长与儿童平等相处，理解儿童自主愿望，保护儿童隐私权；学会倾听儿童的意见和感受，并尊重、欣赏、认同和分享儿童的想法；学会运用民主、宽容的语言和态度对待儿童，促进良性的亲子沟通。

(二)关于儿童认知发展规律及如何利用规律方面的知识

学前期是人生的重要阶段，有其自身的发展规律，家长在实施家庭教育时不能违背儿童的成长规律。儿童成长既有共性也有个性，家庭教育要依据儿童成长特点，采取科学的教养方式。学前家庭教育指导的对象是3～6岁儿童的家长，帮助家长了解3～6岁儿童的认知发展特点是其重要内容和指导工作的前提。只有家长充分了解儿童年龄特点，才能采取有针对性的措施对儿童进行更高层次的智力开发和创造性的培养。

3～6岁儿童的认知处于快速发展时期，具体表现在以下几方面：儿童的大脑、神经、动作技能等方面获得长足的进步；儿童直觉行动思维相当熟练，并逐渐掌握具体形象思维；儿童开始表现出一定兴趣、爱好、脾气等个性倾向以及与同伴一起玩耍的倾向。家长要认识儿童认知发展的规律并意识到游戏是促进儿童智力发展的最佳方式，充分利用家庭中丰富的智力教育资源。家庭指导者应该引导家长对儿童的智力开发从其兴趣和可接受性出发，重视生活中的教育价值，为儿童创设丰富的教育环境，带领儿童关心周围的事物及现象，多开展接触大自然的户外活动，参观科技馆、博物馆、美术馆等，开阔儿童的眼界，丰富儿童的感性经验；尊重和保护儿童的好奇心和学习兴趣，支持和满足儿童通过直接感知、实际操作和亲身体验获取经验的需要，避免开展超出儿童认知能力的超前教育和强化训练，让儿童乐于接受，让儿童在玩中学，在游戏中发现，在操作中探索，注重儿童情感态度、方法、习惯等多方面的和谐发展。

由于3~6岁儿童的年龄特点之一就是对世界充满着好奇，有强烈的求知欲。家庭教育指导师应该保护并满足儿童的好奇心和求知欲。儿童常常会提出许多让成人认为是很幼稚的问题，并刨根问底，例如"为什么星星长在天上""为什么小鸟会飞，我不会飞"等。有些家长对孩子的问题感到特别无奈，常常忽视孩子的提问，对孩子的问题置之不理，甚至对孩子的提问感到厌烦，这将导致孩子不敢或不愿再提问。还有些家长对孩子因好奇而破坏家中的玩具或物件行为给予训斥打骂。家庭教育指导师应该指导家长如何正确地对待儿童的提问。如果孩子提出的问题家长也不知道答案，应如实告诉孩子，并与孩子一起寻找答案。同时家长也应理性地对待孩子因好奇而导致的破坏性行为，并为孩子提供科学探索的机会。

(三)关于儿童卫生保健方面的知识，增强儿童自我保护意识

学前期是儿童一生中生长发育的关键阶段。儿童所需营养成分和标准和成人相比有较大不同。儿童的食物喜好、饮食行为、饮食经验等，与家长的素质、观念、行为有着特别密切的关系。因此，家长对儿童营养知识了解多少会在一定程度上影响儿童的生长发育。

家庭教育指导师应该指导家长根据儿童的个人特点，寻找科学合理的，又能被儿童接受的膳食方式；科学地搭配儿童饮食，做到营养均衡、比例适当、饮食定量、调配得当；科学地管理儿童的体重，学习关于儿童营养的科学知识；与儿童一起制定合理的家庭生活作息制度，培养儿童良好的生活和卫生习惯；定期带儿童做健康检查。

另外，家庭教育指导师应该指导家长掌握诸如食物中毒、烫伤、溺水等突发事件的急救措施，以便在紧急时刻保障孩子的安全。同时鼓励家长结合实际生活中的例子，随时对儿童开展有针对性的安全教育，培养孩子分辨是非、善恶的能力，进而提高孩子的自我保护意识。更重要的是让儿童了解一定的安全常识和性教育知识，掌握保护自我安全的方法。

最后一项重要工作是指导家长开展家庭体育活动以促进儿童体质发展。生动活泼、形式多样、方便易行的家庭体育活动，是增强儿童体质十分有效的手段。家长应确保儿童每天有1小时的体育活动时间，让儿童多在阳光下玩耍、多呼吸新鲜空气；节假日带儿童外出活动，在自然环境中锻炼儿童的体质；可利用民间的传统游戏因地制宜地开展体育活动，全家一起参与。

(四)关于培养儿童意志力和自理能力的知识

意志力和抗挫能力是一个人生存竞争和适应社会的必备条件。挫折伴随着孩子成长的每一步。当孩子遇到挫折时，家长要以肯定、鼓励的方式引导孩子，并给予其必要的帮助。家长应给孩子树立面对挫折时的良好榜样并积极暗示孩子，让孩子在各种实践活动中体验生活、经历挫折；为孩子创设一定的情境，给孩子提供更多的锻炼机会。

韩国父母推崇一种"狼性"教育，意在借鉴狼的某些习性来栽培自己的孩子。面对社会的激烈竞争，中国孩子更需要接受挫折教育、逆境教育、独立教育。儿童的自理能力是可以通过在家庭生活中自我服务、参加家务劳动和公益性劳动来培养的。自理能力差的儿童将直接影响其今后的生活、工作和才能的发挥。儿童自理能力的培养和劳动习惯的初步

形成，完全取决于家长的做法和要求。家长要放手让儿童去做力所能及的事情，即使初期出现一些反复，也要坚持下去，要根据孩子的实际情况，提出具体的要求和做法，如可在日常生活中，采用游戏、奖励等多种方法，鼓励儿童去尝试和完成。

(五)培养儿童社会交往方面的知识

培养儿童社会交往和行为规范时需要家长给予较大的支持。作为家长，应该懂得如何培养孩子社交方面的知识。培养儿童人际交往能力是帮助儿童入园消除其焦虑、担忧、孤单等负面情绪的重要途径，也是儿童身心全面发展的必然要求。家庭教育指导者要指导家长培养儿童热情友好、文明谦让等好品质、好习惯，帮助儿童打好交往的基础；指导家长平时注意培养儿童多方面的兴趣、爱好和特长，增强儿童交往的自信心；指导家长鼓励孩子多到社区和儿童游乐场所活动，积极地为儿童创造与同伴交往的机会；指导家长留意儿童在生活中的交往行为、交往水平，适时适当地对其交往技能技巧、态度、行为进行指导和帮助；指导家长关注儿童日常交往行为，对儿童的交往态度、行为和技巧及时提供帮助和辅导；指导家长开展角色扮演游戏，帮助儿童在家中练习社交技巧，培养儿童乐于与人交往的习惯和品质。

(六)关于如何帮助儿童减少入园焦虑方面的知识

幼儿园小班入园的第一天往往是哭声不绝于耳的一天。幼儿园教师常常是哄完这个孩子再哄那个孩子，忙得不可开交。因为大多数儿童刚刚离开了熟悉的家庭环境，离开了母亲，会产生不安全感，表现出焦虑、害怕、厌恶，甚至反抗等情绪。入园初期孩子的家长往往也处于焦虑期，特别是全职妈妈，她们忽然长时间和孩子分离会产生不适感，担心孩子在幼儿园的生活。这时候，家庭教育指导师特别是幼儿园教师的介入就比较重要了。幼儿园教师应该指导家长如何度过这段时期，要随时关注儿童在家中的情绪、胃口、睡眠等情况，当儿童出现较强烈的情绪反应时，不要采用骂、恐吓等方法，需通过不断的情感交流来稳定儿童的情绪。

(七)做好离园与入学的衔接

如何让儿童更好地适应小学生活，做好幼小衔接是家长面临的重要问题之一。很多家长不愿意让孩子输在起跑线上，在儿童教育阶段就让孩子学习大量的小学一年级的内容，给儿童造成了沉重的负担。其实入读小学对儿童来说是一个挑战，需要做好生理、心理、学习、社会性适应等多方面的辅导，而不仅仅是单纯学习小学知识。做好儿童的入学准备并不等于提前"小学化"。所以，儿童能否适应这一挑战，在很大程度上取决于家长的认识和做法，以及家庭与幼儿园是否能配合一致。指导家长在儿童入学前有意识地带孩子到小学参观了解，较早地和小学老师接触；经常和儿童亲切交谈，介绍入学读书的快乐、要求和应该注意的事项；有意识地要求儿童改变一些生活方式，延长专注于完成某一项活动的时间；在家庭中注意培养儿童一些良好的学习习惯；提供必要的学习用具。

(八)有关儿童教育热点问题的选择知识

现代社会发展日新月异，新生事物层出不穷，在社会上流行的关于儿童教育方面的理论也五花八门，各种传播媒体和网络中心也都在宣传自己的育儿理念。这时候，家长不能被表面的一些宣传所迷惑，要有一定的鉴别能力。家庭教育指导师可以给家长提供专业引领服务，例如儿童要不要学珠心算、要不要学小学的知识、要不要学英语等。如何让家长在这些纷繁的理念中找到适合自己孩子的理论、形成正确的看法，是家庭教育指导工作的内容之一。

(九)有关儿童保护和教育法律法规的知识

家长作为儿童的法定监护人，在家庭教育中负有主体责任，学习关于儿童的权利和义务方面的法律法规知识非常有必要。例如学习《儿童权利公约》《中华人民共和国未成年人保护法》《3～6岁儿童学习和发展指南》等，要让家长真正做到知法、懂法和遵守法律，并利用法律武器维护自身和儿童的合法权益。

(1) 家长更好地履行对子女的监护职责和抚养教育义务。受到我国封建传统观念的影响，很多家长把孩子当作是家庭的附属品和父母的私有财产，认为自己对儿童有绝对的支配权，因此很多家长无视儿童法律上的权利，根据自己的喜恶随意打骂儿童，严重地侵犯了儿童的权益，学习相关法律知识可以很好地预防这种情况发生。

(2) 家长可以在儿童权益受到幼儿园和社会损害的时候，使用法律武器维护自身权益。近年来，幼儿园虐童事件屡屡见诸报端，无一不引发民众的强烈愤慨。中国人有"棍棒底下出孝子"的传统教育理念，一些家长把孩子交给老师时，也会表达出"严厉管教"的希望。这种做法是缺乏法律意识的表现，应该让家长提高其法律素养。《中华人民共和国未成年人保护法》规定，学校、幼儿园、托儿所的教职员工应当尊重未成年人的人格尊严，不得对未成年人实施体罚、变相体罚或者其他侮辱人格尊严的行为。学校、幼儿园、托儿所的教职员工对未成年人实施体罚、变相体罚或者其他侮辱人格行为的，由其所在单位或者上级机关责令改正；情节严重的，依法给予处分。《中华人民共和国民法典》规定，无民事行为能力人在幼儿园、学校或者其他教育机构学习、生活期间受到人身损害的，幼儿园等教育机构应当承担责任。

三、学前儿童家庭教育指导的现状及其存在的问题

进入21世纪以来，家庭教育指导在国家决策层面引起了高度重视。如2020年修订的《中华人民共和国家庭教育促进法》明确规定："未成年人的父母或者其他监护人应当学习家庭教育知识，接受家庭教育指导，创造良好、和睦、文明的家庭环境。""各级人民政府应当将家庭教育指导服务纳入城乡公共服务体系，开展家庭教育知识宣传，鼓励和支持有关人民团体、企业事业单位、社会组织开展家庭教育指导服务。"2023年《关于指导推进家庭教育的五年规划(2021—2025年)》及2022年《全国家庭教育指导大纲(修订)》的发布等一系列党和国家的法规和举措，预示着家庭教育指导将在新的、更高层次上得到更大的发展，同时也预示着家庭教育研究者和指导者肩负着更大、更重、更艰巨的社会责任。

我国的家庭教育指导工作也取得了巨大的进步，学校、社区、各类企事业单位、大众传媒都对家庭教育指导做了大量工作，从事家庭教育指导的人数也有数以百万计。我国大量的家长从家庭教育指导中得到了真正的进步，但必须承认我国家庭教育指导工作仍有很

多不足之处。当前幼儿园和相关社会机构对家长的教育指导难以满足家长的实际需求。家长的实际需求难以得到满足，这些都不利于家长自身的发展，同时也影响了儿童健康成长的家庭环境。

(一)家庭教育指导内容与途径存在片面性

幼儿园和相关社会机构在教育指导的内容上更侧重于"有关儿童教养智能"方面的教育，甚少涉及"沟通技巧"和"家庭管理"方面的教育指导。其中，在"有关儿童教养智能"方面，幼儿园与相关社会机构都侧重于对"儿童营养与健康知识"和"儿童的学习与智力开发"等方面进行教育指导。总体来说，科学的家庭教育理论为基础的主流声音在家庭教育指导领域的应用存在欠缺。例如，指导者往往偏离科学的育儿理念，不是以儿童的身心发展为主要目的，而是以儿童成才作为家庭教育的目标。

在教育指导的途径上，这种片面性也体现得淋漓尽致。比如，幼儿园在进行家长教育指导时多采用家长会、学校开放日、微信、QQ 或者电话等方式。但在实际情况中，许多幼儿园的指导途径仍然是较单一的和传统的。例如增加了"微信"这一平台，提高了家校沟通的便捷性，但没有开发更具现代信息化的专业指导途径，导致家园沟通仍停留在初级的信息技术层面。社区教育家庭指导在时代的进步之下仍然采用传统单一的宣传方式，如发一些小册子、在公告栏上写写画画、发传单等，但在快节奏的社会背景下，宣传的内容往往被家长所忽视，影响了宣传效果。此外，大部分幼儿园和相关社会机构侧重的还是对家长进行集体教育指导，家长的个别教育指导则显得尤为缺少。

(二)家庭教育指导与家长的教育需求存在较大差异

家长需求与幼儿园和社会机构的实际指导之间的差异体现在各个方面。在教育的指导内容方面，家长的需求显示出均衡发展的特点，家长不仅是在"有关儿童教养智能"方面存在需求，同时对"沟通技巧"和"家庭管理"两方面的需求也很旺盛。然而，由于幼儿园及相关教育机构指导内容的片面性，决定了幼儿园与相关教育机构的指导内容与家长的需求差距甚大。

在教育指导的方式上，家长对于个别教育指导的方式高于对集体教育指导的方式，这说明家长更加关注到自己的实际需要，但是幼儿园和社会机构的教育指导方式却与家长的需求相反，缺乏针对性。

同时，在家庭教育指导的时间上，家长对时间的需求呈现出弹性的特点，更希望进行指导的时间能有所涉及。比如，幼儿园更多的是在周一至周五的白天进行教育指导，但由于周一至周五正是家长的工作时间，影响了家长参与教育指导的机会。这说明幼儿园进行教育指导的时间是与家长的时间相冲突的。以上种种，都说明了幼儿园和社会组织等对家长的教育指导与家长的教育需求之间存在较大差异。

(三)社会机构和政府对家长的教育指导的力度不足

相关政府组织和机构，对家长的教育指导非常缺乏，家长主要还是通过早期教育机构获得教育指导。而早期教育机构对家长的教育指导通常是付费性质的，这在一定程度上造成一部分家长由于经济方面的原因无法接受这方面的教育指导。而社区、街道等社会组织，本身就应该为家长提供教育指导的支持，共同形成教育合力，却由于其对家庭教育的理解不足，对家庭教育指导工作不够重视，没有充分利用各种资源以及关于家庭教育的管理制度不够健全等原因，缺少对家长的教育指导。因此，家长在获得社会组织和政府方面的教育支持上，显得尤为欠缺。

(四)缺乏专业的教育指导人员

虽然我国从事家庭教育指导工作的人数较多，但是从总体上看，我国家庭教育指导者队伍的专业化程度比较低，专业家庭教育指导师寥寥无几。大多数从事家庭教育指导工作的工作者是兼职或者是当作业余爱好。有研究表明，目前我国家庭教育指导人员专业化水平较低，在职家庭教育指导人员接受继续教育的比例非常低，从师范院校毕业的老师从事家庭教育方向工作的人数非常少。总体来说，我国家庭教育指导研究比较滞后，不足以适应不断变化的社会现实和不断增长的家长的需求；家庭教育研究队伍专业化程度低，视野窄，缺乏系统性、连续性和对家庭教育问题的深入探讨，低水平重复多，理论创新少。

(五)家长对教育指导实施机构的需求单一

学前儿童家长对教育指导的实施机构方面的需求呈现出单一趋势。大部分儿童家长希望接受幼儿园的教育指导，而对其他实施机构的需求则表现出较为单一的趋势，但总体上的需求都是很低的。这种对教育指导实施机构的单需求是不合适的，一方面，这种需求会加大幼儿园的教育指导压力，另一方面则忽视了社会组织和政府部门的教育指导，这种单方面过剩的教育指导需求将不利于家长的综合发展和儿童的全面性发展，同时也不利于社会组织和政府部门履行义务的责任。

(六)家庭教育指导发展不平衡

在新时代背景下，我国家庭教育机构逐渐扩大覆盖范围，然而现阶段的指导服务网络还缺乏系统的规划机制，并且还存在工作经费不足的现象，从而导致我国家庭教育指导发展不平衡。比如，在地区发展方面，西北地区家庭教育工作发展缓慢，制度保障体系难以健全；在城乡对比方面，儿童家庭教育指导上存在较为明显的城乡差异；在特殊困境儿童群体方面，当前的留守、流动、重病、重残儿童工作以关爱、帮扶等活动为主，真正开展对儿童家长的家庭教育指导活动却较少。

四、学前儿童家庭教育指导的途径

学前儿童家庭教育指导的途径

学前儿童的家长可以从多种途径接受家庭教育的指导。这些途径包括托幼机构对作为教育对象的学前儿童家长进行指导，街道、乡镇对作为社区居民的学前儿童家长进行的指导，企事业机关(目前许多单位是通过工会)对作为单位职工的学前儿童家长进行的指导，大众传播媒介对作为读者、听众、观众和网民的学前儿童家长进行的指导。此外，还有其他社会教育机构对学前儿童家长进行的指导。

(一)社区的指导

社区的家庭教育指导是由街道、乡镇或小区组织的，由街道、乡镇干部，社区内社会工作者，幼儿园教师和其他志愿者担任指导者角色，对社区居民进行的指导。社区指导一般对未入园入托的学前儿童的父辈家长、祖辈家长、外来流动人口家长进行的指导较多。社区家庭教育指导者队伍的形成和建设是我国社区开展家庭教育指导的关键。

随着我国社区建设的发展，社区指导的渠道将受到越来越多的重视和发展。不少托幼机构已开始注意利用社区的资源，并依托社区开展家庭教育指导工作。研究表明，社区是实现对0～3岁婴幼儿家长进行科学育儿指导的重要渠道和发展方向。当街道、乡镇领导认识到社区对0～3岁婴幼儿家长进行科学育儿指导的意义后，通过明确领导责任、建立指导人员队伍、协调社区各方力量、调拨必要经费、提供活动场地，完全可以在本社区范围内组织开展这项指导工作并取得实效。研究结果还表明，建设一支热心指导工作、掌握基础业务知识、具有组织指导能力的指导者队伍，是社区能否开展对0～3岁婴幼儿家长科学育儿指导工作的关键。此外，研究者认为，指导家长和组织亲子活动必备的场地和设备，是社区顺利开展家庭教育指导的保证；根据家长教养子女过程中存在的问题和家长的需要选择指导内容，才能提高社区家庭教育指导的针对性，使家庭教育指导获得实效。只有坚持指导形式的多样性、开放性，才能提高0～3岁婴幼儿家长参与指导活动的积极性。

(二)企事业机关的指导

这种家庭教育指导是企事业机关根据本单位职工的需要，由工会组织对本单位职工中儿童的父母和祖辈家长进行家庭教育指导，比较多的是利用单位班组学习时间请托幼机构教师、卫生保健医生、社会工作者或其他专家做家庭教育知识介绍和咨询，利用业余时间组织亲子活动等。不少单位将此项工作看作是单位关心职工生活的需要、提高凝聚力工程的一项重要内容，是加强精神文明建设的一个重要组成部分。

(三)大众传媒的指导

通过报纸、杂志、书籍、广播、电视、和网站等大众传媒对家长进行家庭教育指导。由于独生子女家长缺少家庭教育的经验，核心家庭父母缺少对祖辈家庭教育经验的传授，托幼机构还不能满足广大家长的实际需要。而大众传播媒介在时效、通俗、可接受性上的优势，使其在家庭教育指导上的作用正日益突出。有调查结果表明，目前在学前儿童家长家庭教育知识的来源中，家庭教育的专业报刊、广播、电视中的家庭教育专题节目，家庭教育的电影；家庭教育的读物和家庭教育网站等都发挥着重要作用。

(四)托幼机构的指导

托幼机构的指导是指由幼儿园等教养机构组织、由托幼机构工作人员担任指导者角色，对家长直接进行家庭教育指导。其特点是：可以利用托幼机构现有的房舍、场地、设备进行；可以由托幼机构现有的教师和工作人员担任指导者，而不必另外特设指导者。托幼机构的合格教师和工作人员经过一定的培训后即可"上岗"。托幼机构现有教师和工作人员对机构内学前儿童及其家长的了解，和在家长心目中的地位使得这一指导途径具有特殊的优势。托幼机构对学前儿童家庭教育的指导工作，要从实际情况和实际需要出发，以方便家长为准则，通过多种途径来实现。

(五)举办家庭教育讲座

幼儿园应定期聘请学前教育专业人员，包括儿童保健专家、教育专家和儿童心理学家，也可以由园长和幼儿园教师不定期地与家长进行交流，举办各种类型的讲座，主要讲解内容是与儿童教育有关的知识，以扩充家长的育儿知识、转变家长教育观念。"听君一席话，胜读十年书。"一场好的讲座和报告会是主讲人知识和智慧的集中绽放。主讲人在现场通过自己的人格魅力，与家长互动所传递的正能量是其他方式不可替代的，会极大地调动家长的热情和求知欲。其注意事项如下所述。

(1) 确定时间、地点和对象。在讲座开始前，确定时间、地点并必须保证大部分家长能准时参加和比较方便地到达讲座地点。尽量选在周末或者家长工作之余的时间，并保证地点的良好环境，有足够的空间容纳家长。

(2) 发通知或者邀请函。时间和地点确定后，学前教育机构要向家长公布详细的计划，这样便于家长有所准备，找到自己家庭教育中的问题并和主讲人或者其他家长进行讨论。

(3) 讲座要精心准备，讲座内容和方式要体现家长的需求。

(4) 讲座后通过各种途径，例如派发讲座效果调查表、家长需求调查表或者进行个别和群体访谈，获取讲座反馈信息，作出效果评价，以期不断地提高讲座质量。

(六)开设家长园地

家长园地是幼儿园家庭教育指导的重要形式。家长园地主要是指幼儿园通过设置宣传栏、展示台、陈列室等，展示对家长有益的科学教养知识。将教学主题内容如儿童的作息时间表、食谱、集体活动照片等及时告知家长，让家长能在最快的时间里了解孩子的情况，以便配合幼儿园教育工作，达到家庭教育指导的作用。研究者对上海市 17 所不同级别、不同类型的幼儿园进行调查研究，结果表明"家长园地"的名称新颖，内容较丰富，语言亲切，设计布局注重精美性，颜色鲜艳，外观新颖并能考虑到不同家长的需求等特色，对于家庭教育指导有很重要的作用。开设家长园地需注意事项如下所述。

(1) 幼儿园教室门口的墙壁或者园所里面的墙壁都是开展家长园地常用的地方，主要是因为家长每天接送孩子都会经过这些地方，很容易引起家长的注意。教师可根据本班儿童和家长的具体情况，也可以根据幼儿园相关的一些活动，将园地分成若干小栏目，如"智活动""家长育儿指导""幼儿园一日常规""请您配合""请您留言"等。

(2) 家长园地的栏目应该体现家长的意愿，鼓励家长积极参与，可以邀请家长参与家长园地栏目内容的设计。因为栏目内容需经常更换，尤其是介绍本班活动内容的栏目最好是每周更换一次，其他内容的更换时间最长不超过一个月。这对教师的能力和时间要求比较高，故而增加了教师的负担，而且有的时候家长对栏目内容也不满意，便会常常忽略栏目中的内容。如果家长参与栏目设计的话，就会极大地调动家长关注家长园地的积极性，并在一定程度上减轻教师的负担。同时在版面的装饰上也要下功夫，切忌过满、过杂，各栏目要相对独立，让家长阅读时一目了然。

(七)组织家长俱乐部和沙龙

家长沙龙是为解决某个学前教育问题而进行的共同商议和探讨活动，以获取解决问题的方法，其优点在于能发挥家长的主动性、积极性。当今社会互联网成为家庭的必需。随着社会的发展，尤其是信息化、学习型社会的创建，就家长自身而言，对现代网络媒体的依赖日渐加深，这也预示着家庭教育指导面临着由传统的面授知识、灌输为主向通过各类传媒引领广大家长主动学习的历史转折。近年来，广大家长对家庭教育投入了极大的热情，并自愿组织家长沙龙和俱乐部来协商解决教育问题。家庭沙龙主要包括两种形式：一种是虚拟的形式，例如利用网络建立各种各样的家长 QQ 群、网上论坛等；另一种是实体的形式，即人员聚集一堂，讨论问题。大多数家长俱乐部、家长沙龙是以民间、自治、志愿、公益等为主要特性。家庭教育指导应善于调动家长自身的积极性，倡导和鼓励相同问题孩子的家长、相同个人特质的家长建小组、结对子，自己组织、互助，在探寻中自行解决家庭教育中的问题，同时对他们的活动加以引导、提供方便。这同样能够达到指导家庭教育的目的。

(八)开展家长开放日活动

家长开放日是指教师在特定的日子里向家长开放班内外的各种教育教学活动。这种形式非常生动直观，使家长能够亲身参与，耳闻目睹发生在儿童身上的各种事情，从而能更加深入地了解自己的孩子，全面地认识教师的工作，科学地掌握儿童教育的规律。同时，通过开放日，能够使家园关系更密切。开放日结束后，教师进行自我反思，促进自己的专业成长。家长特别重视孩子在幼儿园的教育培养情况，关心老师如何引导儿童在日常生活与活动中主动学习，关心儿童良好的品质、行为习惯如何从小养成的问题，关心老师为儿童提供的学习、活动环境，保育、保健生活环境是否满足儿童多方面发展的需要。家长开放日给了家长们一次充分感受和了解幼儿园对孩子培养全过程的机会，也能够对孩子在幼儿园的表现有更好的认识。同时，幼儿园也以此来更好地和家长们进行沟通。其注意事项如下所述。

(1) 提高家长对活动价值的认识。提升参与意识是促使家长积极参与活动的内在动力，但是很多家长对家长开放日活动的兴趣不高，仅仅把家长开放日当作是单纯的玩乐活动和参观活动，可去可不去。他们认为自己平时的工作很忙，没有时间也没有必要参加这类活动，更不了解这一活动对于自己和孩子的价值，尤其对男性家长来说这是一个非常普遍的现象。幼儿园教师应该让家长意识到家长开放日活动的重要性，并让其积极参与到活动中来。

(2) 确立家长的主体地位。首先，在活动开始前，家长作为计划的制订者、协商者、倡导者、筹备者，应充分发挥自身的主体性。家长的主体地位表现在家长和教师一起确定活动目标、选定参观主题、选择内容、制订计划、布置环境、准备材料等。其次，在活动过程中，家长要成为活动的组织者、实施者、参与者和学习者，帮助教师组织好开放日活动，在活动中积极与教师、儿童互动交流，收获经验，提升自身的育儿能力。最后，在活动结束后，家长还应成为活动的评价者、反思者。其反思主要涉及以下几个问题：儿童是否在开放日活动中获得了发展？家长自身是否与教师和儿童进行了有效互动、收获了育儿经验？教师是否成为家长与儿童之间联系的桥梁，帮助家长解决疑惑并给予适当的指导？

🌐 案例 7-3

幼儿园"半日活动"

山东某幼儿园全体家委会成员继月观摩环境活动后，开展了幼儿园"半日活动"的观摩与反馈交流活动，家长们就"半日活动"中的运动、生活活动与自由活动这几个环节进行了重点观摩，并认真做了反馈，提出了一些建议性意见，如大班家长提到了孩子自由活动环节中的玩具攀比现象，就这一问题家长们展开了讨论，发表了各自不同的看法。中班家长在中班操中发现，由于队形原因，导致后边的孩子动作不如前面的孩子，从而引发家长们的进一步思考，并一起开始研究对策。通过家园共同寻找问题与解决问题这种形式，能更好地推动幼儿园保教及管理水平，达到家园合作共同发展的目的。

（资料来源：本书作者整理编写）

🌐 案例 7-4

阅读记录好处多

家长在家里常常会给孩子讲故事。幼儿园可给家长提供关于讲故事的简单记录表，表上列出关于阅读这本书的一些简单问题，只需家长画几个圈即可。如这样一些问题：是孩子主动要你讲这本故事书的，还是你主动叫孩子听的？你讲图书时，孩子用手指着图书上的文字吗？孩子听故事时在什么地方插话了？他说了些什么？孩子喜欢书中的谁，不喜欢谁？你讲完了以后，孩子自己还去翻阅那本书吗？教师看了记录后，和家长一起议一议孩子的情况，让家长了解这些问题的意义，如哪些表现了孩子对图书、文字的兴趣程度，哪些表现了孩子对事物的态度、认识，哪些说明孩子关心什么，其思维水平怎样等。然后，与家长商量有针对性地帮助儿童学习阅读的方法。多次地积累，不仅能使家长更了解自己的孩子，学会初步的指导方法，提高家庭教育的质量，还能为教师组织教育活动、因人施教，特别是针对个别差异指导儿童的早期阅读，提供极其宝贵的参考资料。平时，一个教师面对几十个儿童是不可能作出如此详细的记录的。

（资料来源：本书作者整理编写）

(3) 在时间和地点上充分考虑家长的意愿和实际情况。家长开放日活动应该尽可能地照顾绝大多数家长的时间，让大多数家长有机会参与。平时家长都有自己的工作要做，生活和工作的压力较大，如果幼儿园不考虑家长的实际情况，那么活动效果肯定会大打折扣。在活动地点的设计上，幼儿园应该充分利用园外场地和资源，例如大型的公园、牧场和农场等。在一个环境优美、开放的地方参加活动会让家长感到放松，尽情地享受亲子时光带来的快乐，家长开放日活动能够更加高效、顺利地进行。也需要幼儿园把家长开放日活动与幼儿园的科研活动有机地联系起来，以开放日活动促科研，以科研成果指导开放日活动，促进家长和园方的共同进步。

(4) 教师在设计活动主题之前，应该考虑家长的接受能力和儿童的发展水平，如果有必要，教师可以适时地选择几名不同家庭社会背景的儿童家长进行电话交流，确定活动如何设计。同时，设计的活动应该是丰富多彩的、带有趣味性的。

(九)家长会

定期召开幼儿园家长会，是学前教育机构家庭教育指导的主要方式之一。家长会一般是在每学期的期初、期中、期末固定召开，另外在需要时也可以随时举行。与儿童家长集中讨论共同关心的问题，能增进教师和儿童家长间的相互信任，及时了解受教育者动态的信息，调整、改进教育举措，促成幼儿园教育与家庭教育相结合。传统的家长会一般采用

"教师讲、家长听"的模式，教师往往将本学期幼儿园的教育教学任务及需要家长配合的事项一一向家长进行介绍，最后请家长来提一些建议等。这种家长会的模式过于形式化，家长充当的往往是听众的角色，并没有真正参与到活动中。开家长会的注意事项如下所述。

(1) 提前做好儿童在园学习发展情况分析，了解每一个儿童的进步和不足，做到家长有问必答。

(2) 家长会模式多样化，鼓励家长参与其中。传统的教师主导的家长会很少有家长主动参与发言或提一些建议。其实很多家长在育儿方面都有自己的一套经验，可是很多时候家长觉得在全体家长面前发言很难为情。这个时候家庭教育指导者应该积极地为家长创设一个轻松的氛围，运用游戏来调动家长参与的积极性，避免家长有尴尬的心理表现。

(3) 力求准备致家长的一封信，介绍先进的家庭教育方法和策略，包括学校、班级的一些要求，对家长的要求要依据儿童的状况提出明确的要点；在和家长交流时，多肯定，多表扬，善于发现学生的闪光点，捕捉他们在班级中优秀的一面，留给家长足够的希望；虚心接受家长的意见，耐心地解释家长的疑惑，缓解各方面矛盾，避免不必要的冲突，凝聚各方面的力量；统一各方面的思想。

(十)入户指导法

入户指导法是指学前教育机构家庭教育指导者深入到已入园的儿童家庭中对家长教育孩子进行帮助和指导。入户指导法在幼儿园中常常表现为家访。家访是学前教育机构家庭教育指导的重要途径。家长往往接受先进的育儿经验比较快，但在家庭实际运用起来比较难，因为影响家庭教育质量的因素极其复杂，理论必须联系儿童家庭教育实际才能真正发挥作用。所以家访以贴近儿童和家长的生活为起点，抓住日常生活中的小细节，帮助家长获得具体的科学育儿的方法。

实施家访的程序如下所述。

(1) 家访前。教师在家访前必须对被家访儿童家长的职业、年龄和家庭关系情况等进行了解，根据了解的情况制定有针对性的家访设计方案，明确家访的目的和拟定要解决的问题。同时家访前必须征得家长同意，这样避免家长的尴尬，也尊重家长和儿童的隐私。另外需要注意的是，家访应该避开吃饭时间，以免引起误会。

(2) 家访中。在家访中教师要有礼貌，以诚相待，避免"告状式"家访。在交谈中，教师诚恳的态度、亲切的话语能使整个家访的过程充满友好的气氛，拉近彼此的距离，使家长对教师更加理解、尊重和信任，有些平时在幼儿园不便谈论的话题，在家访过程中可以尽情地交流，以便达到家园一致。

(3) 家访后。教师要认真总结，找出儿童在家庭中存在的共性和个性的问题，提出针对性的措施加以解决。

五、学前儿童家庭教育指导的发展趋势

学前儿童家庭教育指导的发展趋势如下。

(一)以科学研究为基础，构建家庭教育指导研究体系

家庭教育指导只有建立在科学研究的基础之上，以不断创新的科学理论为指导，才能

获得长足的发展和真正的进步。构建适合我国国情的家庭教育研究体系是我国家庭教育指导的发展趋势之一。家庭教育指导的科学、可持续发展需要家庭教育研究者开阔视野、转变思维方式和行为方式，在新的起点上实现新突破。

构建家庭教育指导研究体系需要从以下几个方面努力。

(1) 要做好家庭教育指导基础理论方面的研究工作，即建立符合我国国情的基础理论研究。现代关于家庭教育指导的一些理论要么是国外的研究成果，要么是心理学和教育学的基础理论成果，虽然这些理论成果对家庭教育指导工作产生了巨大的作用，但是却缺乏针对性。

(2) 大力开展家庭教育现状调查研究。研究者定期进行家庭教育现状和家长需求的调查研究，通过调查分析和研究成果的权威发布引领家长，扩大家庭教育指导工作的影响。

(3) 重视家庭教育课程和教材的开发。现阶段我国家庭教育指导课程和教材的开发仍然处于初级阶段，家庭教育指导往往是家庭教育学中的一部分，没有得到重视。应该鼓励研究者积极开展家庭教育指导教材、教法研究，为指导者提供多学科视角的理论参考，而不单纯只是培训家长的课程。

(4) 开展指导家长的实验研究。在研究积累的基础上，建立我国家庭教育研究和指导文库，逐渐形成具有中国特色的家庭教育理论体系。

(二)开展家庭指导师的培训和认证工作，加强指导者队伍建设

规范家庭教育指导者队伍是家庭教育指导的发展趋势之一。只有建立一批高素质的家庭指导者队伍，才能真正改善家庭教育指导教育工作。

(1) 实施家庭指导者培训工程。家庭教育指导者的专业素质高低直接影响着家长的教育素质，大多数家长长久以来是单纯依赖本能和经验来教育孩子的，家长根据本能和经验对儿童施加的影响可能是正面的，也可能是负面的。如果施加的是负面的影响，对孩子一生都会产生消极影响，毕竟孩子的人生只有一次，没有回头路可以走。如何使家长做到科学育儿是家庭教育指导者的重要任务之一，应该着重利用家庭教育基本理论和方法、家庭教育指导的基本原则和内容对家长进行全方位的培训。如果说教师是人类灵魂的工程师，那么家庭教育指导师就是家长灵魂的工程师，因此培训工程有着极其重要的意义。

(2) 建立家庭教育指导者资格认定制度。家庭教育指导师是专门从事家庭教育指导工作，利用科学教育理念与教育方法，给家长提供职业化、专业化指导的专业人才。家庭教育指导师不同于家庭教师或者心理咨询师，而是专门就家庭教育的方法答疑解惑，可以向家长和青少年给予专业性、知识化的人生点拨和学识指导。在欧美等发达国家和地区，每300人就拥有1名家庭教育指导师，而美国则拥有家庭教育指导师80万人。家庭教育指导师虽然重要，但在我国却未能得到应有的重视，这也是因为我国的家庭教育指导师培训和认证工作仍然处于起步阶段。在规范家庭教育指导师的相关工作中，应该制定家庭教育指导者的资格认定标准、岗位责任规范等。积极发展家庭教育指导师职业，逐步实现指导者队伍的正规化、专业化建设；实行家庭教育指导相关机构准入制度和载体规范化，各类家长学校、家庭教育指导中心等配备专职的专业化家庭教育指导者，吸引具有相关专业背景的人才加入到家庭教育指导队伍，一同制定家庭教育指导机构准入标准，对在工商部门注册的以家庭教育指导为主要经营范围的企业，会同相关部门进行家庭教育指导能力评估、工作督导、鉴定审核。具备相应条件，经审查合格者颁发资格证书；对不能达标或在从业期间有严重违反岗位责任行为者则取消指导者和指导机构的资格。

(三)为家长自我教育搭建平台，促进家长教育素质的提升

家庭教育是在家庭领域中进行的，执行者是以父母为主的家长。再好的家庭教育指导都必须通过家长转化为家长的教育行为才能作用于孩子。也就是说，任何指导者、任何优秀的家庭教育指导都不能替代家长对孩子的作用。而家庭教育有法又无定法：所谓有法，是说家庭教育有不同于其他教育的特点和规律，有前人总结出来的科学方法和艺术；所谓无定法，是因为家长所面对的孩子是活生生的、有自主意识和自主行为的、独一无二的、独立的个体，当同样的方法作用于不同孩子的时候，会有不同的反应，家长机械地照搬既定的方法或模仿别人的做法照方吃药、照猫画虎不会有好的教育效果。家庭教育指导作为一种成人教育，能够启发家长自我教育才是成功的教育。社会学家潘光旦说："真正的教育有一个重要的前提，那就是每一个人都有一种内在的智慧，并且具有使用这种智慧应付环境、解决问题的能力。"所以对专家和指导者而言，对于家长提出的孩子教育问题没有必要有问必答。我们更需要做的是打好根基、搭建平台，促进家长教育素质的提升，激发家长自身的教育潜能，通过不断地自我教育，悟出教育孩子的真谛，而不是依赖指导者。

(四)以市场为根本调控手段，提高家庭教育指导服务意识

我国家庭教育近年来一直呼吁"探索家庭教育指导和服务社会化、市场化运作新模式""满足家庭的特色需求"。这种发展趋势为拓宽家庭教育指导领域提供了新的思路：家庭教育指导与服务并举。我国家庭教育指导在整体上是坚持公益性的原则，从事家庭教育指导工作的人员基本上是处于兼职状态。虽然市场需求量很大，目前社会上也有许多家庭教育指导机构、亲子机构都在为家长提供有偿服务，"花钱买服务"被越来越多的人接受。但是，由于我国家庭教育指导服务工作整体质量不高、专业性不强，导致发展相对缓慢，远不能满足广大家长的需求。家庭教育指导服务工作依然有很大的发展空间，因此有必要针对家长的特殊需求开发服务市场。相信随着我国经济的进一步发展和我国家庭教育指导日臻成熟，在未来的家庭教育指导中，市场化运作、专业化管理，配套化服务是其发展的重要趋势。

本章小结

本章主要介绍了学前儿童家庭教育指导的内涵、意义、对象及任务，详细介绍了学前儿童家庭教育指导的内容、总体要求及实施原则。在此基础上，对于学前儿童家庭教育指导的总体要求及途径进行了详细阐释。

思考题

1. 简述学前儿童家庭教育指导的内涵、意义、对象及任务。
2. 简述学前儿童家庭教育指导的内容及实施原则。
3. 简述学前儿童家庭教育指导的途径。

第八章　家庭、社区与幼儿园的共育

本章学习目标

➤ 理解社区的含义及对儿童成长的价值和责任。
➤ 理解社区教育资源的开发与利用。
➤ 理解家庭、社区与幼儿园共育的意义。
➤ 理解家庭、社区与幼儿园共育的途径。

重点与难点

➤ 家庭、社区与幼儿园共育的意义。
➤ 幼儿园利用社区资源开展教学活动的途径。
➤ 家庭、社区与幼儿园共育的方法及途径。

引导案例

构建和谐的家园合作关系

乐乐在家饭菜一口都不吃，每天都是用奶瓶喝流质食物。入小班以来，老师运用各种方法来纠正她不良的饮食习惯，经过一个月的锻炼，乐乐终于能自己拿勺子吃饭了，吃蔬菜时也不恶心了。老师将这个消息告诉了家长，家长很开心，但也有点半信半疑。

国庆长假后，乐乐有哭闹情绪，家长为了安抚她，每早入园时，都带一瓶牛奶，说："小孩一喝奶，就不哭了。另外，我们也担心她在幼儿园吃不饱。"老师强调了这样做的危害；但是家长我行我素，自行其是。现在孩子拒绝吃午饭，吵着要喝奶……老师的努力前功尽弃！

从案例中可以看出乐乐还是有可塑性的，经过老师一个月的训练已初见成效，但老师仅注重了训练儿童，忽视了和家长的互动，仅仅告诉家长成效是不够的，必须让家长亲眼所见，经过一段时间的证明，才能逐步让家长相信。

同时，还可以看出教师对孩子是有耐心的，能坚持正确地引导，但是，在这一过程中家长的行为成为教师教育孩子的阻力。因此，我们要认识到教师与家长沟通的重要性，教师要使家长认识到孩子只吃流质对孩子生长发育不利。例如：不利于牙齿发育，不能增强胃的消化功能，不能及时补充维生素、粗纤维等。将幼儿园训练孩子吃饭的好方法教给家长，让家长在家里逐步尝试，并提醒家长逐渐减少给孩子喝牛奶的次数。只有家校合力，才会取得事半功倍的教育效果。

（资料来源：本书作者整理编写）

第一节　社区教育概述

社区的含义及对幼儿
成长的特殊作用

一、社区

社区是儿童社会化的非正式环境，在儿童成长过程中扮演着非常重要的角色。关于社区的内涵，社会学家给出了多种解释。"社区"是指一定地域内由共同文化、共同社会心理、共同生活环境和相互关系的居民形成的人口群体。"社区"这个概念的最早提出者是德国社会学家斐迪南，他在 1887 年出版的《社区与社会》一书中最先使用了"社区"一词。美国学者查尔斯·罗密斯(Charles Ronas)把 F.腾尼斯的"社区"译成了英文"community"。1933 年，费孝通等在翻译美国社会学家帕克的社会学论文时，第一次将"community"这个英文单词译成了"社区"，后来"社区"成为中国社会学的通用术语。我国学者认为，社区是若干社会群体或社会组织聚集在某一个领域里所形成的一个生活上相互关联的大集体，是社会有机体最基本的内容，是宏观社会的缩影。

尽管社会学家对社区的定义各不相同，但是，对社区的基本要素的认识还是基本一致的，他们普遍认为一个社区应该包括一定数量的人口、一定范围的地域、一定规模的设施、一定特征的文化、一定类型的组织。社区就是这样一个"聚居在一定地域范围内的人们所组成的社会生活共同体"。

二、社区在儿童早期发展中的价值

社区作为同一地域内，具有特定的互动关系和共同文化维系力的人类社会生活的共同体，影响着社区中居民生活的方方面面。社区作为儿童的主要活动场所，对于儿童的早期发展具有不可忽视的重要价值和意义。

(一)良好的社区环境，有益于儿童身心的全面发展

社区资源包括社区中的物质资源和精神资源。社区中的物质资源主要有社区公园、社区体育馆、社区游泳馆、社区医院等。由于儿童的生长发育会经历两次高峰期，第一次生长高峰期是在 1～3 岁，第二次生长高峰期是在青春期。在儿童生长的这两个关键期，教师和家长有效地利用社区的物质资源陪伴儿童进行体育锻炼，会更好地促进儿童肌肉、骨骼、身体系统等各个方面的生长发育。

社区的精神资源主要是指社区利用各种媒体资源为社区中的居民提供文化资源，也包括社区中的邻里关系。例如，社区展板中的文化宣传、新闻广播、社区中的图书馆资源、社区服务中心提供的社区服务、社区中和谐的邻里关系等。儿童生活在社区中，社区文化会对儿童产生潜移默化的影响，对儿童的心理发展产生作用。由于儿童的心理发展不成熟，思维判断力相对较弱，生长环境会影响儿童的性格、为人处世的方式等。因此，如果社区能够提供良好的物质资源，就会对儿童的身体发展产生促进作用，而良好的精神资源会对儿童的心理发展起到促进作用。

(二)良好的社区环境，有益于培养儿童的主人翁意识

儿童的生长活动主要是在社区中进行，尤其是还未进入幼儿园的儿童，他们的活动场所主要就是在社区。社区可以为儿童提供资源，组织各种活动。例如，社区工作人员可以组织不同年龄段的儿童对社区中的垃圾进行分类整理，帮助清洁阿姨一起打扫卫生，去社区中的医院做小志愿者等。这样，儿童在利用各种社区资源进行活动的过程中，不仅促进了自身健康、认知的发展，还在与其他儿童的活动中锻炼了人际交往能力，社区工作者应组织儿童不断地参与社区活动，培养儿童的主人翁意识，让儿童逐渐意识到自己是社区的一员，可以为社区做力所能及的事情。

(三)良好的社区环境，有益于幼儿园课程的学习

社区作为居民的主要居住、生活场所，能够提供给居民多样化的社区学习资源，而且这种资源往往是具有新时代特征的。例如，社区的建筑风格、活动场所中器械的配备、社区中的文化宣传等，都会紧跟时代的潮流。因此，社区作为儿童回家之后的主要活动场所，会从各个方面持续不断地扩大和丰富儿童的现实生活经验。儿童在学校中学习的课程，都以儿童的生活经验为主要依据，所以儿童在社区中的生活经验越丰富，就越容易理解在幼儿园学习的知识内容，越容易产生知识的迁移，从而有益于幼儿园课程的学习。

三、社区在儿童早期发展中的责任

儿童生活在社区内，社区势必对儿童各方面的发展产生不同的影响，尤其在儿童发展的早期阶段。社区会通过各种正式或非正式的途径，为社区居民提供一些知识、生活技能、道德教育等，并会为儿童提供一系列能够帮助其认知发展和价值观形成的机会。

(一)提供游戏场所

儿童早期的生理发展是非常迅速且多变的，更多的物理刺激可以促进这种发展。社区有责任为儿童的生理发展提供更多的物质条件。例如，环境优美和空间宽阔的社区公园可以为儿童提供良好的活动场地，以便接受更多的日照和新鲜空气。社区体育馆或体育场的塑胶跑道可以为儿童提供相对安全的探索空间，为儿童的活动和游戏开展提供支持。社区活动场馆及公共空间是儿童户外活动的主要场所，更是儿童发展社会化能力的重要平台。

(二)提供认知刺激

儿童的认知与思维发展需要较多的因素刺激，尤其是处于感知运动阶段的儿童。每个社区都会通过各种媒体，例如板报、广播、电视等来提供新闻和信息。这些新闻和信息对儿童的认知发展会产生不同程度的影响。公园和体育健身场所为儿童提供了锻炼身体的场所和体育运动类的相关知识。美术馆和展览馆等机构能够为儿童提供欣赏美的机会和相关知识。图书馆提供图书，为儿童拓展认知视野。社区学校为儿童的语言发展提供了练习的场所。居委会和社区服务中心能够提供大量的信息资源，帮助儿童健康、安全地成长，同时这些信息资源也为刺激儿童的认知发展提供了多元化的途径。

(三)支持儿童情感和社会化发展

3岁以后的儿童已经能够很好地理解自己和他人的情感，能够很好地掌握情感表达的技能。社区为儿童的情感发展提供了安全感、归属感和身份认同感。例如，社区内的安保设施为儿童的健康成长提供了安全基地。社区内的居委会等组织机构可以为儿童和居民提供本地归属感和身份认同感。娱乐健身场所可以为儿童提供混龄儿童玩耍的机会，对提高儿童社会化有良好的促进作用。

四、社区教育

在儿童的成长过程中，仅仅通过幼儿园教育是无法完成儿童全面发展教育任务的，还需要家庭教育和社区教育的合作与协助，才能保障儿童教育目标的最大化实现。无论是幼儿园还是家庭，都是生活在社区中的，受到社区文化、社区环境等各种因素的影响，幼儿园教育和家庭教育只有联合社区教育，才能最终实现对人的教育目标。同时，社区是儿童走向社会的重要场所，社区教育亦是儿童教育的重要组成部分。

关于社区教育的概念，国内外有很多种界定，主要基于"教育""社区""社会"的角度来界定。社区教育，顾名思义是"社区"与"教育"的有机结合。我国学者普遍认为，社区教育是反映和满足社区发展需要，对社区全体成员的身心发展施加影响的教育活动和过程，是"实现社区全体成员素质和生活质量的提高以及社区发展的一种社区性的教育活动和过程""实施社区教育，街、镇组织是行为主体，街、镇组织将社区内各种教育因素集合、协调，形成合力，使之发挥整体作用"。

无论对"社区教育"下何种定义，社区教育的范围都是社区内部，教育对象都是社区全体成员，教育目的都是提高社区成员的素质和生活质量，从而从整体提高社区居民的国民素质和水平。社区教育的内涵可以简单地总结为三个方面：社区教育是在社区中的教育，是为了社区的教育，是关于社区的教育。

五、社区教育的特征

社区教育首先立足"社区"，是以社区为依托的全民化教育，同时也是一种新型的教育形式。因此，它既具备社区的特性，也具备教育的特性，这是社区教育区别于其他教育形式的特殊性。具体来说，社区教育主要具有以下几种特征。

(一)区域性

社区是社区教育的基本构成要素，社区教育是以社区及其居民为中心开展的。然而，不同的社区有着不同的特点，其所在城市、地理位置、文化背景甚至经济发展水平都不同。在社区教育过程中，居民的需求也相应地有所不同，教育的内容亦有所不同。因此，社区教育就突显出区域性的特点。

(二)全民性

既然社区教育的对象是社区内的全体居民成员，从年龄跨度上来说，包括从婴儿到老年人；从居民户籍上来说，既包括本地居民，也包括外来人员；从经济地位上来说，既包括经济状况好、社会地位高的人，也包括经济状况差、社会地位低的人。因此，社区教育具备全民性的特点。

(三)多样性

由于社区教育的区域性以及教育对象的全民性，社区教育的内容呈现出多样性的特点。社区教育的内容是根据本区域内居民的特点进行设计的，无论是胎教、学前阶段教育、中小学阶段教育，还是成人教育、老年教育，其内容都依据其对象年龄的不同而不同；也可以依据居民的特殊需要进行特别设计，例如，音乐、舞蹈等兴趣类教育课程，或烹饪烘焙等技能类教育课程。

社区教育的学制可根据内容的不同来延长或缩短；社区教育的地点可根据实际需要的不同而设置在室内或室外等任何地方；社区教育的人数可根据居民报名的实际状况进行调节；社区教育的形式可以是正规教育模式，也可以是非正规教育模式等。

(四)互补性

社区教育作为一种教育形态，可以成为家庭教育和学校教育的互补形式。社区教育与家庭教育和学校教育不同，它具备更灵活、更具针对性的优势。同时，社区教育作为终身教育的一部分，可以弥补家庭教育和学校教育难以涉及的范围。

六、社区教育的内容

社区教育的内容非常丰富，可以根据居民的年龄差异进行分类，也可以根据居民的实际需要进行分类。我们从人类全面发展的素质教育观点出发，可以将社区教育的内容划分为：社区德育、社区智育、社区体育、社区美育及社区劳动教育。

(一)社区德育

德育是培养人的道德品质的教育。社区德育是指通过各种途径来对社区内的居民进行道德品质教育的一种方式。所有涉及道德教育的内容基本上都可以通过社区教育来潜移默化地深入居民内心。例如，基本道德品质教育可以教育居民学会诚实、勤劳、勇敢、正直等基本品质；公民道德教育可以教育居民学会爱国守法、明礼诚信等，通过社区组织的爱国主义、集体主义教育等活动，让居民们学会将爱国主义认识深化为爱国主义情感，进而上升为爱国主义行为。此外，社区内的家庭美德教育，可以让居民认识到家庭稳定和幸福对于孩子、个人、社区和国家的重要性，形成尊老爱幼、夫妻和睦、育儿有道、邻里和善等美德。

德育不仅是学校对学生的教育任务，而且是全社会对全体公民的教育任务，因此，社区德育是学校德育的延续和补充，是社区对其成员进行教育的基本内容之一。

(二)社区智育

智育是开发人的智力的教育，通常以学校的智育为主。社区智育则是依据社区居民的需要，利用社区资源来促进居民智力和智能发展的一种教育方式，主要通过向社区内的居民传授相关知识和技能，以提高其智力发展水平。学校智育以学科知识和技能的学习为主，而社区智育则以生活知识和技能的学习为主。通过对生活知识的学习，居民可以改善生活质量、提高生活品位、实现自我发展。通过对生活技能的掌握，居民可以适应社会生活，提升社会竞争力。

常见的社区生活知识的内容包括传统文化知识宣讲、养生知识传授、理财知识宣传、消防常识储备等；常见的社区生活类技能包括多媒体技术运用、各类职业培训以及文化礼仪学习等。社区智育作为学校智育的补充方式，可以极大地弥补学校智育方面的不足。

(三)社区体育

体育是提高人的体质和体能的教育。社区体育则是以社区内的体育场所和设施为依托，满足社区居民提高身体素质需要的一种方式。在国家提倡全民健身的号召下，人们越来越关心自身的健康，同时随着社区的发展，有越来越多的锻炼身体的方式可供居民选择。社区组织者也会提供更多具有趣味性、公益性、服务性的活动项目来丰富居民的文化生活。

社区体育的常见内容有技能培训类，诸如篮球、足球、乒乓球等球类培训，亦有游泳、跆拳道等培训；也有竞赛类活动，诸如居民运动会等，可以以个人为单位，也可以以家庭为单位；还有健身类活动，充分利用室内及室外的体育器械，甚至周围的自然环境，为居民提供强身健体的机会。

(四)社区美育

美育是促进人对美的事物感受和欣赏能力的教育。社区美育则是充分利用各种资源，提升社区居民对美的事物的认识能力、鉴别能力、欣赏能力的一种教育方式。社区美育能够帮助居民从自然环境、美术作品、音乐鉴赏中去发现和感受自然美和艺术美，增加对美的体验，感受美的含义，营造美的氛围，从而提高生活质量和水准。

社区美育常常通过举办各种艺术活动、讲座、展览、演出等来深入居民生活，例如，社区儿童画展、社区乐队表演等形式。同时，社区美育也承担着引导居民树立正确审美观的责任，要帮助居民掌握正确的欣赏美的标准，形成高尚的审美情趣，提高审美水平。

(五)社区劳动教育

社区劳动教育是帮助人们树立正确的劳动观念和劳动态度的教育。社区劳动教育是在社区范围内，通过生产劳动和公益劳动的形式，帮助居民正确认识劳动，树立良好的劳动观，培养热爱劳动的情感，养成劳动习惯的一种教育方式。通过社区劳动教育，帮助居民形成以劳动为荣的观念，抵制好逸恶劳、不劳而获、奢侈浪费等不良观念的影响。

社区劳动教育可以采取社区或街道生产厂来进行生产性劳动，同时也可以解决社区内部部分居民的就业问题。当前城市内更常见的是社区公益劳动，诸如社区卫生清洁、社区内孤寡老人生活看护等，这样既能解决社区中存在的一些实际问题，也能够帮助社区居民形成正确的劳动观念。

七、社区学前教育

社区学前教育是社区内为0~6岁学前儿童或全体居民设置的教育设施和教育活动，是多层次、多内容、多种类的社会教育。社区学前教育是社区教育的重要组成部分，其对象不仅限于社区中的儿童，也包括他们的家长及社区全体成员。

当前，世界各国的社区学前教育正以多样化的形式发展着，例如美国的"提前开始计划"，在社区里让家长参与教育并共享经验。近年来英国又出现了"确保开端"项目，为改善处境不利儿童的生活和学习提供服务，该项目采取以社区为依托的跨领域、跨部门协作方式，其服务内容涉及医疗保健、儿童保育、早期教育以及对家庭的支持。日本20世纪90年代中期以来的"天使计划"等方案，致力于"建立社会共同支持援助、面向社会开放的儿童教育新局面"，社区根据当地实际情况和需要，制订规划和发展保育服务事业，建构社会育儿支援系统。

我国目前的社区学前教育主要包括正规的社区学前教育和非正规的社区学前教育。正规的社区学前教育是为3~6岁未入学的儿童所办的社区托儿所、幼儿园、学前班等机构开展的教育活动；非正规的社区学前教育则是组织学前儿童，特别是未进入托幼机构的散居学前儿童开展的教育活动，在实施途径上主要形成了以幼儿园为主导和以社区为主导的两种合作模式。通常正规的社区学前教育活动采用以幼儿园为主导的模式进行，而以社区为主导的模式常常用于非正规的社区学前教育活动。

近年来，我们提倡幼儿园、家庭、社区"三位一体"合作共育的观念与模式，建议社区学前教育可以采用以社区牵头、以幼儿园为主体、以家庭教育为基础的方式进行。社区牵头联合社区内各部门包括妇联、计生委、居民科、医院保健科，并吸收社区的有关单位参加。明确各成员单位分工，协调各部门为社区儿童服务，动员幼儿园向社区儿童开放，鼓励家庭积极参加，组织社区学前志愿者服务队等，其他有关单位提供相应的人、财、物力和场地支持。这种管理与组织形式能够很好地保障社区学前教育的开展。在以幼儿园为主体的前提下，也可以向那些因各种原因没有入园的儿童发放联系卡，让他们定期参加幼儿园的活动，给他们提供参加集体活动的机会。在以家庭教育为基础的前提下，社区和幼儿园还以开办家长学校、保姆学校、爷爷奶奶班等形式，向对孩子有直接影响的人进行集体培训，免费发放有关教材；也可以提供讲座与咨询服务，向家长宣传科学的育儿知识、儿童的心理发展及规律等，提高家长对科学育儿的认识。

八、幼儿园与社区的关系

幼儿园是社区的组成部分，是社区的小环境。与社区学前教育合理结合是幼儿园工作的重要方面。同时，社区文化、社区环境和社区资源同样会对幼儿园的其他工作产生潜移默化的影响，并可以为其带来诸多便利。

目前，我国幼儿园与社区合作的主要途径包括：通过社区教育委员会的指导和协作，与社区内的各种社会机构配合，一起展开活动，鼓励家长参与，加强家长间的沟通与交流；利用教育资源，发展以幼儿园为核心的社区儿童教育，优先照顾社区儿童入托，请家长听儿童教育讲座，为社区提供学前教育服务；为社区的精神文明发展服务，优化社区；形成富有地域特色的社区文化体系。

第二节　社区教育资源的开发与利用

　　家庭和幼儿园存在于社区这个生态环境之中，儿童的成长不可能脱离社区的影响。美国心理学家布朗芬布伦纳(Urie Bronfenbrenner)指出，个体发展的环境是一个由小到大，层层扩散的复杂的生态系统。"家庭—幼儿园—社区"是对儿童发展影响最大也是最直接的微观环境，它对儿童发展所起的作用是其他任何因素所不能比拟的。社区资源主要指自然资源、人力资源、物力资源、信息资源，那么如何发现、挖掘社区中的有用资源并加以利用呢？本节将对其进行系统地探讨。

一、社区自然资源

　　在幼儿园可触及的范围内，教师可以找到很多可利用的资源，如商业区、购物中心、运输系统、仓库、建筑工地、消防局、公园、娱乐场所、动物园、博物馆等。

　　一个儿童生活的地方可能在城市、近郊或是农村。不同的环境可用的资源有所不同。无论是城市还是农村，随着生活水平的提高、环境保护意识的增强，人们对居住环境的要求也越来越趋于自然化。居住社区甚至办公园区的绿化率在不断增大，假山、池塘、小河逐渐增多，而且向花园式发展。教师和家长可以充分开发利用家园所在社区的自然资源，让儿童通过花草树木了解一年四季的变化，通过小河、沙坑、假山了解物质的不同形态，通过花鸟鱼虫了解生命的各种过程，在锻炼儿童观察力的同时增加其知识储备。教师和家长也可以充分开发利用社区周围的乡间农田资源，让儿童学习观察认识不同种类的农作物，了解农民的劳作过程，让儿童在增长知识的同时学会珍惜粮食。教师和家长也可以充分开发利用社区周围的山川和河流资源，让儿童了解大自然的美丽与神奇，在拓宽视野的同时学会保护环境。

二、社区人力资源

　　每一个社区都是由其独特的社区经济和文化构成的。对于幼儿园而言，社区人力资源主要包括两类：家长资源与社区志愿者资源。

(一)充分发挥家庭优势，开发家长资源

　　教师可以通过了解儿童家庭的特点，发挥家庭优势，让儿童的父母或祖父母充当志愿者，利用家长的个人爱好、职业特点以及工作的便利条件等，与家长一起协作为促进儿童发展创造条件。

　　教师开发家长资源应本着"自愿"的原则。不是所有的家长都愿意或者都有时间来参与幼儿园活动，所以建议教师应提前与家长联系，针对家长志愿者的时间来安排各种活动，最好能将一个学期或者一个月的时间表安排好，这样也可以让家长提前做好准备。同时，利用家长资源也要让家长明确幼儿园教育的目的和要求，以及需要家长配合的方式和方法。

教师也要关注儿童的祖父母辈，他们也许没有最新的教育理念，也可能文化程度不高，但祖父母们可能有着更传统的文化背景，他们对本地区的风俗习惯、历史传说、民间艺术技巧、传统游戏、儿歌等内容更加了解，这些也是一种重要的教育资源，可以加以开发与利用。

(二)鼓励社区志愿者，充分利用社区志愿者资源

社区中有大量的人力资源。幼儿园可以和社区合作，鼓励社区中一些感兴趣的人一起投入到儿童教育中，成为社区志愿者，例如社区公务员、居委会、离退休干部等。可以欢迎他们到幼儿园参观，帮助他们了解幼儿园的教育过程，同时也能达到拓展儿童与成人交往的广度与频率、促进儿童社会化的目的；也可以与志愿者一起带小朋友们进入到社区中，参观社区机构，如社区医院、体育活动中心、社区剧团等；还可以参与各种社区活动，如社区养老、助老活动、社区文化节等。

教师可以充分利用社区志愿者加强幼儿园的教育，全方位了解志愿者的性格特征、职业特点、工作范围、生活方式和文化民俗等，通过向他们介绍幼儿园所需要的各种服务，吸引他们参与到教育中来，充分利用社区的人力、物力、财力资源，使儿童有机会去分享成人的知识、经验、兴趣，从而加快儿童社会化的步伐，使其形成优异的社会性品质。

三、社区物力资源

社区有很多配套设施，教师可以发现社区中有大量可以在教室中使用的材料，以及可以给幼儿园提供物资支持的机构，如小区快餐店可以给儿童中心捐赠杯子和餐巾纸，木材厂会提供废弃的木块和戏剧表演的道具，电话公司可以提供旧的电话装置等。

社区中的许多场馆设施可以作为儿童教育的物力资源加以利用。社区作为人类聚集居住地，更加具备生活性的特点，同时也是社会交往比较密集的地方，周围通常会配备公园、图书馆、医院、体育活动场所、超市、菜市场、展览馆、邮局、银行、商场等其他公共设施。在什么地点进行何种活动则需要教师和家长发挥创造力和想象力，有目的、有针对性地引领儿童进入社区里的不同场所，深入实地去观察某一场所的设施安排以及社会生活规律，以拓展儿童视野，促进其社会性的发展。

社区中的公园可作为物力资源的首选，通常公园较之幼儿园有更加开阔的空间，可以激发儿童的探索欲望，锻炼儿童的运动能力，以及在与他人互动中提高社交能力等。

社区图书馆通常都有儿童读物，教师也可以引导儿童熟悉图书馆的借、还书流程，学习遵守馆内读书要求，体验社会生活规则。同时，图书馆的大量藏书也会激发儿童的阅读兴趣和求知欲，培养儿童好学的态度。

社区医院是对儿童进行健康教育的良好场所。教师可以通过体检、打预防针等活动，扩充儿童的健康知识，形成健康的生活观念；也可以通过请医生讲解生病原因、卫生知识等教育儿童要养成良好的生活卫生习惯，同时也为幼儿园中医生角色扮演游戏提供更加真实的素材。

社区必备的超市或菜市场也是丰富儿童知识储备的教材库。带儿童去超市或菜市场购物，小、中班要教他们认识各种商品和蔬菜，学习怎样挑选自己需要的东西，大班甚至可

以尝试让他们自己计算购物费用，学会合理地运用钱财。

社区中的展览馆、博物馆、科技馆等也是丰富的知识源。教师可以利用馆藏资源，进行主题式教育活动。可帮助儿童上知太阳、地球、月亮及行星的活动规律，下知地球板块、四季变化方式。在帮助儿童扩大知识面的同时，培养其热爱科学和积极探索的精神，满足其好奇心和求知欲，提高动手实践能力。

社区中的邮局、银行及工厂等其他公共设施也分别可以达到不同的教育效果。教师可以尝试根据教学内容带领儿童进入其中，让儿童在看、听、摸、玩、做的过程中，加深感官体验，增长见识，丰富社会知识，同时也认识到社会分工的不同，加深对职业的理解。

教师开发利用社区内的自然资源、人力资源和物力资源，可以把幼儿园内的学习与幼儿园外的实践活动有机地结合起来，让儿童通过体验和探索获得知识与成长。社区中的任何人和任何场所都会为儿童提供学习机会和学习经验，教师加以合理利用就能把这些隐性的知识显性化，从而提高儿童学习的质量。

四、社区信息资源

社区信息资源来源于教育和商业的电视节目、网站及印刷广告材料等媒体，这些资源给儿童展示他们所能直接接触的社区之外的世界，从而拓展了儿童的视野。社区中各类信息资源也为儿童提供了认识世界和接受教育的机会。教师运用社区的信息资源可以将幼儿园和社区教育融合起来。

儿童通常在无意间接受信息，同时帮助他们接触媒体信息资源的成年人常通过各种活动、谈话和反馈帮助儿童获得潜在学习的机会。因此，作为教师，应正确且恰当地运用信息资源，避免儿童花太多时间沉迷于各种媒体，使儿童的学习机会达到最大化。

我们建议教师要合理选择利用这些资源中的有用信息，并及时向家长进行传递。这样做可以增强家长的教育能力，提高教育质量，促进儿童的学习与发展，巩固幼儿园、家庭和社区彼此之间的友好关系，让家庭和社区都融入儿童教育范畴。教师也需要帮助家长从众多的社区活动中获取有益信息，指导家长掌握运用社区信息资源，从而提高其教养子女的能力，帮助家庭和社区理解幼儿园在社区中的作用以及社区对幼儿园作出的贡献，鼓励家长适时地回报社区，为社区提供力所能及的服务。

五、家庭对社区资源的利用

儿童总是生活于一定的生活情景之中，所以，我们研究儿童不能脱离他们所生长的家庭，家庭又受到所生存的社区文化环境的影响，一个社区的自然和社会环境对家庭和儿童的身心发展有着正面和负面的双重影响，儿童不仅会观察周围社会的成人行为，而且还会加以模仿，这种结果对儿童发展的影响也是较为深入持久的。因此，我们建议家庭尽可能在社区中获得对儿童的正面影响，减少负面影响。社区亦需给家庭更多支持，以利于儿童的发展。

(一)建立一个广泛的家庭支持基础

儿童来自家庭，而家庭又存在于一定的社区。家庭要以健康的方式来教育并实现孩子的社会化，这就需要获得很多资源支持。家庭不能完全自给自足，所有的家庭都需要社区和社区资源，家庭可以利用周围的邻里、社区以及更大的社会关系网为其发展建立一个广泛的支持基础。有些家庭比较容易发现资源并加以利用，有些家庭则稍显逊色。对于家庭来说，了解周围什么是资源，怎样找到资源，自己更容易利用哪些资源是非常重要的。

具体来说，家庭对资源的寻求来源于每个成员对资源的寻求。在一个健康的家庭中，每个成员都需要一个广泛的支持基础，并且应该学会如何从别人那里得到支持。缺乏支持的家庭很容易感受到压力并无力应对，家庭能量很容易枯竭。因此，学会寻求支持，特别是除直系亲属外的社区资源的支持，对于家庭和个人来说尤为重要。

如何建立一个广泛的家庭支持基础呢？建议每个成员先分析总结自己已有的社交网络，然后分析家庭的社交网络，进而寻找可以发展的潜在的社交网络资源。不同的家庭中，其社交网络形式也不一样，这与成员性格特征和家庭风格有关系。有些家庭，每个成员都有自己的个人社交网络，且甚少交叉；有些家庭，成员除个人社交网络外还有共同网络可以分享，这样被认为是一个更强大或者是可以延伸的家庭网络。无论是个人社交网络还是家庭社交网络，除了建立在直系亲属的基础上外，应尽可能发展家庭外的社交关系，这样的支持范围将更加广阔，因此，寻找潜在的社交资源就显得尤为重要。

(二)各种形式的社交网络对家庭的支持

家庭需要在社区中建立广泛的社交网络以扩大自己的支持基础，那么哪些社交网络可以为家庭所运用呢？如何寻找潜在的社交网络资源呢？具体内容如下所述。

1. 亲戚朋友关系网

家庭中最常见的社交网络当属直系亲属提供的资源，比如孩子的祖父母等。据媒体报道，目前上海 0～6 岁的孩子中有 50%～60%是由祖辈养育；在广州，祖辈养育的孩子占总数的一半；在北京，接受祖辈养育的孩子多达 70%；孩子的年龄越小，与祖父母生活在一起的比例就越高。所以，家庭中的直系亲属是最容易获得的支持基础。除此之外，非直系亲属与亲密的朋友也常常作为家庭支持的源泉。在某些家庭中，被孩子认为是"干爹和干妈"的特殊朋友，他们虽然没有血缘关系，却可以像家人一样提供所需要的支持。

因此，扩充支持基础对于家庭和其成员来说都是非常必要的。

2. 邻里社区关系网

俗语说，远亲不如近邻。同一社区的邻居有可能是家庭社交网络中的重要组成部分，因为邻居能够构成互相援助的社会团体，实现资源共享，他们可以通过定期或者不定期地举办家庭聚会或外出活动，让孩子们在休息日、节假日也可以与其他小朋友一起玩耍或学习。由于现在中国的孩子多数为独生子女，缺少玩伴，社区邻里家庭组成社交网络，可以推动儿童的同伴互动，为孩子建立多维朋友关系，促进儿童社会能力的发展。

社区居委会等也会定期组织类似春游、夏令营、冬令营等活动，使其成为一种为社会生活作出贡献的、联系紧密的、有助于引导孩子的组织。这种形式在为家庭扩充社交网络提供机会的同时也为儿童提供了安全的交往环境，能够有效促进儿童的主动交往，推动家庭合作交流，实现资源共享。在安全的家庭和邻里关系中成长的儿童更容易成为健康、自信、能干的成年人，在这类环境中他们可以玩耍、探险、建立和谐的人际关系。

家长所建立的社会关系广泛地影响着儿童能否从邻里社区关系中获益，随着孩子的成长，他们在同龄群体中建立起额外的社交网络。在学校和社区里，儿童从同辈身上得到更多关于自身认同和社会行为准则的概念。

(三)为家庭提供服务的社区机构

社区中有许多正式与非正式的组织和机构，这些机构是社区社交网络的组成部分，能够为家庭提供多种短期或长期的服务。无论正式与非正式的组织，都是家庭发展过程中或多或少所需要的，每一个社区都提供了一种生活方式、发展技能，影响儿童感知并提升特定态度、价值、道德教育、审美标准的机会。但是，每个家庭如何充分使用可用的社区资源是存在差异的。作为教师，应尽可能帮助每个家庭了解自己的社区有哪些服务机构，可以提供何种服务，在需要的时候如何寻求这些机构的帮助等。

社区中由政府提供的公民服务类机构，如学校、消防部门、警察局、居委会、妇联以及民政局福利机构等，这些服务为社区的稳定和安全提供了基础保障。如社区文化活动中心可以为家庭提供文化娱乐、体育活动、艺术赏析、儿童教育等多种长期服务，儿童可以通过这些机构了解到社区组织性的意义所在，以及社区居民间相互依赖的关系。他们也会学到社区服务如何影响他们的生活，以及作为个人，社区如何为他们服务。如社区卫生服务机构，基本上每个社区都配备了相应的社区医院或医疗中心，以确保社区居民的身体健康及就医方便。儿童必须保持身体健康才能有良好的发展，因此家长和教师应充分认识到社区卫生服务机构的重要性。

为提高家长的家庭教育能力，我国政府也在部分城市组织开设街道社区学校。该类学校会开设家长学校的学习内容，通常以提高家长育儿能力为宗旨，以传播科学育儿的理念和方法为目的。家长素质的高低会直接影响到孩子，家长的人生观、日常道德规范、待人处事的方式都会对孩子的成长起着潜移默化的作用。社区家长学校的学习，可帮助家长提高科学育儿的能力和水平。

社区中也有与日常生活密切相关的一些非正式服务机构，如商业类机构，商店、超市、汽车加油站、菜市场等。当儿童熟悉了当地商业情况后，他们会对所在地的经济情况十分了解，人们在哪儿工作，他们生产什么，产品去了哪里。当他们进入工作世界后，他们也会了解到许多专业的需求，以及每个机构与社区生活的相互影响及相互作用。如学生托管中心，是为父母不能及时照顾的孩子们在放学后或假期里提供食宿和学业指导服务的机构，当同龄的孩子在一起生活时，经过老师正确引导，孩子的人际交往能力、处理矛盾能力、独立生活能力、解决问题能力都能够有所提高。

六、幼儿园对社区资源的利用

家庭、学校和社区在儿童社会化和教育发展过程中扮演着重要角色。在学校(幼儿园)教学过程中，与家庭和社区的合作是促进儿童全面发展的需要。本小节内容我们着重指出学校(幼儿园)如何利用社区资源，将社区融入学校，使社区成为学校教育外延的方法。

(一)利用社区资源的重要性

幼儿园争取社区参与对儿童的教育，社区的参与程度也因社区的不同而有所不同：从最低程度的交流到积极的倡导者，教师和学校管理者承担着使社区与学校建立起合作伙伴关系的责任，同时帮助家庭参与幼儿园与和社区的合作，达到幼儿园、家庭与社区对儿童合作共育的目的。因此，对于教师来说，理解社区参与幼儿园教育的重要性是非常必要的。

1. 充分利用社区自然资源增强教育的广度与深度

社区自然资源相比幼儿园狭小的地域空间而言，给了儿童更加广阔的活动范围和探索空间。儿童生活的地区不同，自然环境就不同，生活的社区不同，环境设施就不同。但无论是农村还是城市、南方还是北方、东部还是西部，教师都可以利用自然资源的不同使儿童观察到不同的内容。农村的儿童更容易看到树林、小鸟、动物和晚上的繁星，而城市里的儿童可以感受到阳光的温暖、雨后的湿润，也能欣赏到矮小的草地和在钢筋混凝土的石板缝隙里苗壮成长的小树苗，南方的儿童能了解热带水果的生长，北方的儿童则可以欣赏下雪的美景，东部的儿童可以看到浩瀚的海洋，西部的儿童可以了解广袤的沙漠。不同地区的气候也同样提供了很好的学习素材。有些儿童知道发生台风的条件，见识过台风的猛烈；有些儿童知道沙尘暴形成的原因；有些儿童经历过酷暑的难耐；也有些儿童清楚干旱的痛楚。

2. 充分利用社区人力资源增强教育的参与度

相比于社区中大量丰富的人力资源而言，幼儿园的人力资源则是极其有限的。幼儿园可以采用"请进来"和"走出去"的方式吸纳社区人力资源，在促进儿童教育发展的同时，增强社会各界对教育的参与度。同时，教师也会发现，社区的人力资源能够更好地丰富课堂教学内容。

我们建议教师采用"请进来"的方式引进社区人力资源。可以请家长入园来做志愿者，也可以请社区各界的社会志愿者。最好在学期初，教师能够设计好整个学期的教学志愿者计划，然后向志愿者介绍幼儿园的各种需要，让志愿者有可选择的活动时间和活动范围，根据自己的实际情况入园，协助教师进行课堂教学。让家长和社会人士进入幼儿园内，亲历儿童的日常生活，了解园内的真实状况，这样会进一步促进各界人士对儿童教育的热情参与。

我们也建议教师采用"走出去"的方式利用社区人力资源。教师组织儿童进入社区志愿者工作的地方或参加志愿者组织的活动等。比如，邮局工作的志愿者可以带领儿童们体验收集、分拣信件的过程，训练儿童思维中的分类能力；福利院的志愿者可以带领儿童们体验照顾残障儿童的过程，体会身体健康的重要性等。

社区人力资源应该作为幼儿园重要的拓展性人力资源来开发，以此将儿童的学习过程与生活活动融为一体，发挥社区人力资源的教育价值，让更多的人分担教育、融入教育、参与教育。

3. 充分利用社区物力资源增强教育的容纳度

社区物力资源作为幼儿园资源的延展应予以最大程度的利用。幼儿园的教学目的就是将儿童从家庭生活逐渐带入社会生活中，因此，无论哪种主题教学都与社会的真实场景有关联。幼儿园的物质条件往往无法满足所有的教学要求，因此应带儿童进入社区，最大限度地发挥所有物力资源对儿童的教育作用，增强社会对教育的容纳度。

建议教师可以特别尝试采用与家庭合作的方式，指导家庭积极利用社区的物力资源，开展各种亲子类教育活动，在家长学会充分使用社区资源的同时，还可以促进亲子合作，优化亲子关系。教师也可以采用和家庭一起与社区合作的方式来充分发挥社区物力资源的教育作用。

4. 充分利用社区信息资源增强教育的共享度

幼儿园和家庭举办活动的频率无论如何都无法与社区相比，幼儿园应该搜集并利用社区活动中的各种有关教育文化的信息，合理地安排园内与社区活动有关的主题教学活动；也应该及时向家长公布社区活动的信息，帮助家长针对儿童的实际情况进行选择性地参与。由此不仅可以增加儿童参与各种活动的频次，而且还大大拓展了儿童的学习范围和生活空间，丰富了儿童的知识储备，同时幼儿园也在家庭和社区之间起到了沟通桥梁的作用，实现了幼儿园、家庭与社区教育信息资源的共享。

(二)利用社区资源开展教学活动

幼儿园的课程和教学活动并不是完全以知识教育为目的，更多的是通过各种游戏、活动的开展培养儿童的各种生活能力和习惯。因此，幼儿园的教学活动很多都需要依托社区等社会空间和资源来开展，社区是幼儿园开展教学活动的重要场所。合理利用社区资源是幼儿园为适应儿童发展要求采用的必要途径，让儿童从身边熟悉的事物开始，逐步提高品德、智力、身体、社会性及科学思维等方面的发展，在满足儿童发展多方面需要的同时，也丰富了幼儿园教学内容，深化了教学内涵。

1. 利用社区资源开展品德教育

对儿童进行品德教育不仅是家长的责任，更是幼儿园和学校以及社会的责任。依据 1980 年 16 个国家参与的国际道德教育会议的分类，道德教育应强调的内容包括：①社会价值标准，如合作、正直、社会责任、人类尊严等；②有关个人的价值标准，如忠厚、诚实、宽容、守纪律等；③有关国家和世界的价值标准，如爱国主义、民族意识、国际理解、人类友爱等；④认识过程的价值标准，如追求真理。虽然我国只对中小学的德育内容有统一规定，但是品德教育之根就在幼儿园。因此，品德教育也是幼儿园的一项重要教育内容之一。

社区丰富的教育资源，多元化的育人设施和环境都是幼儿园开展品德教育的重要资源，巧加利用可以有效助力幼儿园的教育质量的提升。社区环境是社会政治、经济、文化要素的沉积，对学校德育传递具有重要影响，构成学校德育的中介环境。因此，幼儿园可以从所在社区的实际情况出发，因地制宜地运用社区的各种资源，充分发挥社区大环境对儿童德育的影响作用，让社区影响渗透到幼儿园，使儿童的品德发展处在一个全方位的影响之中。有研究表明，学生对社区学习资源的利用与他们对幸福安康的社会观有很高的相关性，与道德推理也呈正相关，而且叙述利用社区学习资源的水平越高，道德推理水平也越高。

儿童阶段儿童的道德发展处于他律阶段，作为品德发展的起点，其发展水平受到来自家庭、幼儿园和社会各方面因素的综合影响。有研究证明，学校、家庭和社区的合作伙伴关系能够为学生提供支持并在学业成就和品德发展上起到重要作用。作为教育最基础阶段的幼儿园教育，有责任和义务将家长与社区联合起来，主动架设各种合作桥梁，使幼儿园的德育工作与家庭和社区紧密结合，形成一体化的育人机制，切实提高幼儿园的德育水平。

2. 利用社区资源开展社会教育

幼儿园作为儿童进入社会的第一步，社会教育是幼儿园教育的重要内容，它以发展儿童的社会性为目标，以促进儿童社会认知、发展儿童社会情感、培养儿童的社会行为，以及儿童社会领域的学习为主要内容。换句话说，社会教育就是要让儿童逐步成为社会人。但是，儿童的社会教育是建立在成人与儿童交往的基础之上的，是以社会、文化为背景的。"离开儿童熟悉的社会生活，离开了儿童自然发展的基础，设计得再好的社会性教育课程也会失去其存在的价值和意义。"因此，幼儿园的社会教育仅仅通过说教的形式是难以实现促进儿童社会性发展、促进他们社会领域知识学习目的的。只有把生活融入课堂，让课堂进入社区，把课堂教学与日常生活结合起来，儿童才可能在日常生活中形成社会化品质。

儿童社会教育应该由家庭教育、学校教育和社会教育共同承担。因此，幼儿园需要联合家庭和社区，充分利用家庭资源和社区资源，帮助儿童在社会认知、社会情感和社会行为等方面有所提高，增强适应社会的能力，促进社会领域的学习。研究表明，幼儿园利用社区资源进行社会领域教育，可以培养儿童的社会综合能力，并有效地提高幼儿园的教学效果。家庭和社区资源对幼儿园在民俗传统节日教育方面具有支持、补充和深化的作用。幼儿园利用社区资源对儿童进行社会教育可根据其主要内容作进一步细化，具体内容如下。

(1) 利用社区资源促进儿童的社会认知。社会认知主要指对自己的认知、对他人的认知、对社会关系的认知。苏联心理学家维果斯基的社会文化理论认为，认知发展发生于社会文化环境中，社会文化深刻地影响着认知发展的形式。因此，对儿童社会认知发展的促进必须进入到社会、社区之中。虽然社区的各种资源对促进儿童社会认知有综合性的交叉作用，但是教师的教学过程仍可从中找到落脚点，比如利用社区资源中的自然资源和物力资源来促进儿童对社会环境的认知，利用人力资源可促进对自己、他人以及社会活动、社会行为规范的认知，利用信息资源可促进对社会文化的认知。

(2) 利用社区资源发展儿童的社会情感。3岁以后，儿童能够更好地理解自己和他人的情感，更好地掌握情感表达机能。同时儿童自我的发展又促进了自我意识情感的发展，如羞怯、尴尬、罪过、嫉妒和骄傲等。儿童在语言、表达和自我概念上的发展，一定程度上促进了早期的情感发展，如果把这作为社会情感发展的内部驱动力，那么利用社区资源进行主题教学则可以作为外部驱动力。特别是在利用社区人力资源的时候，为儿童创造了大量的与他人交往的机会，这样有助于帮助儿童识别情绪、推理情绪、理解情绪，还可以提高儿童管理情绪的能力。3岁以后的儿童道德情感开始萌芽，特别是移情的产生，它是亲社会行为或利他行为的重要推动力，也是儿童道德发展的基础。幼儿园利用社区资源的方式有很多，诸如儿童福利院或养老院等可以促进儿童移情能力的发展；诸如"社区是我家"等环保宣传活动可以培养儿童爱国、爱家、爱园等社会道德情感；诸如社区绘画展等活动，可以培养儿童对美的体验等。

(3) 利用社区资源培养儿童社会行为。社会行为是指儿童在与他人互动时所表现出来的行为。社会行为既包括个体在投入交往时表现出来的社会行为，也包括作为一个社会人对社会生活的参与，如购物等。在儿童发展的过程中，儿童需要学习如何更好地与他人互动，从而更好地适应社会生活，被自己所在的社会文化所接纳和赞许。儿童的社会行为主要可以分为两类：亲社会行为和反社会行为中的攻击行为。能够作出有利于他人的亲社会行为的儿童更能够被周围的人所接受和喜欢，利用社区资源开展教学活动，可以提高儿童的交往、分享、合作、谦让、助人等技能，对儿童亲社会行为的发展具有潜移默化的作用。

从婴儿后期开始，所有的儿童都时不时地表现出攻击行为，而且随着与同龄人交往的增多，产生摩擦的概率上升，攻击更加频繁地发生。在社区活动中，需要与同伴及他人的沟通、合作，只有这样才能使活动顺利进行，同时可以帮助儿童获得人际交往的知识、技能和技巧。

儿童社会行为的培养有赖于成人的正确引导，这不仅是家长、教师的责任，还是社会的责任。将幼儿园教学活动融入社区可以极大地发挥社区的作用，有助于扩大儿童的群体生活经验，有利于儿童新社会价值观的树立和内化，为儿童在以后的社会生活中妥善处理人际关系打下坚实的基础，有利于儿童更好地将自己融入到集体中。

3. 利用社区资源开展体育教育

户外活动是幼儿园教育中必不可少的形式之一，户外活动需要足够的空间资源与优良的文化资源。幼儿园内的空间资源和文化资源是相当有限的，把社区的各种资源纳入到幼儿园教育资源体系中，为儿童的户外运动和幼儿园的体育教育拓展了空间。

(1) 扩展运动空间，发展儿童的运动能力。公园里的草坪、儿童玩乐区，社区中的健身区、游泳馆、球类馆等，可以缓解幼儿园资源紧张、儿童活动不足等问题。社区内不同类型的设施，可以发展儿童不同的运动能力，同时也可以刺激儿童神经系统的发育，增强身体协调性和灵敏度。诸如儿童最喜欢玩的秋千、滑梯、攀登架、蹦蹦床等游乐设施，在晃动过程中控制自己的身体，可以发展身体平衡的能力；在球场中穿梭，锻炼腿部力量，可以发展儿童的奔跑能力和身体灵活性；游泳锻炼儿童全身肌肉，可以发展身体协调能力和柔韧性等。

建议幼儿园根据社区内不同类型的资源，因地制宜地为儿童创设各种有趣的运动游戏，使其形式多样，吸引儿童主动参与，让儿童体验运动的乐趣，培养他们的运动兴趣。比如带领儿童在草地上翻滚、在山坡上进行攀爬游戏、在花坛上进行平衡走的比赛等，利用社区内形状特殊的树木教学生攀爬，既能起到很好的锻炼效果，又能陶冶孩子的性情。当儿童在社区大型活动区域游戏时，也是加强自我保护能力教育、环境保护意识教育的良好时机，让儿童在与人、与物、与环境的互动中学会自我保护，调节自身行为，顺应环境，养成良好的运动习惯。幼儿园也可以充分利用社区体育管理者和社区体育指导者等人力资源，给予儿童较儿童教师更加专业的指导，弥补儿童教师体育专业技能的不足，让儿童学到更多的体育知识和锻炼方法。

(2) 运用不同材质，发展儿童的感知能力。社区中不同类型资源的材质是儿童发展感知能力的材料库。自然资源中的草地、泥地、沙地；物力资源中场馆里的橡胶垫、地毯、拼塑、瓷砖地，健身区里的卵石地、塑胶、水泥地等不同材质的地板，都会给儿童的脚部和腿部不同的感觉，儿童体会到不同材质赋予身体的弹性和摩擦程度有所不同，促进了知觉的发展。除此之外，抓握不同质地的沙子，例如干沙、湿沙、颗粒大小不同的沙粒等，可以刺激手或脚的触觉，既利于神经系统发育，又利于感知能力的发展。

建议幼儿园可以选择适合孩子动作和认知发展的运动器械或场地，有针对性地设计游戏。比如"不走寻常路"的游戏，可以带领儿童在社区广场内，光着脚丫走走细细的沙质路和圆圆的鹅卵石路，通过询问及讲解来说出二者的不同，训练儿童学会用语言表达自己的感受，在提高感知能力的同时，也提高了自己的语言表达能力。当儿童脚底走痛了，鼓励他们坐下来揉一揉后继续前进，让儿童体验到痛觉后的应对方法，既丰富了知识，又锻炼了意志力和忍耐力。

（3）接触不同人群，提高儿童社交能力。社区是个开放性、综合性的区域，参加社区体育活动的人群也不尽相同。在社区中，儿童得到了与更多人交往的机会，有助于其社会交往能力的发展。比如，与来自不同家庭或幼儿园背景的儿童一起玩耍，儿童可以互相合作、交流经验、分享快乐，甚至可以在产生冲突后尝试学习解决冲突等社交技巧；与中小学生一起运动可以学习服从与合作等；与成年人一起运动则可以学习模仿与接纳；与老年人一起运动可以学习尊重与照顾等。

建议幼儿园在以达到体育锻炼为目的的前提下，充分考虑儿童的身体和心理的承受能力，努力利用一切可以利用的方式和手段，积极加强与家庭、社区间的互动合作。例如开展一些社区表演活动、亲子活动、幼儿园小学合作活动、社区间运动会等，增加儿童与社区中其他人群接触的机会，丰富知识的同时还可以积累社会经验。

长久以来，人们一直认为儿童的教育在入学前来自家庭，入学后来自幼儿园，却往往忽视了社区资源在儿童教育中的重要作用。利用社区资源开展各类教学活动，能够为儿童提供更真实的教学场景、更广阔的教学空间、更自由的教学氛围、更灵活的教学方式，发挥着幼儿园和家庭所不能达到的作用。应充分发挥社区资源的教育功能，促进幼儿园、家庭、社区一体化观念与模式的确立，借助幼儿园、家庭和社区三方的力量共同促进、保障儿童教育目标的最大化实现，推动儿童身心体智能等综合素质全面发展。还应加强幼儿园、家庭、社区的协调配合，实现教育各层面的互补作用。

第三节　家庭、社区与幼儿园共育的意义

一、顺应世界儿童教育发展趋势

随着社会政治、经济、文化各方面的持续发展，教育改革正逐步走向深入，我国教育进入终身教育时代。幼儿园教育是终身教育的起始阶段，也是社会一体化教育的重要组成部分。1981 年联合国教科文组织指出，儿童教育必须从学校这个封闭的范围中解放出来，扩展到家庭与社区，这一精神现已成为世界儿童教育共同发展的方向。意大利瑞吉欧教

家庭、社区与幼儿园
共育的意义

育体系(Reggio Emilia APProach)的社区式管理模式是其儿童教育取得瞩目成就的重要原因之一，在这里"儿童、家庭、学校以及社区相互协作、相互融合、相互分享，共同参与到学前机构的组织管理中"。美国的《0～8 岁儿童适宜性发展教育方案》、日本的《第三个幼稚园振兴计划(1991—2000 年)》也强调幼儿园要充分利用家庭和社区资源对儿童进行教育。我国的《幼儿园教育指导纲要(试行)》也强调了幼儿园应与家庭、社区密切合作，综合利用各种教育资源，共同为儿童的发展创造条件。

鉴于家庭、社区在儿童教育中的作用，联合国教科文组织在 1972 年发布的《学会生存》教育世界的今天和明天报告中指出："在这项工作中(指学前儿童教育)，我们应该挑选和培

植家庭与社区联合这种最积极的形式。一切可利用的手段，包括常规的与非常规的手段，都应该用来发展基础教育。"随着我国近年来社会飞速发展和幼教改革的深入，将幼儿园教育置身于终身教育体系之中，树立家庭、幼儿园、社会三位一体的大教育观，已开始成为我国幼教实践的指导思想。从这个意义上讲，开展本课题的研究正是适应了我国幼教事业发展的需要，适应了世界儿童教育事业发展的需要。

二、适应新时期家庭教育、社区教育发展的需要

幼儿园教育、家庭教育与社区教育各有各的优势，都具有不可替代的独特作用。幼儿园是专门的教育机构，儿童教师是专职的教育工作者，懂得儿童身心发展的特点和规律，掌握科学的儿童教育方法。家庭与儿童之间的特殊关系则决定了家庭教育在儿童发展中所起的重要作用。社区不仅拥有山川河流、花草树木、农贸市场、理发店、邮局、银行等自然环境设施和机构，还拥有具有某些专业知识、专门技能的个人或组织，这些本身就是一部部活灵活现的教科书，就是一门生机盎然的隐性课程。在教育越来越强调生态化的今天，家、园、社区三方的合作是一种必然的趋势，既有利于幼儿园统一培养目标，加强教育效果，实现教育在时空上的紧密衔接，在管理中汇聚更丰富的智慧与教育资源；又有利于家长、社区了解教育、参与教育，促进家庭、社区对幼儿园各项工作的理解与支持，提高保教质量；还有利于资源的有效整合与利用，弥补了教师在知识、技能方面上的不足，促进了幼儿园在有限条件下实现新跨越。从这个意义上讲，家庭、社区与幼儿园的共育有着十分重要的现实意义。

三、促进儿童全面和谐发展的需要

(一)促进儿童社会性发展的需要

《中国儿童发展纲要(2001—2010 年)》(以下简称《纲要》)强调要把幼儿园与社区合作共育的重点放在儿童社会性的发展上以及环保意识的形成上。儿童社会性的发展包括儿童自我概念的形成与公民意识的确立。其一，儿童的交往从家人逐渐拓宽到儿童教师再到其他同伴，并延伸到社区成员。随着儿童认知发展能力的提高以及社会交往、交流经验的丰富，儿童对其所在的社区、内部人群关系及社区的整体运作流程具有浓厚的兴趣。因此，通过拓宽儿童视野、充分结合社区与幼儿园资源，密切社区成员、教师、同伴与每位儿童的关系，促进儿童自尊心与自信心的发展，鼓励儿童逐渐由内心世界走向外部世界，并逐步确立自我概念。其次，公民意识作为文明意识的重要内容之一，对儿童的发展有着不可忽视的作用。儿童生活的社区环境，对儿童公民意识的培养可以起到潜移默化的作用。因此，社区可以成为良好的教育资源之一，积极配合幼儿园的各项活动，让儿童能初步了解自己的社区，了解自己也是社区的成员。例如，幼儿园可以组织"我为社区献力量"主题活动，开展捡垃圾、看望退休老人、为社区绿植浇水、协助超市工作人员销售货品等活动，使儿童养成尊重他人、爱护环境、团结协作的良好品质。

(二)促进儿童多元智能开发的需要

学前期是孩子智能发展的关键期，每个孩子智能发展的水平与特点虽然有所不同，但都拥有一些基本的智能成分，包括语言智能、逻辑—数学智能、空间智能、身体—运动智能、音乐智能、人际关系智能、自我认知智能、自我观察智能等。教育机构要设立"学校-社区代理人"，创设学习空间与"深入社区的学习"时机，把儿童带入社区，把社区引入学校，鼓励志愿者通过"师徒制"的方式参与教育。《纲要》强调：儿童的发展是在与环境的不断相互适应、影响下产生的。儿童深入社区进行学习能够尊重孩子发展的差异性，满足不同兴趣的儿童找到适合自己活动的内容和学习方式，帮助儿童了解自己的优势，探索其智能发展中的潜力，并寻求方法补足孩子智能发展方面的不足，促进孩子智能品质的优质组合。

(三)优化儿童成长环境的需要

1. 生态化社区环境的建立

著名心理学家布朗芬布伦纳(Urie Bronfenbrenner)指出儿童的发展过程是其循序渐进地扩展自身对生态环境的认识过程，从家庭到幼儿园再到社会，儿童的发展制约于直接或间接的生态环境，从中间系统来说，强调幼儿园与社区、幼儿园与家庭、家庭与社区之间的关联，对儿童的成长与发展有很大影响。因此，强调幼儿园与社区的合作，形成幼儿园与社区的优质互动，逐步提高社区负责人以及整个社区居民对于学前教育的重视，尤其强调家长的素质与科学的教养方式，社区环境与人际交往的和谐、友爱，能够间接影响儿童的言行举止，从而构建生态化的社区环境。

2. 幼儿园与社区共育型学习环境的建立

联合国教科文组织指出："加强学校和社区两者间的联系是使得教育和其环境彼此作用、共同发展的关键之一。"意大利瑞吉欧教育机构(Reggiochildren)成功的重要原因之一，就是要求格外重视儿童教师与家长、社会相关人士的互动、交流与合作。社区是儿童生活最基本的场所之一，在幼儿园之外，社区成为更符合儿童自主选择、多样化发展需求的场所。因此，幼儿园作为教育和保育的双重性机构必须发挥其导向性作用，承担社区教育中心的角色，努力构建幼儿园、社区共育型学习环境。幼儿园在关注本园儿童自身的同时，也要注重所在社区，在幼儿园与社区间建立互通的桥梁，使社区大环境也受惠于幼儿园的优势、利益，促进两者关系的互利共赢。与此同时，儿童所居住的环境自身拥有丰富充足的教育资源，拥有长期稳定的社区成员以及共同的学习场所和设施，幼儿园以优秀的园所文化为基础，能够使社区成员活动更加多样化，在途径、方法等手段上推动活动更加具有创新性。加强社区成员的集体学习意识，逐渐提升全体社区成员的正确的教育意识，建立和谐的人际关系，为儿童的和谐成长与发展提供优质环境。

3. 有助于幼儿园的课程建设

经过多年的探索，我们对幼儿园教育与社区的关系以及社区资源的认识不断深化，对社区资源从看重场地到看重课程开发利用优质资源，再到构建可持续发展模式，都说明社区资源对幼儿园课程建设的影响日益明显。

首先，中国著名教育家陆鹤琴先生提出，"大自然、大社会都是活教育。"幼儿园课程建设需要选自儿童个体所处的生活，聚焦于当地传统民族文化，开发与建设本社区特色文化，扎实幼儿园课程的文化根基，与社区文化资源相结合使幼儿园课程内容更丰富，同时能稳步改进当地办园条件、节约办园成本、组建专业教师队伍，促进幼儿园教师的专业化发展。

其次，除了基本的课程建设外，在幼儿园与社区的优质互动中，鼓励各个幼儿园结合自身园情，开发出具有自身特色的园本课程和班本课程。在课程的开发中要重视社区为其提供的较为充实的环境背景，在幼儿园与社区的优质互动中逐步实现目标。例如，某幼儿园从"绿色社区""艺术社区""人文社区""创新社区"四个方面对社区教育资源进行了深度挖掘，将社区场所有效地优化为园内教学场地，形成了独具特色的园本课程。

(四)实现与世界学前教育的接轨

世界各国在学前教育的发展中都提出幼儿园要关注、重视并有效使用所在家庭和社区的教育资源，使儿童能在其中对自己、对他人和社会有正确、积极的认识。国际教育组织强调要关注儿童的社会学习与发展，密切幼儿园与家庭、社区之间的联系配合。联合国教科文组织在重申教育使命时明确强调：为了实现世界公民目标，不能再只是强调认知学习，还要强调情感和行为学习。同时，全球儿童教育大纲也指出：儿童的发展是家庭、教师、保育人员和社区需要彼此共同承担的责任。我国也十分关注社区教育发展，自 1999 年《面向 21 世纪教育振兴行动计划》到 2004 年《教育部关于推进社区教育工作的若干意见》，再到 2016 年《教育部等九部门关于进一步推进社区教育发展的意见》，都在强调为加快构建终身教育体系，应提高学习型社会建设的节奏，社会各方积极关注幼儿园与社区的优质互动、合作共育，这也成为我国学前教育不断迈向世界、追赶世界潮流的关键所在。

第四节　家庭、社区与幼儿园共育的途径

一、幼儿园与家庭的正式合作途径

幼儿园与家庭正式合作的途径主要包括幼儿园定期举办家长会、教师的家庭访问、家长做幼儿园活动的志愿者以及幼儿园举办家长开放日等。

家庭、社区与幼儿园
共育的途径

(一)家长会

幼儿园家长会是幼儿园教师和家长围绕特定目标开展的面对面的、以口头形式为主的群体性活动，是家园合作的主要形式之一。家长会通常是家长和学校的第一次接触，从家庭和学校建立合作关系的角度来说，是很重要的。在网络化、信息化日益发展和完善的当代社会，家长会这种传统的家园合作形式仍然有存在的必要。尽管家长会作为一种集体交流形式，很难顾及每个个体，但其具有的效率高、集体化和面对面等特征却是其他形式难以替代的。关于幼儿园家长会的重要性，主要有以下几个方面。

第一，从家长的角度来看，通过家长会，可以帮助家长了解有关学前教育机构的情况，同时也可以向家长讲解儿童发展的规律和特点，解答家长的疑难问题，传递制作玩具的经验，增强家长的教育意识，提高家长的教育技能。还可以结合社区教育的内容和重点，帮助家长掌握相应的知识和技能。

第二，从教师和家长合作的角度来看，家长会为家长和教师的平等对话创造了契机，召开家长会可以使家长和教师的分享与合作成为可能，家长会为教师和家长提供了交流孩子情况的平台与机会，通过家长会，可以增强教师和家长之间的沟通，让家长看到教师是真心关心孩子，从而共同明确问题、寻找方法、提出建议和制定方向，以促进儿童的发展。此外，教师和家长通过信息共享，可以就儿童照料问题互相合作，提供相互促进的经验，教师还可以鼓励家长、家庭成员和孩子继续努力，提供将课堂学习延伸到家庭的机会。

第三，从幼儿园管理的角度来看，家长会使家长了解幼儿园的办园理念，了解园、班实际面临的困难，理解和支持幼儿园组织的各种活动，此外家长还可以为幼儿园出谋划策，参与幼儿园的教育决策和监督，从而更加有效地促进幼儿园的运行。

1. 家长会成功的策略

作为一种教师与家长集体面对面的交流形式，家长会能够让家长了解儿童的整体发展情况，了解某阶段教师的工作内容，横向比较孩子的发展状况。教师应充分利用家长会这一形式，共同探讨共性问题，发挥其在家园合作共育中的独特作用，构建家园合作的坚实桥梁对如何在实践中开展家长会，需要注意以下几个方面。

(1) 目的明确。要开好家长会，目的必须明确，针对家长不知如何去帮助孩子或担心被老师的专业术语所困扰的情况，教师应在家长会前确定几个问题，在会议过程中进行探讨。在会议开始前，教师就应该思考会议的目的，想清楚自己召开这次会议想要达成什么目的，然后将自己的想法列出来。例如，对于刚刚入园的新生所开展的小班家长会，教师在会前就要明确此次家长会的目的是让家长了解幼儿园的各方面情况，家园共同配合帮助儿童顺利渡过入园难关等。

(2) 尊重家长。首先，开家长会之前，要给家长一张便条，让家长选择他们认为适合的确切时间和地点，便条回收之后，根据家长的选择确认时间；其次，在邀请发出之前或之后，打电话与家长交流，确定会面的内容，并让家长感觉到他们是受欢迎的；最后，不管之前是否有过接触，确定的时间和日期要寄到家长家里，以确保家长和教师对会议时间有一致的认识。家长会的时间要所有的家长都方便，时间不方便的家长就可以在正常教学之前或之后再个别与教师会面。此外，教师要避免形成权威的氛围，要用家长们能够听明白的、通俗易懂的语言，以轻松、积极、正面、肯定的方式开始交流，还可通过熟悉家长的名字、避免专业术语等一系列措施，让家长感觉到他们是团队中的一员。比如，在会议刚开始时，应介绍与会人员和他们各自在会议中的角色；在跟家长谈话的过程中，让家长感觉到放松、舒服、受欢迎；要通俗易懂，避免使用专业术语；要提出开放性的问题，引发家长思考、讨论；要做积极主动的倾听者；要强调对家长的到来表示感谢等。

(3) 积极评价。教师应该向家长强调正面评价，注重指出孩子做得好的方面。首先，谈论儿童的优点，提供一个完整的儿童发展、成长过程；其次，在会议过程中，运用"三明治"原则，即把积极的言论夹在会议中间；最后，当有特殊情况需要召开家长会时，力求正面信息与负面信息的平衡。

(4) 及时反馈。家长会的后续工作与会议本身同样重要。会议将要结束时，要对会议内容和目标进行简要的概括、回顾，如果需要的话，应达成一致的行动计划和后续计划。家长会一结束，教师应该马上做一个详细记录会议信息的会议摘要。会后教师可以给家长寄一张便条，感谢家长参与；或者通过打电话的方式，让家长知道会议计划的实施情况和孩子的参与情况。

(5) 注重非言语交流。会议过程中，教师与家长的物理距离和心理距离，尤其是教师与家长交流的技巧和方式，也是非常重要的，交流包括讲话、倾听、情感表达和信息解释等，交流中最重要的因素不是交谈，而是传递信息的方式和身体语言的运用。第一，教师要运用眼神交流和身体语言，如点头、手势；第二，不要打断家长的话，避免争论；第三，鼓励家长说出他们的想法，注意双向交流。

(6) 提供可操作的方案。教师要说明打算如何帮助儿童达到预定的目标，家长可以在其中扮演什么样的角色；也可以跟家长确定下一次会面的确切时间，通过制订明确的行动计划，使家长知道接下来应该做什么和如何去做。比如，在组织大班家长会讲解幼小衔接问题时，教师就需要告知家长，幼儿园孩子升入小学，需要具备哪些习惯和能力。同时，也要让家长认识到，幼小衔接并不仅仅是教师的工作，它还需要家长的积极配合。家长要与孩子一起制定新的作息时间，让孩子学会自己整理学习用品等。

(7) 采用多元的交流方式。作为一种集体交流形式，家长会会前以接送交流、网上告知等形式沟通，利用家委会征询家长的意见；会上，动员家委会成员积极带动，展开讨论；会后，进行个别交流或请家长志愿者总结大家的意见，对会上未解决的问题再作进一步的后续工作。同时，家长会的开展可以与其他形式相结合，如会议时间可以放在家长讲座或家长开放日之后，既能节省幼儿园和家长的时间，又能及时地针对活动内容，进行双向的沟通、交流。

2. 幼儿园家长会的改革

(1) 细节上的改变。在家长会开始之前，放些轻松的音乐，与先到的家长们聊聊孩子的情况；用游戏的形式组织家长会，让会议气氛活跃起来；让家长们分组讨论，可以调动起家长的积极情绪，使他们与教师互动起来。不仅如此，不同的座位安排容易造成不同的心理感受，在开家长会时要将桌子围成圆圈，教师在中间。这些细节上的改变，能加强教师与家长情绪和思维的互动。

(2) 形式上的创新。进行一系列新的尝试是有必要的，例如通过录像播放平时拍摄的孩子在幼儿园活动的场景；运用课件展示家长会的内容；以抽签的方式抽取题目，进行分组讨论；列出生活中常见的案例，引发家长讨论，进行案例分析。这些新颖的形式，充分调动起家长参与的热情。

(3) 观念上的转变。更新教师对家长会传统价值导向的认识，拓宽家长的价值视野，变"被动接受"为"反客为主"，从而突破传统家长会的局限性。具体可以通过小组参与的形式，让家长参与学校课题研究；通过问题对对碰的形式，解决家庭教育问题；通过正反辩论会的形式，让家长参与到班级管理工作中；通过分组竞赛的形式，让家长得到丰富的教育孩子的验。

(二)家庭访问

幼儿园家访是指幼儿园教师对儿童家庭进行的上门访问，是教师与家长在其家庭中进行的面对面的沟通。它也是家园合作的重要形式之一，具有不可替代的作用。它能够帮助教师在真实的情境下，高效、精准、全面地了解儿童及其家庭成员的各方面信息，充分体现教师对儿童的关心与关注，对家长的理解、支持与尊重。

一般而言，家访会在两种情况下进行，一是对新入园儿童进行普遍的家访，这种家访对绝大部分幼儿园来说都是一项常态的工作。教师在新生入园前进行家访，能掌握儿童的基本情况，初步了解他们的性格特点，并通过面对面接触，与儿童及家长相互熟悉和了解，从而减少新生入园时的恐惧感和胆怯感，也能减轻家长在孩子初入园时可能产生的紧张和不安情绪，协助家长做好入园前的准备，有利于开学后各项工作的开展。对已经在园就读的儿童来说，教师也会通过家访了解儿童假期在家里的情况，了解放假前布置任务的完成情况，从家访获得的信息中分析儿童的发展状况，为新学期进一步计划开展的班级工作作准备。二是为解决育儿过程中特殊或具体的问题而进行的个别家访，这种情况不常发生，但是一旦发生，如果处理不当就容易造成较为严重的后果。教师在这种情况下进行的家访，目的是要及时说明、了解情况，并顺利地解决问题。比如，当儿童发生意外事故后；当儿童的家庭发生重大的变故需要协助或安慰等；当儿童长期不来幼儿园，需要了解情况时。通过家访，教师能够了解家长的真实想法与建议，这样不仅可以减少双方的误会，还能够帮助教师改进日后的工作，有利于儿童的发展。

另外，目前幼儿园普遍存在这样一个问题：由于家长工作繁忙，很多儿童都由爷爷奶奶或保姆接送，教师很少有跟父母直接接触的机会，彼此缺乏了解和沟通。因此，教师希望能通过家访达到与儿童父母直接交流、交换看法的目的。儿童在幼儿园要注意些什么问题？家长对教师有怎样的要求？教师希望家长配合做些什么工作？家长哪些教育观念需要更新？有关儿童教育的一系列问题，往往只有和儿童父母直接交流才能收到良好的效果，而且只有在家访中，双方才能就这些问题进行深入的交流。因此，"与儿童父母交换看法"也是教师家访的目的之一。

1. 家庭访问成功的策略

(1) 家访前的准备工作要充分。家访是教师了解孩子及家庭信息的过程，也是教师展现个人素养、赢得家长好感和信任的时机。但是成功的家访并不是一件简单的事情，它需要教师事先做好相关的准备工作，也就是说，成功的家访需要老师事先"备课"。比如，事先要与家长沟通协商家访的时间，尽量挑选家长在家的时间，而不是只有祖辈家长在家。教师要事先罗列一些主要问题，把握谈话的重点与思路，做到言之有序、言之有理、言之有情。比如，本次家访的主要目的是什么，需要达到怎样的效果，如果家长不理解该怎样解释等。同时教师也要考虑自己的仪表与打扮，做到穿戴大方、举止文雅、谈吐稳重等。最后，孩子开心是家长最乐意看到的事情，因此，教师可以在家访时带上一份简单的、孩子喜欢的小礼物，这样既能很快地缓和沟通的气氛，还能够体现教师对孩子的关心与鼓励。

(2) 注重教师、家长、孩子之间的互动，营造良好气氛。教师在家访时首先是教师角色，同时又要把自己看成是家长的朋友，做到态度谦和，语言诚恳朴实，举止文明。谈话时，可先从家长感兴趣的话题聊起，引导家长积极主动地参与到谈话中，与家长产生共鸣，赢得家长的信任。在进入家访主题之后，教师要避免传统的说教，不要以权威的姿态轻易否认家长的某些做法、想法，而要以一些教育中的实例，让家长自己去分析、辨别，同时教师可以积极引导、共同讨论实例中方法的优缺点，避免家长被动接受。另外，在教师与家长谈话的过程中，可以让孩子坐在老师身边玩耍，在孩子游戏时偶尔介入，或者让孩子参与到家长和教师的谈话中，发表自己的想法和看法，并对孩子的一些积极表现给予肯定，让孩子感觉到教师的亲切以及可信。

(3) 合理地安排家访内容。对于儿童的基本情况，如身体状况、性格特点、自理能力等，这些都是家访中教师必须要了解的内容，以便在儿童入园后，教师对儿童提供有针对性的帮助和照顾，让家长放心。此外，教师要帮助家长分析孩子入园后可能出现的某些不适应，并根据儿童的现状有针对性地提出建议。如儿童在入园初期出现的哭闹问题，教师就要建议家长不要因为孩子哭闹而心软，而是要坚持送往幼儿园，并将幼儿园在新生入园阶段所做的各项工作向家长进行介绍，帮助家长树立信心。另外，还可以介绍一下本学期家长可以参与的活动，这样既可以听取家长对于班级活动安排的意见或建议，还可以鼓励家长积极参与幼儿园的活动，使家长能够真正地与幼儿园"合作共育"。

2. 家访的后续工作

幼儿园家访的后续工作归纳主要包括以下几个方面。

(1) 补做家访记录。幼儿园教师普遍认为，记录家访中获得的信息是家访的一项重要后续工作，有的幼儿园还制定了家访记录手册，用以登记教师家访的各项信息。这些信息包括家访的时间、家访的原因、儿童的情况、在儿童家庭的见闻、家长的要求、家访感受等。

家访记录有它的功能。一方面，家访记录能成为教师工作的考核依据，反映教师家访的数量和质量；另一方面，家访获得的信息往往是庞杂而零碎的，家访记录把这些信息转变为文字资料，既防止遗漏或忘记，又为每名儿童建立了档案，给教师提供了前后对照的文本，有利于今后工作的开展。

(2) 制定有针对性的儿童教育方案。教师家访，目的是了解儿童情况、与父母沟通和解决特殊问题，因此在家访之后，不可避免地会有相应的教育方案。例如，有的儿童动作发展能力较为落后，教师会为他们多设计一些肌肉运动活动，像拍球、上下楼梯、玩踏板车等；有的儿童可能对某些食物过敏，教师在家访中从父母那里了解到这些情况之后，就会在保育这块作相应的调整，通过其他食物来代替过敏食物。

做家访记录是家访后续工作的第一步，制定方案就是建立在做家访记录之后的第二步。对儿童发展水平、性格特点等情况了解掌握之后，教师在日后的保教工作中就会根据每个儿童的情况区别对待。在现实生活中，幼儿园教师缺乏系统的、有步骤的教育方案，大多只是在心里形成模糊的概念，很少转变为文字性的、操作性强的教育方案，这也是目前家访后续工作做得不够的地方之一。

(3) 开展家园合作活动。家长是幼儿园的合作伙伴，家园合作能形成强大的教育合力，在儿童发展中起到重要的积极作用。所以，一些教师也会在家访之后开展一些家园合作活动。教师有时候会通过家访跟父母沟通班级近期的主题活动，告知父母需要他们配合的工作，协助家庭环境的布置，这些都是为了能更好地配合后期家园合作活动的开展。例如，可以推举热心又有见解的家长进入家长委员会，鼓励重视儿童教育又乐于参加班级活动的家长成为家长志愿者，让有职业优势的家长做家长助教，让家庭条件较好的家庭为幼儿园提供一些力所能及的材料等。当然，利用家长资源都要在尊重家长意愿的情况下进行。

(三)家长志愿者

家长志愿者是家长根据自己的专业与兴趣爱好，在时间允许的情况下，以志愿者的身份参与到幼儿园的一日活动中的一种方式。家长志愿者可以是为儿童提供某项服务，也可以起到辅助或补充幼儿园教学活动的作用。家长进课堂是家长志愿者的主要形式之一，是幼儿园依据具体的教育需要和家长的职业特点、个人爱好等，把家长作为特邀嘉宾请到幼儿园，参与到教育活动之中的方式，家长直接作为幼儿园教育活动的参与者甚至是组织者、重要信息和能力的提供者与展示者。不同文化背景与职业背景的家长能够根据自己的专业、特长，自愿走进幼儿园和老师一起组织教育活动，为孩子的发展提供支持与协助，具有重要的教育价值，主要表现在以下几个方面。

首先，家长志愿者活动的开展有助于促进儿童的发展。幼儿园和家庭有着各自不同的优势和局限，家长来自各行各业，例如记者、警察、医生等，他们的专业性很强，而且和儿童的生活息息相关。家长如果能够参与到幼儿园的各项活动中，不仅能够使儿童的活动更加生动有趣，而且还可以使儿童感知不同家长的职业，丰富儿童的交往范围，使儿童以更宽、更广的视野了解社会，这都有利于他们社会性人格的充分发展。

其次，家长志愿者活动能够让家长更加深刻地了解幼儿园教育，达成教育共识。家长积极地参与幼儿园活动，一方面加强了与教师的交流，有效地增加了家长对幼儿园教育的了解；另一方面，活动为家长提供了一个更加直观地感受孩子在幼儿园学习、生活的机会，使得家长亲身体验了教师的角色，提高了对幼教工作的理解，促使家庭与幼儿园在教育理念、方式、方法上达成共识。

最后，家长志愿者活动能够增进亲子感情，当家长以老师的身份出现在孩子面前时，孩子会以新的眼光来看待家长，感受到自己的爸爸妈妈原来这么了不起，可以帮助家长在孩子心目中树立美好的形象，同时还拉近了孩子与家长之间的关系，提高家长的参与度与育儿成就感，突出家长对儿童成长的关注，使其感受到自己在孩子的成长过程中十分"重要"，也能够增加家长育儿的效能感，增进亲子关系与家园关系。

(四)家长开放日

幼儿园家长开放日活动是指幼儿园在特定的时间里向家长开放园内外的各种教育教学活动。它是幼儿园家长工作的一种常见形式，是家园沟通的一种重要形式。幼儿园通过每学期定期向家长开放，实现家园共育。家长开放日不仅有利于家长更好地教育孩子，有助于教师更好地完善自我，而且还有利于家长与幼儿园沟通，加强家园合作等。

首先，家长开放日能够使儿童获益。成人对儿童的关注越多，儿童的成就感就越高；当儿童看到家长和教师一起为他们工作时，儿童的情感就能得到更好的发展；家长帮助提高幼儿园的质量，促进儿童形成积极的学习态度和行为，取得好的成绩，促进儿童成长，这些效益会从幼儿园一直持续到高中。

其次，家长开放日能够使家庭获益。能增强家长对自己、对幼儿园的信心，认识到自己对教师的帮助作用，能更有效地同儿童交往，提高自己参与教育的水平，还能帮助其他家长，宣传幼儿园。

最后，家长开放日能够使幼儿园获益。家长成为幼儿园的资源，以独特的同情心对其他家长解释幼儿园的服务，为教师分担教学责任，作出更好的活动决定，能改善教师的精神状态，提升家长对教师的评价等。

1. 家长开放日的准备与实施

(1) 家长开放日的准备。第一，全面统筹，制订周密计划。幼儿园家长开放日活动是有计划的，这些计划主要是通过"自上而下"或"由下而上"等方式征求家长意见而制订出来的。在制订计划的过程中，"教师"起着主角的作用，年级组长和园长则起着配角的作用。但不论是计划制订的主角还是配角，在制订计划的过程中都必须全面考虑孩子的年龄特点，心理特点，接受能力等。比如在大班，设计一次活动让家长了解教师怎样帮助孩子做好入小学准备，可能更符合这个年龄段儿童及其家长的需求，家长的收获可能会更多一些。针对刚入园的小班孩子，家长更多的是想了解孩子在幼儿园是怎么生活的。可见，大班家长和小班家长的关注点和需求是不同的。如果没有计划，让小班、中班、大班的家长都参加同样题材的活动，意义就不大了。随着儿童年龄的增长，家长的要求会发生变化，教师也应全面考虑，计划不同的家长开放日活动主题。

第二，明确人员责任与要求，确定各项活动细则。每个班的家长开放日活动的目的、内容、形式不同，对场地环境的要求也不同，但是总体来说都是符合幼儿园的管理理念以及家长和孩子的需求的。家长开放日主要有以下工作：确定活动场地，布置开放日的环境、准备活动需要的器材、准备多媒体设备、制作及发放家长开放日的通知等。所以举办家长开放日，都要有提前准备，并且要将每项准备工作尽早地落实在每个具体人员身上，并将每个人员应负责的活动具体化、明确化，如果活动需要家长的配合，就应提前通知家长活动的准备工作和具体流程，以保证各项工作顺利完成。

第三，及早通知家长活动的安排，给予家长充足的准备时间。教师在安排活动日之前，必须尽早将活动安排告诉家长，要知道大多数家长平时的时间可能都是被工作占据，参加幼儿园活动大多都是利用工作之外的时间或者请假等方式。幼儿园家长活动日的告知方式大多是通知，如给家长一封信、温馨提示等。通知的词语应该是家长而不是父母，否则会减少其他家庭成员的参与。此外，通知要让家长感觉到亲切和温暖，感受到自己是受欢迎的。比如可以在家长前面添加"尊敬的"或者"亲爱的"等字样；把通知改成邀请，也能让家长感到受欢迎之意。在活动的安排上，也要做到告知家长具体的活动流程，以免造成家长不知道活动环节，不知道如何配合，造成现场秩序的混乱。

(2) 家长开放日的实施。幼儿园、班级向家长开放活动的频率主要为每学期一次，每次为上午半天；活动场所以孩子所在班级的教室为主，园内其他场所为辅；幼儿园家长开放日活动主要是由教师来组织的，家长起着辅助的作用。在家长开放日活动中，教师和家长都应该注意自己的言谈举止和穿着打扮，相比之下，教师对自己言谈举止的要求要比对自己穿着打扮的要求更高更严。在实施的过程中应注意以下几个问题。

首先是安全问题，这点是非常重要的。开放日的当天，由于家长的到来，一方面造成班内、园内人数的成倍增加；另一方面，家长的到来会让孩子激动、兴奋，甚至不听教师的安排。所以，要把准备工作做好，将活动流程提前告知家长，请求家长积极配合，以保证活动的安全。

其次，鼓励家长的积极参与，可适当地奖励家长在开放日活动中表现出来的各种良好行为，以强化家长与教师合作的积极性、主动性、创造性。例如，在开放日活动之前，教师在班级的"家园之窗"上公布"我制作的图书"的活动主题，并"留言"请家长在开放日这一天提醒孩子把家中的废旧台历、挂历带来，当家长这样去做的时候，教师就应该在开放日活动结束的时候，在班级感谢这些家长，并在"家园之窗"上张贴"感谢信"，真诚地感谢这些家长所给予的支持和帮助。

最后，教师要保持情绪稳定，给人亲切和蔼的感觉。一般来说，家长的到来会给孩子带来情绪上的兴奋，孩子就容易出现违背活动规则的行为。但不论此时孩子多么调皮、激动、不受控制，作为一名教师，都应沉着冷静，积极地应对孩子的情绪失控，理性智慧地加以处理，避免孩子或家长进一步的情绪失控或者不满。在活动结束后，教师要对家长表达真诚的感谢，得到家长的认可，从而进一步得到家长们对教师工作的支持。

2. 家长开放日的问题及其改革

1) 家长开放日的问题

(1) 流于形式，实无参与。幼儿园家长开放日活动只是一种摆设，家长并没有积极主动地参与其中。班级开放活动往往由两位老师唱主角，从活动形式的确定，到活动内容的选择、活动时间的安排等，都由幼儿园老师说了算，家长处于被动接受和服从的地位。这忽视了家长在开放日活动中的参与，特别是忽视引导家长与教师共同观察、了解、研究儿童的过程。

(2) 表面热闹，远离宗旨。幼儿园家长开放日活动只是一种表演，开放活动前，家长对活动的目标、内容、形式不清楚，活动时只能看表面现象，不能配合教师有目的、有计划地去指导和参与孩子的活动，更谈不上对幼儿园整体教育的了解和配合，一些幼儿园创设的家长开放日表面上看起来活动热热闹闹、气氛热烈。事实上，家长们是"外行"看热闹，不知道究竟该看什么、如何看，看过也就忘记了，因而不能达到开放日活动的真正目的。

(3) 集体活动，无针对性。幼儿园家长开放日活动只是家长的一种集体活动，没能考虑到家长的个体需要。而且开放时间固定、全班统一，家长到园后，活动室十分拥挤，教师很少能一对一地和家长交流。如果开放日家长有事，只好放弃参与活动的机会。定期举办家长开放日活动，有助于让家长了解幼儿园的教育教学与保教生活，但并不能解决个别儿童的问题。

(4) 教师埋怨，难以管理。幼儿园家长开放日只是一种展示活动，没能顾及教师监控、管理家长和儿童的难处。开放日活动前教师都会精心准备，可活动时的物品、环境常会被家长和孩子弄乱，有些家长对教师的指令不予理睬，只顾指挥自己的孩子，甚至会介入孩子之间的矛盾，导致很多平时能够正常解决的问题变得很难解决。此外，由于孩子平时在家或在班里见的人少，而在家长开放日时客人很多，孩子就显得比平时活跃，想借机来表现自己，当家长拉他坐下时，他兴奋的情绪未得到完全释放，就会发脾气，因此比平时表现得更顽皮一些。

2) 家长开放日的改革

(1) 提高认识。教师要全面、深刻地认识到家长开放日活动的性质和作用。儿童教师首先要意识到，家长开放日应成为家长直接参与、教师主动引导的双边活动，因为家长是参与开放日活动的主体；其次还要意识到，家长开放日应成为促进保教人员素质提高的手段，因为保教人员的素质决定着儿童一日生活的水平，关系到家长对幼儿园、教师的信任；最后要意识到，"家长开放日应成为指导家长教育行为的良好途径"，因为教师能直观地感受到家长的言行。

(2) 扩大开放。教师要从家长的实际情况出发，确定开放日的时间，并增加开放的频率。家庭与幼儿园对孩子教育的要求，从总体上讲是不一致的，存在着儿童在幼儿园表现好，在家庭表现差的两面性现象，建议幼儿园要定期对家长开放幼儿园的一日活动，使家长亲眼看到儿童在园的生活、活动及表现。此外，幼儿园要"变集中开放为增加开放次数、减少参加人数"，从而有效地解决活动空间问题。幼儿园可以将每学期统一时间的家长开放活动，改为由各班灵活安排，使家长能根据自己的需要加以选择，这样，既能方便家长参与，也减少了每次活动的人数，提高了活动的实效性。与此同时，还可以借鉴西方的经验，建立家长随访制度，使家长感受到他们是幼儿园的主人。

(3) 全盘布局。教师要考虑儿童的年龄特点，全面规划、系统安排家长开放日活动。幼儿园要遵循循序渐进的原则，系统地安排儿童在园三年中的家长开放日活动，比如：根据小班儿童生活自理能力较差的特点，来安排儿童动手能力汇报，让家长了解孩子的生活活动能力；根据大班儿童在第一学期时已掌握了一定的运动技能的情况，来组织亲子同乐运动会，让家长了解孩子的动作发展水平；根据大班儿童在第二学期时在园生活即将结束的情况，来安排儿童毕业汇报活动，让家长了解孩子知识、能力发展的总体情况。

(4) 了解家长。教师应了解家长的教育观点、职业专长、兴趣爱好、学习类型，有的放矢地组织开放日活动。孩子入园时就可以请家长填写自己的职业、兴趣、特长，愿意给孩子组织什么样的活动等，然后利用各种与家长交流的机会，听取家长的意见。

(5) 引导家长。教师应对家长进行具体的指导和帮助，使家长明确参加开放日活动的目的、内容和方法。教师要有目的地与家长事先沟通，指导家长具体观察孩子的哪些方面、如何看待孩子的表现以及如何评价孩子。在开放日活动前，幼儿园可请部分感兴趣的家长和本班教师、执教者一起研讨本次活动的目的、内容、组织形式，活动所需的教具、学具和材料，共同分析本班儿童的特点和现状，制定出本次活动的方案；在开放日活动中，教师要注意引导家长根据活动目标，针对儿童的需要适时进行指导，不随意影响孩子的正常活动。

教师在指导家长参加开放日活动时，应把重点放在指导家长如何看孩子的表现这个方面。比如要看孩子在活动中的积极性、主动性、创造性的发挥，以及在遇到问题时孩子是怎样求助和解决的；与别的孩子相比，自己的孩子有哪些特点；孩子在园的表现与在家是否一样等。同时，提醒家长在观看时，不要干扰老师正常的教育教学活动和孩子的各项活动。此外，一定要让家长看到孩子的真实情况，了解孩子的发展水平、孩子的优势与不足及存在的问题、老师的常规训练及教育方法，以便家长在家里配合一致地进行教育。

(6) 鼓励参与。教师应通过灵活多样的形式组织家长开放日活动，提高家长的参与度。幼儿园家长开放日活动的方式应多种多样，不仅可以邀请家长来园参观，而且还可以让家长适当地参与到教育活动中来，以加深家长的体验；不仅可以组织面向全班家长的开放日活动，而且也可以组织面向部分家长或个别家长的开放日活动，人数少了，家长可以看得细一些、了解得深一些，同时也便于家长与教师及时交流，共同商讨孩子的教育问题。在幼儿园组织家长开放日活动时，可要求每位家长自始至终跟着孩子，观察孩子的活动情况，提供一些需要家长参与并要和孩子合作才能完成的项目，以提高家长参与活动的兴趣。

(7) 适时评估。教师要鼓励家长对开放日活动进行评论，并对家长的建议及时加以反馈。幼儿园在组织与改进家长开放日活动以后，还应及时从家长那里获取反馈信息，可以请家长把感想、体会、意见与建议告知教师，或写成稿件登在墙报上进行交流，这样更有利于家园互相沟通、密切合作，以便更好地教育孩子。另外，开放日活动结束以后，幼儿园不能只请家长留下宝贵意见而不加以处理，这样不仅会影响家园之间的理解与沟通，而且还会挫伤家长参与幼儿园教育和管理的积极性。因此，幼儿园首先要在思想上重视家长的意见；其次要对家长的意见进行分类，及时处理，吸纳锦囊妙计，消除误解偏见，研讨疑难杂症。

(五)家长学校

为使家长树立正确的教育观念，学习并掌握科学的早期家庭教育知识与有效的方法，为儿童的健康发展营造良好的家庭教育环境，幼儿园在每学期都会开办"家长学校"。其目的除了传递科学的家庭教育知识与方法之外，还要让家长了解幼儿园的教育规律、园本课程、园纪园规等。同时，还要让家长了解家庭教育的意义与作用，增强家长家庭教育的使命感与责任感。

一般而言，家长学校的形式有两种，一种是每学期举办几次系统的针对所有家长的讲座，内容基本上是关于儿童发展、教养效能、亲子关系、家庭关系等；另一种是针对有特殊需要的家庭，比如单亲家庭或孩子常年与祖辈生活在一起的家庭。但是不论是哪种形式，要想获得成功，都需要教师计划周全，做好充足的准备。活动前要了解家长的需求、班内孩子的特点等，在实施活动的过程中，要让家长能够站在孩子的角度进行思考，体验孩子在学习中遇到的困难，从而改变家长的教育观念，掌握科学的教育策略。当活动结束后，教师要注意收集活动后家长的心得体会，及时反馈家长在活动中提出的未解决的问题，以保证下次活动更加贴近家长的需要。

二、幼儿园与家庭的非正式合作途径

幼儿园与家庭非正式合作的途径主要包括家园联系册、家长园地和互联网沟通等，具体内容如下所述。

(一)家园联系册

家园联系册是教师与家长共同关注儿童的发展水平与教育实践所进行的书面练习与交流的载体，是实现家园共育的重要形式之一，它可以灵活、理性、及时地传递信息，是幼儿园与家长的重要纽带。作为传统的家园沟通途径之一，家园联系册便于家园双方及时交换信息，由于在幼儿园的早来园和晚离园时间，教师比较忙碌，家长也比较集中，因此不方便教师及时与每位家长反馈儿童在园的情况，在这种情况下，家园联系册就显得尤为重要，教师和家长可以通过它及时地交换信息，有利于家园配合共同教育儿童。同时，家园联系册使用的是书面语言，为家长以及教师提供了一个更理性的交流平台，促进双方心与心的交流，建立融洽的关系。但是，家园联系册的沟通频数也要掌握一个适度的原则，过于频繁会比较耗时，造成教师倦怠，最终可能导致流于形式；过于稀疏又会遗漏儿童的成长足迹，以月为单位较为合适。

(二)家长园地

家长园地又称"家园联系栏"，是教师通过文字、照片、图表等形式定期将幼儿园的教学动态、儿童的发展状况、家长关注的问题进行宣传、互动的一种沟通方式。家长园地不仅能够适时地为家长提供共性问题的指导，而且可以及时地向家长传递最新消息，促进家园沟通。家长园地以设置在光线良好、空间宽敞、家长接送孩子的必经之路为宜，比如可设置在班级教室门口左右两侧的墙面。教师可以根据内容需要把它划分为若干个小栏目，如"请您关注""经验分享""亲子游戏"等，并且可以根据需要对栏目进行适当的调整。由于家长园地空间有限，所以教师必须做到精选内容，同时要保证家长园地的设计和装饰简洁大方，栏目名称温馨别致，令人耳目一新。此外，教师要对家长园地的内容及时更新，以确保在第一时间把班内的最新动态告知家长，并把需要家长配合的内容进行公布，调动家长参与的积极性。

(三)互联网沟通

现代通信技术的发展以及网络技术的普及使得幼儿园与家长之间的沟通渠道不再局限于原有的家长会、家访、半日活动开放等传统形式。互联网沟通成为家园沟通的新载体，如幼儿园网站、电子邮件、QQ、微博、微信等，都日益成为家园共育的重要手段。互联网沟通具有高效、快速、便捷的特点，这使得教师可以与家长在最短的时间内进行沟通，这样既可以分享儿童成长的乐趣，又可以快速有效地探索出适合孩子的教育方法。例如，网络沟通延长和拓展了家园沟通的时空，使得在外地的家长也能"零距离"地与教师进行沟通；网络还可以图文并茂地展示幼儿园的最新活动、课件、孩子的生活、儿童经验、儿童食谱、童话故事等，家长可以利用网络从这些丰富的内容中进行选择，下载自己需要的信息。虽然网络沟通具有特殊的优势，但它并不是万能的，所以并不能完全取代传统的沟通方式。例如，网络沟通缺乏面对面交谈时的表情、动作和情境所传达的丰富含义。因此，教师要根据工作需要，把传统沟通方式与互联网沟通方式有机地结合起来，最大限度地发挥各种沟通方式的综合效果。

三、幼儿园与社区的合作途径

社区资源是幼儿园的宝贵教育资源，幼儿园要主动与社区合作，通出"走出去"和"请进来"的方式，积极发掘和利用社区的各种教育资源，为儿童的学习和发展服务。

(一)幼儿园与社区携手开展教育活动

幼儿园所在的社区通常都拥有完善的社区教育活动场地和设施，这些都能够为幼儿园的教育活动提供有效的支持。教师可以利用社区里的自然景观，如小区花园、公园、街心广场等，经常带儿童到那里散步、观察与认识、玩耍、游戏，感受不同于学前教育机构内部的环境，亲近自然、亲近社会，以陶冶身心。在此过程中，引导和教育儿童要爱护环境，不随地大小便、不乱扔垃圾，做个文明的小公民、环保小卫士。

教师还可以带领儿童到社区内的文化机构，如图书馆、美术馆、展览馆、科技馆、博物馆、体育馆等场地去参观，使之初步感知民族文化、历史、艺术和体育，扩大视野。

社区的这类资源很多，要培养儿童尊重、相互关爱等意识和行为。我们还可以让儿童去访问社区中的工作人员，例如，居委会工作人员、保安、清洁工、邮递员、消防队员等。

(二)发挥学前教育机构的教育优势，为社区建设出力

学前教育是重要的智力资源，教师可以发挥自己的专业特长，为社区群众举办教育讲座，出版学前教育、时事政治等各种宣传专栏；节假日可以帮助社区排练节目，协助开展文娱活动。学前教育机构具有智力、人力、物力等资源优势，在不干扰正常教育秩序的前提下，积极主动地根据社区需要，真心实意地与社区相互配合，实现合作共育儿童。

本章小结

本章主要介绍了家庭、社区与幼儿园共育的意义、内容及主要途径，重点介绍幼儿园与家庭共育的途径。除此之外，本章对社区在儿童早期发展中的责任以及幼儿园对社区教育资源的开发利用也进行了详细介绍。

思考题

1. 简述家庭、社区与幼儿园共育的意义。
2. 简述幼儿园充分利用好社区教育资源的重要性。
3. 简述幼儿园与家庭的正式合作途径。

参 考 文 献

[1] 李涛. 学前儿童家庭与社区教育[M]. 上海：华东师范大学出版社，2017.

[2] 张凤敏. 婴幼儿家庭教育[M]. 上海：上海科技教育出版社，2021.

[3] 王晓霏. 幼小衔接阶段家庭教育的应对策略研究[J]. 新课程研究(下旬刊). 2014，(11).

[4] 周雪艳. 学前儿童家庭与社区教育[M]. 2 版. 上海：复旦大学出版社，2015.

[5] 李燕，张慧敏. 学前儿童家庭与社区教育[M]. 北京：高等教育出版社，2017.

[6] 刘焱. 学前教育原理[M]. 大连：辽宁师范大学出版社，2002.

[7] 李生兰. 幼儿园与家庭、社区合作共育的研究[M]. 修订版. 上海：华东师范大学出版社，2019.

[8] 侯怀银. 社区教育[M]. 北京：北京师范大学出版社，2015.

[9] 蔺静. 论幼儿园、家庭、社区的合作共育[J]. 大众标准化，2021(6). 85-87.

[10] 尹江倩，苏维，朱嘉慧，等. 幼儿园与社区优质互动：价值、存在问题及解决策略[J]. 教育导刊(下半月)，2019(9). 15-19.

[11] 王春燕. 反思与重构：对儿童社会性教育活动的沉思[J]. 教育理论与实践，2006(18). 4-6.

[12] 张蓉. 国外家园合作的特点与启示[J]. 儿童教育，2004(Z1). 74-75.

[13] 万慧颖. 学前儿童家庭教育[M]. 南京：东南大学出版社，2016.

[14] 郑益乐. 学前儿童家庭教育[M]. 西安：西安交通大学出版社，2016.

[15] 肖禾，何光英. 家庭环境纷杂度、父母教养方式与儿童问题行为之间的关系[J]. 四川警察学院学报，2020，32(06). 92-100.

[16] 丁连信. 学前儿童家庭教育[M]. 3 版. 北京：科学出版社，2016.

[17] 王孟楠. 学前儿童家庭与社区教育[M]. 长春：东北师范大学出版社，2014.

[18] 侯金柱. 高中生自卑、隐性自恋、友谊质量对孤独感的影响：反刍思维的作用[D]. 广州：广州大学，2022. 77.

[19] 孙雪松. 单亲家庭儿童同伴交往能力干预的个案研究[D]. 大连：辽宁师范大学，2020. 第 07 期. 61.

[20] 李怡然. 离异单亲家庭三角关系对儿童自我价值感的影响——基于 6 组离异家庭的研究[D]. 沈阳：沈阳师范大学，2020 年第 12 期. 44.

[21] 杨祖恩，邓咏悦，周雪. 单亲家庭子女德育教育的问题与对策研究[J]. 教育现代化，2019，6(89)：243-246.

[22] 李海霞. 单亲家庭 4～6 岁儿童同伴交往现状调查研究[D]. 呼和浩特：内蒙古师范大学，2018 年第 02 期. 47.

[23] 郭晋芳. 单亲家庭对子女社会化的影响探析——基于太原市的研究[D]. 上海：华东师范大学，2015 年第 02 期. 90.

[24] 王颖. 基于单亲家庭学生心理健康问题家校共育开展策略探究[J]. 科学咨询(教育科研)，2022，(6)：173-175.

[25] 王娟. 儿童教师传统文化素养园本培养的路径探析——以成都市第十四幼儿园为例[J]. 求知导刊，2021(33). 95-96.

[26] 郝宇霞. 单亲家庭早期养育行为及其问题研究[D]. 大连：辽宁师范大学，2020. 87.

[27] 陈童. 单亲家庭对儿童社会化的负面影响研究[D]. 大连：东北财经大学，2019 年第 06 期. 49.

[28] 王聪. 《家庭教育促进法》背景下学前教育专业家庭教育指导能力的培养[J]. 法制博览，2022(33): 148-150.

[29] 张新莲. 单亲家庭子女教育问题的几点思考[J]. 品位经典，2020(02). 121，166.

[30] 詹妮. 全面多孩政策下学前儿童社会适应能力发展现状及教育策略[D]. 大连：辽宁师范大学，2022年第12期. 53.

[31] 刘娜. 城市多孩家庭长子女教育的个案研究[D]. 鞍山：鞍山师范学院，2020年第01期. 57.

[32] 滕思思. 头胎儿童眼中的次子女及其对家庭教育的建议[D]. 温州：温州大学，2022年第06期. 61.

[33] 杨周莹. 多孩家庭教养方式问题调查及对策研究[D]. 上海：上海师范大学，2020.

[34] 张琼. 多孩家庭教育存在的问题与对策研究[D]. 大连：辽宁师范大学，2019年第01期. 77.

[35] 陈艺玲. 浅谈隔代教育的利弊及对策[J]. 科技视界，2016(22). 143，170

[36] 张珊珊. 隔代教育的利与弊[J]. 学园(教育科研)，2012(03). 62-63.

[37] 李善英. 城镇化背景下学前儿童隔代教育现状及思考[J]. 龙岩学院学报，2021. 39(01). 120-126.

[38] 丁太魁. 学前儿童家庭教育[M]. 北京：北京师范大学出版社，2016.

[39] 李贵希，王燕. 学前儿童家庭与社区教育[M]. 北京：北京师范大学出版社，2015.

[40] 沈佩琪，张丽微. 学前儿童家庭与社区教育[M]. 长春：吉林大学出版社，2017.

[41] 姚光红. 学前儿童家庭教育指导[M]. 成都：西南交通大学出版社，2015.

[42] 李生兰. 学前儿童家庭教育与活动指导[M]. 上海：华东师范大学出版社，2014.

[43] 陈向明. 质的研究方法和社会科学研究[M]. 北京：教育科学出版社，2000.

[44] 操美林. 重组家庭中儿童心理问题的表现及教育对策——基于家庭教育的视角[J]. 中国多媒体与网络教学学报(上旬刊)，2019(01). 110-111.

[45] 罗江梅. 主干家庭早期教育育儿冲突与对策研究[J]. 基础教育论坛，2015(09). 52-53.

[46] 赵佳. 对重组家庭儿童家庭教育问题的探讨[J]. 中小学心理健康教育，2015(01). 11-14.

[47] 余欣榕. 农村家庭生活方式变迁下家长育儿观念现状研究[D]. 兰州：西北师范大学，2015年第06期. 43.

[48] 刘浩强，张庆林. 家庭经济生活状况对儿童成长的影响[J]. 淮北煤炭师范学院学报(哲学社会科学版)，2004(04). 134-136，142.

[49] 刘鸿雁. 单亲家庭研究综述[J]. 人口研究，1998(02). 63-67.

[50] 黎婉勤. 行为问题儿童的成因及家庭教育对策[J]. 琼州学院学报，2007(06). 115-116.

[51] 刘文霎，郑晓边，刘勤学. 家庭教育与儿童行为问题关系调查报告[J]. 中国儿童保健杂志，2012，20(10). 887-889.

[52] 王少奇. 儿童问题行为的家庭教育对策探究[J]. 辽宁师专学报(社会科学版)，2017(04). 100-102.

[53] 王金素，孙丽丽. 人本主义视角下的儿童心理行为问题与家庭教育[J]. 潍坊学院学报，2018，18(03). 100-102.

[54] 邹娅，范文坚. 儿童行为问题与家庭教育[J]. 教育导刊. 儿童教育，2019(07). 53-54.

[55] 高守良. 学生行为问题与家庭教育失当[J]. 成都教育学院学报，2001(07). 35-37.

[56] 张爱华，杨洁萍. 对学生"行为问题"教育对策的思考[J]. 山西广播电视大学学报，2004(03). 44-45.

[57] 刘新蕊，邢晓沛，张轶男. 学前儿童执行功能与同伴关系：外化问题行为的中介作用[J]. 中国临床心理学杂志，2018，26(03). 546-550，527.

[58] 熊雪芹，刘佳，石菡，等. 屏幕时间与亲子关系、学龄儿童社会能力及行为问题的关系研究[J]. 中国妇幼保健，2019，34(4).

[59] 雷军，蒋淑卿，金海菊，等. 家庭氛围对学龄前儿童身心健康的影响研究[J]. 中国预防医学杂志，2010，11(06). 579-581.

[60] 高茗，陶芳标，张金霞，等. 少年儿童行为问题与家庭、学校因素关系[J]. 中国公共卫生，2005(09). 1045-1048.

[61] 李红梅. 培养儿童传统文化素养的策略探究[J]. 天天爱科学(教学研究)，2020(10). 137.

[62] 赵林. 家园合作纠正儿童不良行为习惯的途径[J]. 散文百家，2019(11). 151.